王美江 / 著

合伙人裂变与股权密码

人民邮电出版社
北京

图书在版编目（CIP）数据

合伙人裂变与股权密码 / 王美江著. -- 北京：人民邮电出版社，2019.7（2023.2重印）
ISBN 978-7-115-51314-4

Ⅰ．①合… Ⅱ．①王… Ⅲ．①企业管理－股权管理－研究 Ⅳ．①F272

中国版本图书馆CIP数据核字(2019)第095374号

内 容 提 要

在国家大力倡导创业创新的今天，企业的发展日新月异。合伙人模式与股权激励成了当代企业无法回避的重要问题，因为它们不仅会影响企业的现在，更会决定企业的未来。合伙人模式、合伙人裂变、股权激励、股权融资等，已经成为现代企业创立发展中一项不可或缺的重要内容。

本书以丰富的合伙人模式、合伙10规则、合伙人裂变、股权设计、股权激励知识与策略，通过无数咨询落地案例的实践与复盘，形成了实用而极具针对性的方法与落地方案。书中的方法落地可行，案例极具代表性，并辅以指示图、表格等工具形象化内容，能帮助读者轻松阅读、快速学习，并做到一看就懂、一懂会用、一用有效。

本书适合创业者、企业经营者、合伙人、股东、股权投资者、律所从业者、企业经营管理研究者等阅读使用。

◆ 著　　　王美江
　责任编辑　李士振
　责任印制　马振武

◆ 人民邮电出版社出版发行　北京市丰台区成寿寺路11号
　邮编　100164　电子邮件　315@ptpress.com.cn
　网址　http://www.ptpress.com.cn
　三河市中晟雅豪印务有限公司印刷

◆ 开本：720×960　1/16
　印张：17　　　　　　　　　　　2019年7月第1版
　字数：298千字　　　　　　　　2023年2月河北第7次印刷

定价：89.80 元

读者服务热线：(010)81055296　印装质量热线：(010)81055316
反盗版热线：(010)81055315
广告经营许可证：京东市监广登字 20170147 号

推荐序一

能裂变团队，利润才倍增

在今天的中国企业咨询界，著名讲师著书立说，本身并不是什么新鲜的事情。但是，要真正写出一本好的战略管理理论著作，却是十分不容易的，这要求作者必须能满足以下条件：

第一，要有在企业担任过高层管理的履历和经验，从而能真正以被服务者，即企业家的角度，去看待和分析相关理论的价值；

第二，要有咨询实战的丰富经验，能够具备独特的观察角度和深入的研究方向；

第三，要有比较翔实和全面的授课记录，只有这样，才能从相关的实际记录中提炼出真正出于自我感悟的知识；

第四，要有一定的写作能力，分析叙述的话语简洁平和，而不是过于枯燥的说教，或者流于外表。

简而言之，一本好的战略管理理论著作，既要有相当的学术研究高度，又要能"接地气"。写作者既要能够"登庙堂之高"，又要可以"察江湖之远"，既要懂得引经据典，更要明白如何让这些经典服务于当下的中国企业。更何况，股权战略管理的相关著作本就不少，如何站在前人的高度，写出属于自己的知识财富，足以考验任何一位从事相关研究的讲师。

令我倍感钦佩和欣喜的是，王美江先生不仅具备了成功著书立说的各项条件，同时还以其多年心血的积累，逐一克服了在此过程中势必出现的种种困难，并以精心研究、虚心写作的姿态，完成了这部股权管理战略著作。

这样的作品，其价值的优势，并不取决于王美江先生原本的社会地位和讲课成就，而是来源于他对自己提炼与思考的知识所进行的深沉而超脱的记录与分析。

正是出于对合伙企业和股权战略管理的热爱,王先生在字里行间不仅展示出其个人研究所达到的高度,更为学习者和后来者留下了思考与开拓的天地。这样的学术著作,不仅具有当下的指导价值,而且也将影响深远。

王美江先生的这部著作,是对合伙企业和股权战略知识的全景呈现与细致梳理,也是对当下诸多中小企业的实际指导。阅读者除了能从中了解到基本原理之外,更可以根据书中所列出的明确步骤,结合企业发展阶段,进行对应式的操作。而当企业获得相当的成绩,再回头翻开这本书时,读者又能站在不一样的观察角度,去领略其中各种设计和管理工具的精妙,并叹服于作者的匠心。因此,我诚恳地建议读者能在不同时间段、带着不同的思考目的,去仔细阅读这本书,从中获取原本无从接触到的丰富启迪。

马成功

小米谷仓学院总顾问

原京东大学执行校长

原万达学院教学总部总经理

2019.5

分好钱才能引人才，人才多则事业强

对于一家企业而言，成功的基础是什么？这个问题，不同的人会给出不同的答案：模式、资源、管理、品牌、运营、人员、技术、产品……

我多年在华为担任 HR 总监及华为全球销售部人力资源部部长，对华为有着深入而持久的观察了解。从华为及其他众多优秀企业从弱到强的发展历程中，我找到了上述问题的答案——企业成功的基础是股权！

华为基本法定义了劳动者、企业家、资本是价值创造的主体，即企业价值创造的核心要素已从物质类资源转变为知识、人才资源。这个时代的特征之一，就是企业对人才的依赖逐渐增强，企业认识到人才增值优于资本增值，而要抓住这种转变，就需要企业制度创新。

华为的公司职工持股计划（ESOP）+ 时间单位计划（TUP）模式，有这样的优点：其不拘泥于经典，在制度上创新，在可获得与会失去之间建立人性平衡，在组织与关键人才之间构建了共创、共生、共享的价值创造文化。通过时间单位计划（TUP）对公司职工持股计划（ESOP）的补充叠加，有效地解决了三大激励难题：如何让老员工持续保持创业心态艰苦奋斗，新老员工长期激励收益结构性矛盾，全球海外优秀外籍干部与骨干如何参与分享华为的发展成果。

对一家企业而言，股权作为资产的意义与价值有着极大的变化空间。如果企业快速成长，企业就能通过股权获得员工、投资者和市场的认可，企业的股份就能成为强有力的硬资产，并吸引来合伙人。反之，如果企业经营不善、面临破产倒闭的困境，股权也就可能因被轻视而变得一文不值，原本团结的合伙团队也会貌合神离、分崩离析。

正因为股权有巨大的价值，也就有了无穷的吸引力，真正的企业家不仅会重视以股权来吸引投资，更会借助股权结构的合理设计与分配，将之打造成为企业重要的激励要素，去吸引优质的资源、强大的合伙人、忠诚的员工来为己所用。可以说，股权变化的过程，就是企业不断扩大合伙团队，让事业裂变扩大的过程。破解了股权密码，就得到了企业运营成功的密钥。

2019年，我读了《合伙人裂变与股权密码》的书稿，再次引发了我对企业股权的浓厚兴趣。本书作者是我多年的朋友，长期工作在企业股权咨询界，服务过多家大型知名企业，也为超过100家新生的中小企业搭建出富有激励效应的合伙人与股权设计咨询方案，助力其快速裂变发展。

这本书是他多年来对合伙人与股权设计咨询、研究的心血结晶，是他从企业实际面临的生存与竞争课题中，总结出的一套具有实际作用和指导意义的系统观与方法论。

实际上，合伙人模式与股权激励设计，在实践中注定是相辅相成的：任何优秀的企业，都应通过良好的股权设计和操作，让所有员工获得充分激励，而投入到为企业的服务中去；而有志于基业长青并实施合伙人模式的企业，又必须从一开始就找到属于自身的股权密码，获得强有力的成长动力。

本书文笔流畅自然，案例生动详实。内容虽然专业，但读来却不枯燥，让读者一读就懂、一懂会用、一用有效，并且方案、表格、工具齐全，落地性强，可借鉴度高！

李正新

华为管理学院副教授

原华为 HR 总监，华为全球销售部人力资源部部长

自序

企业快速成长、基业长青的秘密

我个人非常喜欢《三国志》里孙权的一句话："天下无纯白之狐，而有粹白之裘，众之所积也。夫能以驳致纯，不惟积乎？故能用众力，则无敌于天下矣；能用众智，则无畏于圣人矣。"在任何时代，善用众力、众智的人，才能成就一番事业！而若只能用己力、己智，英雄也只能扼腕长叹！

在踏入企业管理咨询行业之前，我是一名严格意义上的现代企业高管或叫企业管理"操盘手"。如何在众多行业中追求企业或项目快速成长、利润倍增并使企业价值最大化，是职业经理人或管理"操盘手"必须考虑的问题。工作多年，当我有了一定的实践经验之后，我发现企业快速成长与基业长青的秘密集中于两个方面。

一是企业战略与商业模式。但成功的企业战略与模式有千千万万种不同的战略与模式，对不同企业来说不容易借鉴。

二是企业"动力系统"打造。这种"动力系统"打造基本可以适用于各种行业、各种企业，尤其是合伙人模式、合伙规则、股权架构、股权激励等方面的设计。

我发现，关于企业快速成长与基业长青的研究，尤其是合伙规则、股权架构、股权激励设计等方面的研究，不仅应该是一门深邃的学术课程，同时也应该是一种难能可贵的艺术。这种艺术，会让真正的企业家为之心醉神迷、赞叹不已。如果总是将这样的学术束之于象牙塔，或仅仅将其作为个人的兴趣爱好，其中的理论不仅永远不会为更广泛的人群所了解，而且也无法帮助广大企业实现基业长青的梦想。

后来，我从职业经理人变成了创业者，在培训咨询项目服务的实践中，围绕着现代企业的快速成长与基业长青等诸多企业管理要素，我进行了广泛而深入的研究。多年以来的咨询工作，让我有幸能为数百家企业担任咨询顾问，为100多个项目做合伙人与股权设计咨询，为80多个项目做商业模式设计顾问，为60多个项目担任融资顾问，为30多个10亿元以上平台做战略顾问与参股合伙人……而在此过程中，我领略到的，不仅有胜利的喜悦、成功的风景，更有丰富的咨询经验与项目实际运营经验，还有无穷的钻研乐趣。

正因如此，在多年讲授"合伙人裂变与股权密码"总裁班课程之余，我总是将每次授课时所产生的心得一一记录下来。无数个深夜里，虽然白天安排得十分紧凑的课程已经让我备感疲惫，但我依然会泡一壶清茶，坐在电脑前，对课程中的所见、所思、所闻加以记录。

从2018年开始，在历年咨询项目与实践项目及课程授课笔记的基础上，我经过多次增删修改，将相关理论进行系统整理，将咨询方案做场景化提炼总结，并加入了我所从事咨询项目的近百个真实的咨询项目落地方案，加以提炼改编，再融入近年来中国商界所发生的真实案例，以便与理论进行相互观照和解释，从而尽可能传递出最全面、最丰富、最立体的落地性强而有价值的知识。在写作形式上，也希望这些知识与落地方案能让读者一读就懂、懂了会用、一用就有效。这样，就形成了这本书。

通过这本书的写作，我充分回顾了多年来对企业合伙人与股权设计的研究和教学之路、数百个咨询项目的实践之路，从中受益良多。同时，我也相信，想让企业快速成长、团队裂变、利润倍增、资本腾飞并做大做强的企业家，通过对本书的学习，都能够分享我在多年如一日孜孜不倦的努力中，所见识与收获到的那些智慧与落地方案。

我要感谢数百家企业咨询客户，正是有了这些咨询落地案例，我才能提炼出本书的方法论与落地性强的操作策略。我要感谢与正点方略深度战略合作的平台：喜课、MeetHR、人资学堂、雨课、英盛网及薪人薪事等平台，尤其感谢喜课合伙人王红亮、何华稳，MeetHR创始人乔顿，人资学堂创始人柯志豪等人的鼎力支持。另外，小米谷仓学院总顾问马成功，外滩商学院院长叶阿次，人才战略专家、原碧桂园营销学院院长何欣，华为管理学院副教授李正新，也给了我极大的支持和帮助，感谢他们！我也非常感谢家人的理解与支持，感谢正点方略的同事们！

因个人精力有限，书中难免存有纰漏，恳请各位读者批评指正！

王美江

2019年5月

前言

在国家产业升级与企业转型的今天，企业之间的竞争已经不仅是产品、运营与技术的竞争，企业的核心竞争力逐步转移到商业模式与合伙人的竞争，这就要求企业必须"练管理内功"与抢人才。如何设计一个模式，招到高手并留住核心人才？如何设计一个模式，整合外部资源，做到团队裂变、业绩倍增呢？

今天，优秀卓越的成长型企业，都在推行合伙人模式。

只有合伙人模式，可以解决成长型企业的人才吸引与归属问题。

只有合伙人模式，可以解决成长型企业内外部人才的团队裂变与动力不足的问题。

当下企业90%是合伙的，但只有10%的合伙关系是健康的；

未来企业90%是合伙人模式的，但只有10%是懂得如何合伙的！

合伙人模式是一种资源整合工具，企业如果只有领导者在动脑筋，那就是个体户。用合伙人模式整合内部员工，企业才能成为真正的企业；用合伙人模式整合外部高手，做团队裂变，企业才能做大做强；用合伙人模式整合上下游工厂，则企业可变成产业链平台；用合伙人链接资本，企业将快速腾飞！

这本书能够解决企业合伙人裂变的难题，能够消除企业股权设计的痛点。

1. 本书整体逻辑。

本书从正确认知合伙人与合伙规则开始，详细阐释了合伙人裂变与股权顶层设计、股权激励、股权融资的相关内容，其框架逻辑如下页图所示。

2. 本书内容特色。

本书极为实用。从合伙人模式、合伙10规则、合伙人模式方案设计、合伙人裂变模式设计策略，到股权模式、股权顶层设计、股权激励方案设计、股权融资技巧等，均落地实操，可帮助创业者、企业经营者、企业股东、企业合伙人等彻底解决合伙人与股权问题，帮助企业实现团队裂变；可解放企业领导者，实现业绩倍增、资本腾飞！

本书深入浅出，既有理论的讲解，又有案例的复盘演示，更有图、表结合的阐释，形象易懂，可使读者轻松掌握合伙规则、合伙人裂变与股权方案设计、激励的相关知识，是难得的合伙人与股权类知识的实操手册！

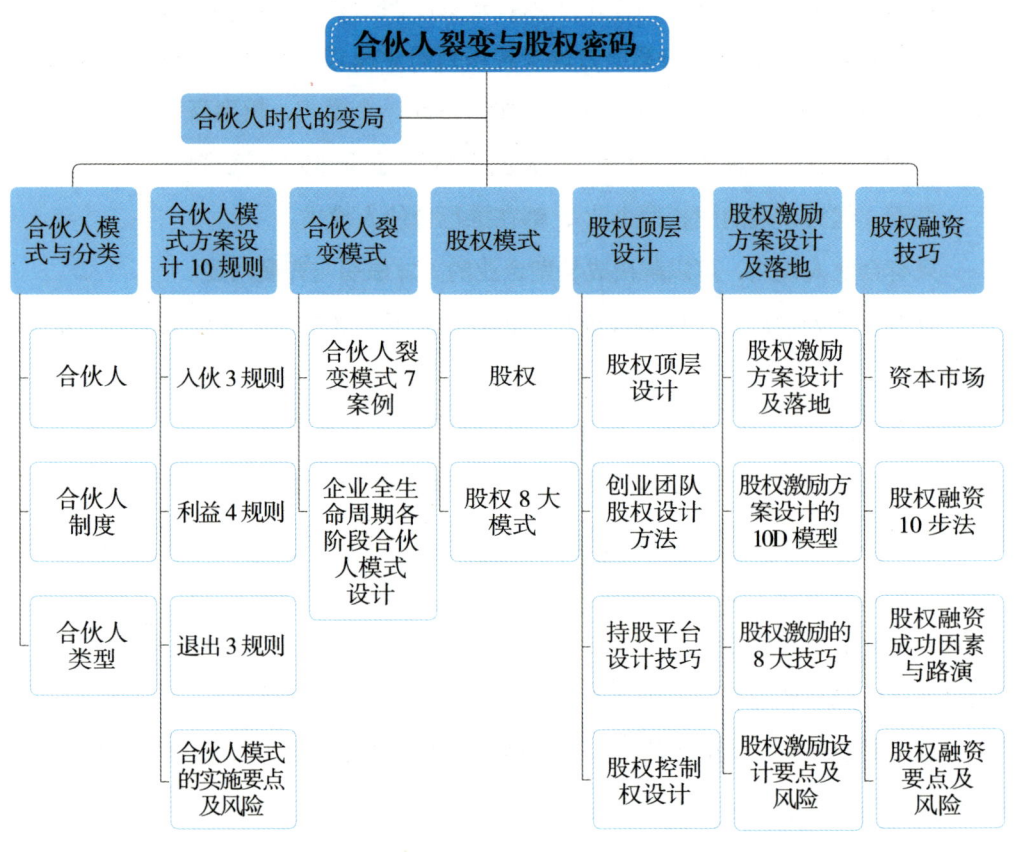

本书框架逻辑

3. 本书适合的对象。

本书适合创业者、企业经营者、合伙人、股东、股权投资者、律所从业者、企业经营管理研究者及企业管理人员等阅读使用。

4. 本书特别说明。

本书中使用了大量的实操案例，这些案例来源于深圳市正点方略企业管理咨询有限公司王美江老师及咨询团队落地数百个咨询项目案例改编，其设计方案、策略方法普遍适用于所有行业的各类企业运用参考与借鉴学习。

目录

推荐序一　能裂变团队，利润才倍增
推荐序二　分好钱才能引人才，人才多则事业强
自序　　　企业快速成长、基业长青的秘密
前言

第 1 章
被逼裂变，合伙人时代的变局

1.1　第一次被逼裂变 / 2
1.1.1　雇佣制时代企业痛点 ………………………………………… 2
1.1.2　你的企业真的很具竞争力吗 ………………………………… 4
1.1.3　为什么职业经理人离开了你 ………………………………… 7

1.2　合伙人时代的变局 / 9
1.2.1　什么是合伙制 …………………………………………………… 9
1.2.2　合伙制的 5 个特点 …………………………………………… 10
1.2.3　合伙制适合哪些企业 ………………………………………… 12

第 2 章
合伙人模式与合伙人分类

2.1　何谓合伙人 / 15
2.1.1　合伙企业 ……………………………………………………… 15
2.1.2　合伙制度 ……………………………………………………… 17
2.1.3　合伙人模式 …………………………………………………… 19

2.2　为什么合伙人制度比股权制度更灵活 / 21
2.2.1　合伙人模式与股权对比 ……………………………………… 22
2.2.2　合伙企业、有限公司、股份公司对比 ……………………… 24

2.3 合伙人的分类 / 26

2.3.1 股东合伙人 26
2.3.2 事业合伙人 27
2.3.3 生态链合伙人 28

第 3 章
合伙人模式方案设计 10 规则

3.1 入伙 3 规则：选择规则、参与规则、出资规则 / 30
3.1.1 选择规则：选择合伙人的六星标准与评价工具 30
3.1.2 参与规则：合伙人参与项目的 6 种方式 41
3.1.3 出资规则：合伙人出资的 4 种形式 43

3.2 利益 4 规则：干活规则、决策规则、账目规则、分钱规则 / 45
3.2.1 干活规则：合伙人参与职责定位与责、权、利划分 45
3.2.2 决策规则：项目经营过程中决策审批程序与拍板权 48
3.2.3 账目规则：亲兄弟，明算账 50
3.2.4 分钱规则：合伙项目中的分钱规则 51

3.3 退出 3 规则：罢免规则、退出规则、散伙规则 / 63
3.3.1 罢免规则：如何让中途不合适的人下车 63
3.3.2 退出规则：所有合伙人闹矛盾的主要原因是无退出规则 65
3.3.3 散伙规则：如何设计散伙规则 71

3.4 实施合伙人模式的注意要点与相关风险 / 73
3.4.1 实施合伙人模式的注意要点 74
3.4.2 实施合伙人模式的相关风险 75

第 4 章
合伙人裂变模式解析及合伙人裂变模式设计策略

4.1 合伙人裂变模式案例解析 / 79
4.1.1 案例一：万科的事业合伙人制 79
4.1.2 案例二：永辉超市的门店合伙人机制 81
4.1.3 案例三：海尔的自主经营体机制 89

  4.1.4　案例四：韩都衣舍的小组制 91
  4.1.5　案例五：华为公司的利润分享机制 94
  4.1.6　案例六：碧桂园，炒房太低端了 96
  4.1.7　案例七：宗毅的芬尼克兹公司——裂变式创业 98

4.2　企业全生命周期不同阶段如何做合伙人裂变模式设计 / 101
  4.2.1　创业阶段：如何设计创业股东合伙人合伙规则与股权架构 ...101
  4.2.2　发展阶段：如何设计核心员工事业合伙人合伙规则 108
  4.2.3　项目裂变：如何设计项目裂变合伙人合伙规则 117
  4.2.4　小组竞争与平台结合合伙激励：如何设计小组竞争与平台结合合伙激励的合伙规则 118
  4.2.5　生态链合伙人：如何设计与工厂强强联合的合伙规则 122
  4.2.6　生态链合伙人：如何设计整合渠道合伙人合伙规则 124
  4.2.7　城市合伙人：如何整合合伙人把事业做到全天下 126
  4.2.8　内部裂变合伙人（1）：如何设计合伙模式让团队裂变 127
  4.2.9　内部裂变合伙人（2）：小组师徒制裂变合伙人 129
  4.2.10　内部裂变合伙人（3）：门店合伙人裂变模式 131
  4.2.11　外部裂变合伙人（1）：如何合伙收编整合做到团队裂变、项目裂变 133
  4.2.12　外部裂变合伙人（2）：如何设计裂变式创业合伙规则 134

第 5 章
股权相关概念与股权 8 大模式

5.1　股权相关概念 / 138
  5.1.1　股权是什么 138
  5.1.2　合伙人股权布局的 8 大死局与 4 阶变化 140
  5.1.3　股权是祸是福 143

5.2　股权 8 大模式 / 146
  5.2.1　期权模式 146
  5.2.2　受限股模式 148
  5.2.3　虚拟股票模式 150
  5.2.4　业绩股票激励模式 151
  5.2.5　股票增值权模式 153

5.2.6 员工持股计划模式 155
5.2.7 延期支付计划模式 157
5.2.8 在职分红股模式 159

第 6 章
股权顶层设计：战略性股权布局与控制技巧

6.1 创业团队如何设计股权架构 / 162
6.1.1 两个人如何合伙、夫妻如何合伙 162
6.1.2 3 人、4 人、5 人、5 人以上如何设计股权架构 164

6.2 持股平台设计技巧 / 166
6.2.1 有限合伙 166
6.2.2 有限合伙企业 167
6.2.3 选择有限公司还是有限合伙企业 168
6.2.4 母子孙分公司 169

6.3 控制权就是一切：如何设计股权控制权让你永远不丢掉自己的"孩子" / 171
6.3.1 控股 171
6.3.2 控人 173
6.3.3 控权 176
6.3.4 章程 179
6.3.5 董事会 181
6.3.6 董监高任免 182

第 7 章
股权激励方案设计的 10D 模型与 8 大落地运用技巧

7.1 股权激励方案设计的 10D 模型 / 186
7.1.1 定方向 187
7.1.2 定目标 187
7.1.3 定对象 188
7.1.4 定模式 191

- 7.1.5 定额度 192
- 7.1.6 定条件 194
- 7.1.7 定来源 195
- 7.1.8 定价格 197
- 7.1.9 定时间 200
- 7.1.10 定合同 202

7.2 股权激励的 8 大落地应用技巧 / 203

- 7.2.1 核心团队——超额利润激励法 204
- 7.2.2 核心团队——在职分红激励法 205
- 7.2.3 核心团队——135 渐进式激励法 208
- 7.2.4 业务团队——组合式多层次 5 步连环股权激励法 208
- 7.2.5 吸引高手——股权期权激励法 210
- 7.2.6 功臣——"金色降落伞"激励法 211
- 7.2.7 行业整合——上下游激励法 213
- 7.2.8 特殊资源——影子股东激励法 214

7.3 实施股权设计与激励的注意要点与相关风险 / 215

- 7.3.1 实施股权设计与激励的注意要点 215
- 7.3.2 实施股权设计与激励的相关风险 216

第 8 章
股权融资技巧：资本助推企业腾飞

8.1 资本市场是什么样的 / 219

- 8.1.1 资本市场与菜市场 219
- 8.1.2 资本方分类与阶段特点 222
- 8.1.3 中国多层次资本及上市渠道 225

8.2 股权融资 10 步法：股权投融资其实很简单 / 227

- 8.2.1 企业如何与资本"相识" 228
- 8.2.2 企业如何与资本"相悦" 229
- 8.2.3 正式接触 231
- 8.2.4 签订投资意向书 232
- 8.2.5 合作谈判 232

  8.2.6　双方认可 234
  8.2.7　签订协议 234
  8.2.8　正式合作 234
  8.2.9　合作确认与落实 234
  8.2.10　合作变更与退出 235

8.3　股权融资股权架构演变：天使轮/ABCD 轮/上市 / 236
  8.3.1　遇见天使 237
  8.3.2　发展与融资 ABCD 轮 238
  8.3.3　上市与敢问路在何方 239

8.4　股权融资成功关键因素与路演技巧 / 241
  8.4.1　企业价值与商业模式 241
  8.4.2　家底干净与股权清晰 243
  8.4.3　到底值多少钱：估值方法与估值报告 244
  8.4.4　钱在哪：资本资源与找对投资人 245
  8.4.5　处对象：如何路演 247
  8.4.6　对赌：天使与魔鬼 249

8.5　股权融资注意要点与相关风险 / 251
  8.5.1　股权融资注意要点 251
  8.5.2　股权融资相关风险 253

第1章
被逼裂变，合伙人时代的变局

如今，一些固守雇佣制思维的企业，普遍面临着8大挑战，即：1.高成本时代；2.微利时代；3.价值链重构；4.资本的力量；5.世界是平的；6.消费者主权；7.人才挑战；8.产业结构调整。

这些挑战几乎涉及企业经营管理的方方面面，每个企业都在寻找新时代的出路。但真正的出路并不在于雇佣制时代的微调，而在于合伙人时代的变局。企业如果不能主动迎接变局、自我革新，那就只能被逼裂变、而结局却未知。

1.1 第一次被逼裂变

1.1.1 雇佣制时代企业痛点

在雇佣制时代下，虽然国内企业设置有纷繁复杂的岗位，但所有企业中其实都只有两种身份，即领导与员工，其关系则是简单的雇佣与被雇佣关系。这样的身份属性，也必然形成了无法磨合的两种利益思维：

领导只关注利润，而所有的雇佣人员都代表着利润的对立面——成本，因此，企业领导普遍追求的，就是通过逐步压低员工成本以提升利润；

员工遵循着打工者思维，以薪资的多少定义工作的付出，薪资是劳动应得的报酬，而对于企业是否盈利、盈利多少，员工则持"事不关己"的态度。

正是这样两种身份引起的思维冲突，成为雇佣制时代企业痛点的根源。

人才瓶颈是雇佣制时代的通病，雇佣制企业中永远只有人员，而无人才。再好的人才，在雇佣制下都会逐渐进入"不作为"状态，成为企业的普通一员；而想要逃离这种状态的人才，要么进入了企业管理方式全然不同的其他企业，要么走上了创业道路。

人才瓶颈背后隐藏的则是人效瓶颈。当将员工看作"成本"时，领导自然会选择直接"盯住"现场的管理方式，此时，真正的人才并非消失，而是选择了离开，而留下的员工则以打工思维作为工作准则——"少做少错、多做多错、不做不错"。随着雇佣制企业员工的不断增加，领导无法一一"盯住"员工，员工则已习惯于"不作为"，认为只需做好"分内事"即可。

当遇到人才瓶颈与人效瓶颈时，企业的发展也由此陷入资金、库存与利润、扩张困局，这也是大多数企业普遍存在的痛点。

如果员工只是成本,那么员工当然也不会关注资金流的问题,这会使得企业进而陷入资金困局。在雇佣制时代,企业一旦陷入资金短缺,只有管理者感到紧张;即使企业面临倒闭,员工也能心安理得地"改换门庭"。此时,企业的高速发展需要管理者持续投入发展资金;企业的缓慢发展也需要管理者苦苦寻找造血资金,直到管理者的所有资金流被消耗殆尽……

旁观者往往会好奇:为何当企业发展缓慢时,其生产计划仍不调整,使生产形成的大量库存,造成更多的资金积压?

其实,随着社会生产的不断发展,当下几乎所有行业都处于"红海"当中,市场竞争也越发激烈,其最突出的表现就在于市场竞争的同质化。每家企业的产品都一样,目标客户也相同,连营销方式也相近……行业内难以调和的过度竞争也由此形成。

面对愈趋惨烈的同质化竞争,企业的面前只有两条出路:一是走向差异化;二是坚持价格战。

差异化是逃脱同质化竞争的最佳渠道,但可悲的是,在雇佣制时代,企业员工的创新能力早已被打工者思维磨平,这也让企业失去了走向差异化的可能。

价格战则是同质化竞争中的一种无奈选择,企业只有通过降低价格,才能赢得市场优势,而其最光明的未来也只有:通过价格战"熬死"其他同行,并最终获得行业垄断地位,从而获取利润空间进而"回血"。但从实际来看,这条路其实不过是一条"死胡同",价格战一开,企业的产品售价只能不断被降低,并且企业要付出更多的营销成本,其结果更可能是"熬死"自己,而非同行。

据行业调查显示,目前,国内有 30 多个行业都处于价格战的"死胡同"当中。这些行业既无技术创新,也无模式创新,整个行业都投身于同质化竞争当中,看似热火朝天,但其实连行业内首屈一指的企业都处于巨大的亏损当中,整个行业的复兴也无从谈起。

如今,无论企业的管理者是以 5 年还是 10 年为尺度展望未来的利润率,在可见的未来,90% 的企业都将面临越来越低的利润率。笔者曾供职于顺丰速运,顺丰在2006年可以维持高达30%的净利润率，但到了2018年，这一数字不过8%。这就是同质化竞争带来的市场变化，每家企业都陷入了利润困局。

即使在仅存的几个朝阳行业，其企业虽然能够获取较好的利润，也难免陷入扩张与风险的困局。

站在行业高速发展的风口，每家企业都想尽快做大做强，但在业务的快速增长中，团队能力是否跟得上、管理体系是否跟得上、人才是否跟得上？对于雇佣制企业，其业务增长都必然伴随着团队的人员扩张，但这支团队是否能够成为企业长青的助力呢？

放眼当今中国企业，坐拥资源垄断优势的企业在经过最初的快速扩张之后，其扩张的边际速度也越来越慢。而其他不占有优势资源的企业当然更容易陷入扩张困局。

尤其是在企业扩张的过程中，现金、收入与利润的三角矛盾问题，以及其中蕴含的投资风险、控制风险、人才风险，更需要强有力的团队才能被妥善解决。否则，企业就很容易在三角矛盾前进退维谷：牺牲现金的快速铺货策略，可以帮助企业快速占领市场，但却容易为企业带来应收账款风险与资金断裂风险；若牺牲市场保留现金，则必然会影响收入与利润，使企业面临发展停滞的风险。

随着社会经济发展速度的放缓，雇佣制时代的问题也正在逐渐暴露，越来越多的企业开始感受到难以解决的管理和发展问题，而这一切的根源其实正是雇佣制企业的人才瓶颈与人效瓶颈。

你所面对的所有问题，归根结底都是人的问题！

1.1.2　你的企业真的很具竞争力吗

改革开放以来，中国各行各业都进入了快速发展期。近10年来商业活动的复杂程度高、变化频率快，因此，企业正面临一个不断变革的时代，如图1.1-1所示，为企业面临的8大挑战。

图 1.1-1 企业面临的 8 大挑战

随着中国经济发展的放缓，大量行业开始进入微利时代，同质化竞争更是将企业拖入惨烈的价格战当中。此时，你仍然认为你的企业很具竞争力吗？

事实上，除却改革开放的政策红利之外，很多中国企业的核心竞争力其实就在于人力成本。在改革开放前 30 年，由于中国劳动力较为廉价，相关政策也不完善，很多企业尤其是制造企业得以依靠人力成本优势，获取了巨大的利润。

然而，近 10 年来，中国企业也进入了高成本时代。与此同时，2008 年金融危机的爆发，也让全球经济的发展陷入僵局，这对中国企业尤其是出口制造型企业，造成了严重伤害。

对于那些将员工看作成本的雇佣制企业而言，当今时代的诸多困局无疑是企业发展面临的巨大挑战。日渐高企的员工成本，让很多领导者感到痛苦，也是直到此时，这些企业才真正醒悟：我的企业似乎毫无竞争力……

事实上，要确认你的企业是否具备竞争力，你只需回答以下几个问题：

问题一：你的企业内部有高手吗？

21 世纪是人才竞争的时代，人才战略也已经成为我国国家战略的重要核心，在企业中同样如此。尤其是当劳动力成本逐渐上升时，只有真正的高手，才能发挥出最大的价值，而不是秉持着打工者的思维坚持"不作为"。

那么，在你的企业内部，有这样的高手吗？他们可以承担起创造价值的重任，充分发挥主观能动性，与企业共同成长吗？

如果没有这样的高手，领导只能事必躬亲，"盯住"每位员工，以严格的规章制度让员工按章办事。而长此以往，企业发展的上限，则完全取决于企业管理者的个人能力和精力。

问题二：你的高手在1-2年内会离开吗？

高手能够创造价值，但只有稳定的高手，才能为企业创造持续的价值。

当今时代，几乎每家有所成就的企业内部，都有这样一、两位高手存在。但尴尬的是，这些企业仍然难以逃脱存活不过3年的命运。

其背后原因就在于，企业管理者委以重任的高手，在短短1-2年内就从企业离开，这也导致企业的发展瞬间陷入停滞。如果企业管理者自身无力维系，就只能等待新的高手的出现，但在这段空窗期，企业可能已经被市场淘汰。

问题三：高手离开后会否变作竞争对手？

在雇佣制时代，雇佣制企业难以留住高手不仅会影响企业的自身发展，甚至于很多高手在离开之后，会变作更可怕的竞争对手。他们知道企业的发展模式、渠道和资源，因此，在设计竞争方案时，往往也能一针见血。

更常见的现象是，高手在离开企业时，会带走企业一批骨干员工以及各种渠道资源，这对企业的发展会造成釜底抽薪的破坏力。

问题四：如何从内部解决上述问题？

上述问题普遍存在于雇佣制企业中，很多企业管理者也都已经对此产生了一定的认知，并积极寻找解决机制。而在实践过程中，最常见的机制都是以薪酬为核心的，或是涨薪，或是建立绩效制度。

这样的方法在初期能发挥一定的作用，但从长期来看，由于在激烈的市场竞争中，竞争对手总是会不惜拿出更具诱惑力的薪酬以挖掘高手，其结果又将引发人才市场的恶性竞争。

问题五：如何从外部吸引高手？

正如竞争对手总是到处挖掘高手一样，企业想要持续发展，同样需要不断从外部吸引高手，在优胜劣汰中，实现团队人员的持续换血，最终建立起一支具备高竞争力的高手团队，进而实现上下游的整合。

然而，对于很多缺乏高薪资、大平台的企业而言，其又该如何从外部吸引高手呢？如果没有足够优秀的高手团队，企业的上下游整合当然也无从谈起。

当很多企业仍然沉湎于经济腾飞的"光辉历史"时，更多企业已经认识到了自身竞争力的不足。但对于如何弥补这些不足，尤其是解决上述5大问题，大多数企业却缺乏有效的措施，只能被市场逼着前进——毫无方向。

1.1.3　为什么职业经理人离开了你

2013年年初，王某开始在亚马逊平台创业做电商。2017年年底，每年营收3000万元，利润500万元。在这一过程中，最初入职的员工邹某，凭借其出色的业务能力，成为企业的核心骨干，负责企业的核心业务管理，其年收入则从最初的不到10万元涨至80万元。

正当王某准备继续大展宏图时，2017年年底，邹某却提出离职、决定创业。对此，王某很是伤心，认为受到了背叛。

在当今时代，王某的遭遇并非个例。很多领导会因此怨恨核心骨干的离职，但站在员工的角度来看，在企业价值大幅增长的同时，核心骨干却没有享受到其中的红利。薪酬的增长幅度其实与企业价值的增幅是不对等的。在这种情况下，核心骨干的离职也成为必然。

随着中国企业管理的不断成熟，很多企业开始引入职业经理人制度，由专业的业务骨干负责企业的核心管理。相比于领导，这些核心骨干虽然仍属于受薪阶层，但凭借出色的职业素养与业绩，他们往往能够拿到很高的薪酬。

据统计，美国大企业高级职业经理层的平均收入，甚至已经超过了普通员工平均收入的百倍，因此，职业经理人也被称作"金领"。在中国企业发展史上，也涌现出了"打工皇帝"唐骏、"手机狂人"万明坚等优秀职业经理人。

一般而言，职业经理人都具备较高的个人素质和较强的职业能力，以及敬业精神、创新意识等事业心的助力。也正是因此，他们能够为企业创造巨大的财富，甚至会改变一个企业的命运。

然而，随着市场的快速发展以及"大众创业"时代的到来，每个人都有可能成为新时代的创客。此时，职业经理人的离开，也成了一种常态，每家企业领导都开始考虑如何维持与职业经理人的关系。

作为职场的一个特殊角色，职业经理人在企业扮演的角色总是十分尴尬：一方面，在领导心目中，职业经理人更像企业的"保姆"，呵护企业发展是其必然的责任；而另一方面，掌握企业管理权的职业经理人，却往往会陷入"婆婆"的角色，将自己看作企业的老大，与领导产生矛盾和冲突。

在中国企业中，这种角色冲突则更加明显。如"手机狂人"万明坚在加盟长虹之前，则是因为功高盖主而不得不离开 TCL。此后，TCL 手机也开始走下坡路，最终在国内手机业泯然众人。

职业经理人是人才市场中最具活力和前景的阶层，其最重要的使命就是经营管理企业，并从企业业绩中获利。因此，在实际操作中，职业经理人的利益必须与企业的经营绩效相结合，并形成荣辱与共的格局。

事实上，国内职业经理人的频繁离职，正是因为未能形成这种荣辱与共的格局。如前所述案例中的邹某，在支撑企业从创业到营收 3000 万元的过程中，他并没有享受到企业增值为其带来的收益，其离职也成为必然。

马云曾说："员工离职的原因可以归结到两点：1. 钱，没给到位；2. 心，委屈了。"而职业经理人离职的最关键的原因则在于，企业价值尤其是企业价值增值与经理人无关。不仅如此，在很多雇佣制企业中，领导甚至会顾虑职业经理人的"功高盖主"，最终导致职业经理人因自身业绩太高而离开。

在优秀的职业经理人离开之后，且不谈企业是否能维持原有的发展速度，从职业经理人的出路角度来看，他们也必将成为企业最可怕的竞争对手。

一般而言，职业经理人离开后的出路不过以下 3 条：

1. 跳槽到更高薪资的大平台；

2. 跳槽到可以创业的合伙公司；

3. 自己当领导。

无论哪一条出路，都意味着原企业多了一位强力的竞争对手，因为他们了解原企业的经营模式，甚至掌握原企业的经营资源。

在雇佣制时代，很多企业都被各种痛点所折磨，但却总是找不到消除痛点的出路。尽管领导们做出了许多改革，如改变薪酬结构、引进职业经理人等，但其效果却不如人意。归根结底，其原因并非是制度的失效，而是领导思维的落后。在新时代下，仍秉持着雇佣制思维的领导，其企业必将会被时代逼迫而改变。

1.2 合伙人时代的变局

1.2.1 什么是合伙制

电影《天下无贼》里有一句台词："21世纪什么最贵？人才！"这句话同样适用于当代的中国企业，尤其是各种新兴行业，如互联网与电商行业、新零售行业等新兴产业行业。但值得注意的是，与行业迅猛发展形成鲜明对比的，是人才的紧缺。于是，某企业高管高薪被挖、某企业领导带团队集体跳槽、某业内牛人高调加盟等新闻频频见于朋友圈。

然而，领导想要提升企业竞争力，只能如此"简单粗暴"吗？雇佣制时代的企业正在被逼走向裂变，但企业的裂变方向又是什么呢？

2013年，阿里巴巴正式公布合伙人制度，同年，万科有1000多位中高层经理成为首批"万科事业合伙人"。时任万科董事局主席的郁亮更是强调："职业经理人已死，事业合伙人时代诞生。"

中国正在进入合伙人时代的变局，而一位位企业大佬纷纷推荐的"合作制"，究竟是什么？

其实，合伙制并非一种新型制度，自古以来，与人合伙经商的模式就广泛存在。通过合伙的方式，企业可以有效降低经营风险，在风险共担的同时，实现权力共享、利益共享。

而在当今时代，在新的商业逻辑和互联网思维下，合伙制也焕发出了新的光彩。

合伙原本就是人类相互协作的方式之一。在诞生之初，合伙制的概念可以被理解为"有钱的出钱、有力的出力"，大家在资源互补的情况下结为一个利益共同体，去追逐同一个目标。

随着时代的发展和管理的进步，**合伙制也不再是简单的资源互补，而是基于组织架构与股权分配的改革，设计出一种新型的组织关系，去寻找志同道合、能力突出的核心人才**，从而让中小企业得以在人才市场与大型资本企业相抗衡。

当下，合伙制已经被广泛应用于各大企业，但从实践中也能看出，每家企业在运用合伙制时也选取了不同的侧重点。例如万科的事业合伙人计划，是为了弥补股权分散的股权结构；而阿里巴巴的合伙人制度，则是为了割裂股权与控制权的联系，从而摆脱资本的控制。

当古老的合伙制在新时代大放异彩时，面对合伙人时代的变局，企业也要从全新的角度去理解合伙制，而不是停留于寻找一双大手、一颗热胆、一颗大脑的层面。

只有在确定志同道合，且对方具备职业经理人的专业智慧与能力时，企业才能遵循既定的合伙制度，引入人才，并让他们真正成为企业持续发展的助力。

1.2.2　合伙制的 5 个特点

合伙制之所以能够引发新时代的变局，就在于这一制度具备的 5 个特点，如图 1.2-1 所示。

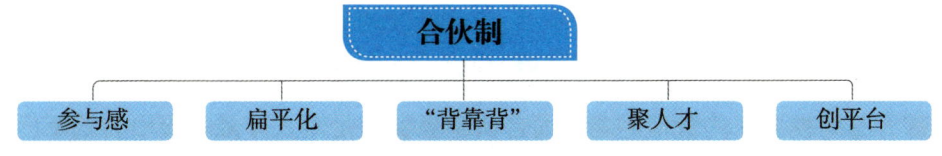

图 1.2-1 合伙制的 5 个特点

1. 参与感。

当今时代的竞争之所以强调人才，是因为与传统企业的机械化生产相比，如今的企业更需要一位位能够充分发挥主观能动性的员工，而非一台台只会按章办事的"机器"。

在合伙制下，企业核心人才、职业经理人则能成为企业合伙人，进而真正成为企业的主人翁，能够共享企业价值及增值。此时，基于强烈的参与感，企业也能够留住人才，并激活人才战斗力。

2. 扁平化。

合伙制的有效推进，离不开阿米巴经营模式的配合。在阿米巴经营模式下，整个公司被分割成许多个被称为阿米巴的小型组织，每个小型组织都作为一个独立的利润中心，按照小企业、小商店的方式进行独立经营。

此时，每位合伙人的身份就是每个阿米巴的运营者，每个人都在为自己打工，扁平化的管理也能为企业带来更大的利益。

3. "背靠背"。

随着企业业务的不断扩张，阿米巴经营模式也可以进一步分化为区域化经营，合伙制得以进一步细分为业务合伙人、区域合伙人等层级。在平等协商的机制下，根据不同层级，签订不同的合伙协议，而每一层级的合伙人都需要自负盈亏，并对企业的发展负责。

如此一来，企业终将转变为核心层全员合伙人的经营架构，形成真正荣辱与共的格局，每位合伙人都在"背靠背"中，同心同德、共同发展。

4. 聚人才。

在新经济时代，越来越多的制度创新正在涌现，但无论是何种制度创新，其都无法忽视人才的管理问题。而合伙制事实上是对人才最具吸引力的制度模式，只要志同道合、业务突出，就能成为合伙人——这对人才的诱惑力不言而喻。

尤其是在资本市场的活跃和股权众筹的创新中，**"天使投资 + 合伙人制 + 股权众筹"的模式也必将成为未来的主流创业模式，在解决资本问题的同时，也能够有效解决人才问题**。

5. 创平台。

传统的合伙制一般被看作小企业的"专利"，但在合伙人时代的变局中，合伙制也能够具备创平台的特点。

正如业务合伙人、区域合伙人的划分一样，企业可以进一步授权合伙人在协议范围内发展二、三级合伙人，让企业从唯核心层全员合伙人，演变为全员合伙人，真正成为所有员工共享企业增值红利的优秀平台。

1.2.3 合伙制适合哪些企业

在独特的组织关系下，合伙制能够让人力资本的价值最大化，但在实践过程中，合伙制并不适用于所有企业。通过研究，在合伙人时代的变局下，合伙制更适合以下 5 种类型的企业。

1. 知识型企业。

知识型企业的持续发展，源自企业内部的不断创新，该类型企业最重要的生产要素就是人才要素，也即员工的创造力、协作力、学习力等要素。

此时，传统的雇佣制思维也必然失效。而合伙制则能有效协调资本与知识的关系，借助有限合伙企业的形式，职业经理人或核心人才与企业的关系也突破了传统的被雇佣与雇佣关系，当他们能够参与企业价值的分配时，当然更愿意主动发挥自己的创造力、协作力和学习力。

2. 初创期或转型期企业。

处于初创期或转型期的企业，往往需要面对员工授权、风险管理、主动协同等各类问题。企业必须充分激发员工的主观能动性，让其对企业的未来有信心，并通过协力推动企业走向更好的未来。

此时，立足于合伙制，企业就能建立起一套有效的激励体系，从而赢得员工的认可，以助推企业走出初创期或转型期。

3. 控制权稳定的企业。

与中小型企业相比，大型企业在采用合伙制时，必须以稳定的控制权作为前提。合伙制的有效性，是基于既有股东与合伙人的利益一致性的。由于中小企业既有股东组成简单，其达成一致行动并不困难；但大型企业往往存在股权分散的问题，这就使企业难以达成一致行动。

因此，合伙制更适用于控制权稳定的企业。例如万科、阿里巴巴虽然都属于"航母级"企业，但其控制权却由管理层牢牢掌握。

4. 轻资产型企业。

实行轻资产战略的企业，大多是以价值作为驱动的，其更专注平台的搭建，从而实现快速扩张，典型的如互联网企业、跨境电商企业等。因此，在此类企业推行合伙制时也更容易实现成功。

5. 平台型企业。

平台型企业，能整合利益相关方的企业与产业，而要整合大量相关企业或产业，除了以资本去兼并、收购外，最好的办法就是成为平台合伙人。用合伙人模式去整合上下游、整合同行、整合异业联盟、整合资本等各利益相关方，使其在平台互为合伙人关系。

与此同时，与重资产型企业的入股价格相比，轻资产型企业的入股价格也更低，使合伙人在入股之后，能够获得更大的回报。这也使企业更能得到合伙人的认可并吸引其加入。

第2章
合伙人模式与合伙人分类

随着时代的变化，合伙人模式焕发出新的生命力。究其原因，正在于合伙人模式本身的自由度和灵活性。基于这样的特性，企业完全可以对合伙人模式进行深层次的创新与改革。而只有在真正理解合伙人模式之后，企业才能结合自身实际和时代特征进行创新。

2.1 何谓合伙人

从某种意义上说,做企业如同做资源整合游戏,你能在多大半径内整合资源,你就能取得多大成就!要整合资源,永远离不开合伙人!

合伙人机制,是一种资源整合工具,是一套公司治理与共创、共担、共享的激励分享机制。

在法学意义上,合伙人通常是指以其资产进行合伙投资,参与合伙经营,依协议享受权利、承担义务,并对企业债务承担无限(或有限)责任的自然人或法人。因此,**合伙人应具有民事权利能力和行为能力**。

2.1.1 合伙企业

"合伙创办企业"是一个常见的概念。但合伙企业的定义究竟是什么?这个问题甚至连许多企业家都无法正确解答。

其实,合伙人投资组成合伙企业,参与合伙经营的组织和个人,是合伙企业的主体。合伙企业中首先应当具备的是合伙人。

普通合伙企业由普通合伙人组成,合伙人对合伙企业的债务承担无限连带责任。而有限合伙企业由普通合伙人和有限合伙人组成,普通合伙人对合伙企业的债务承担无限连带责任,有限合伙人以其认缴的出资额为限对合伙企业的债务承担责任。

如果仍然无法理解，我们可以直接通过合伙企业的设立条件来理解：

1. 合伙人数量不少于两个人，且合伙人依法承担无限责任；

2. 有书面合伙协议；

3. 有合伙人实际缴付的出资；

4. 有合伙企业的名称；

5. 有经营场所及其他从事合伙经营的必要条件。

只需满足上述 5 点，任何人都可以创办合伙企业。同时也可以看出，合伙企业中最关键的就是合伙人。

合伙人是指投资组成合伙企业，参与合伙经营的组织或个人，是合伙企业的主体。

合伙人在法学中是一个比较普通的概念，通常是指以其资产进行合伙投资，参与合伙经营，依协议享受权利，承担义务，并对企业债务承担无限（或有限）责任的自然人或法人。合伙人应具有民事权利能力和行为能力。

也正是因为这样的组织形式，合伙企业具有以下 5 个显著特征。

1. 生命有限。

合伙企业的设立和解散都较为容易。只要合伙人之间签订好合伙协议，合伙企业就能够被宣告成立；但新合伙人的加入、旧合伙人的退出，也都可能促成合伙企业的解散或新合伙企业的成立。

2. 责任无限。

与有限责任公司不同，合伙企业对债权人承担的责任是无限的，也就是说，当合伙企业破产时，其所有合伙人都承担债务的偿还责任，且涉及合伙人个人资产。

甲、乙、丙三人各出资 30 万元成立了一家合伙企业，当合伙企业破产时，企业仍欠下 300 万元债务。此时，按照约定，甲已经还清了应该承担的 $300 \times 1 \div 3 = 100$ 万元债务，但乙、丙两个人拿出所有个人资产之后，也只偿还了 100 万元债务。那么，甲如果仍然拥有个人资产，则仍需继续偿还剩余的

100 万元债务。*此时，甲也对乙、丙拥有财产追索权。*

需要注意的是，合伙企业分为普通合伙企业和有限合伙企业两种类型，其区别就在于：除普通合伙人之外，企业是否拥有有限合伙人。普通合伙人承担无限连带责任，而有限合伙人则只以出资额为限对债务承担偿还责任。

由于承担责任的不同，一般而言，有限合伙人并不直接参与企业经营管理活动。

3. 互相代理。

合伙企业的经营活动，都应当由合伙人共同决定，因此，合伙企业的每位合伙人都具有执行和监督的权力，而任一合伙人代表企业发生的经济行为，都对所有合伙人具有约束力。

基于这样的相互代理的关系，如合伙人未能形成协议，或推举出经营负责人，则很有可能会产生纠纷。

4. 财产共有。

每位合伙人投入的财产，都应当由所有合伙人统一管理和使用。因此，任何将合伙财产挪为他用的做法，都需要经过所有合伙人的同意。

需要注意的是，合伙企业有一种特别的出资形式，即劳务出资。当合伙人只提供劳务出资时，则其仅能分享一部分利润，而没有分享合伙财产的权力。

5. 利益共享。

在生产经营活动中，合伙企业取得或积累的财产，都归所有合伙人共有；如有亏损，也同样如此。关于利益或亏损的分配比例，都应当在合伙协议中明确规定；如果没有相应规定，一般按照出资比例分摊或平均分摊。

需要注意的是，仅以劳务出资的合伙人，除非有详细规定，否则不分摊损失。

2.1.2 合伙制度

简单来说，合伙制度就是指由两个或两个以上合伙人掌握公司的所有权的制度。在这一制度下，合伙人可以共享企业经营所得，也对经营亏损承担无限责任。但除此之外，关于合伙制度的制定，都可由合伙人商议进行。

因此，合伙制度最重要、也最核心的内容，就在于合伙协议的商定。

1. 必备内容。

根据法律规定，合伙协议应当载明下列事项：

（1）合伙企业的名称和主要经营场所的地点；

（2）合伙目的和合伙企业的经营范围；

（3）合伙人的姓名及其住所；

（4）合伙人出资的方式、数额和缴付出资的期限；

（5）利润分配和亏损分担办法；

（6）合伙企业事务的执行；

（7）入伙与退伙；

（8）合伙企业的解散与清算；

（9）违约责任。

合伙协议可以载明合伙企业的经营期限和合伙人争议的解决方式。

合伙协议经全体合伙人签名、盖章后生效。合伙人依照合伙协议享有权利、承担责任。

经全体合伙人协商一致，可以修改或者补充合伙协议。

2. 注意事项。

合伙协议是合伙制度的书面协议，因此，关于合伙制度的核心内容，如出资数额、出资形式、盈余分配、债务承担、入伙、退出及终止等事项，必须被详细列入合伙协议。

一旦签订合伙协议、注册合伙企业，每位合伙人也都应当明确自身的权利。

（1）合伙企业的经营权、决定权和监督权；无论出资多少，每位合伙人都对企业经营活动拥有表决权。

（2）合伙人享有合伙利益的分配权。

（3）合伙利益的分配必须按照合伙协议进行，如无约定，则可采取按出资比例分配或平均分配的方法。

（4）合伙人有退出的权利。

合伙企业的经营活动，可以由所有合伙人共同决定，也可以推举某位或某几位合伙人作为负责人。但无论如何，合伙企业的经营活动，都由全体合伙人共同承担民事责任，因此，合伙人即使不参与企业的经营活动，也应行使自身的监督权，以维护自身及其他合伙人的利益。

2.1.3 合伙人模式

当今时代的各个行业都面临着人才紧缺的危机。在合伙人时代的变局中，很多企业开始由传统的雇佣制走向合伙制，其效果也十分明显，可以帮助企业，如浩方、傲基、环球易购等迎来新的快速增长期。

合伙人模式之所以能够在如今大放异彩，正在于合伙企业及合伙制度赋予企业的较高自由度。尤其是其利益共享和责任无限的特征，使得合伙人模式成为一种独特的激励约束机制。

一旦参与其中，每位合伙人都能够获得极强的物质激励和精神激励，与此同时，无限责任也让合伙人必须自我约束以控制风险。而在开放的合伙人模式的激励效用下，合伙人模式也能激励员工进取并对企业保持忠诚。

通过很多公司对合伙人模式的实践，我们也能发现，合伙人模式能够帮助企业有效应对当今时代的8大挑战。作为一种资源整合工具，也作为一套公司治理与共创、共担、共享的激励分享机制，合伙人模式具体可以解决企业发展中的哪些问题呢？

图2.1-1所示是企业发展过程中面临的8大问题，而合伙人模式能够有针对性地解决这8个方面的问题。

图 2.1-1 企业发展过程中面临的 8 大问题

1. 缺乏优秀操盘手。

用合伙人模式吸引优秀的操盘手加入，比在行业里用高价吸纳人才更加可靠，也更加有吸引力。

2. 增长乏力，动力不足。

合伙人模式可以更好地解决员工分配不足、没有动力工作的问题，也能从很大程度上避免出现领导累死累活地工作，而员工却只局限于自己的分内之事，缺乏团队意识的现象。

3. 人才瓶颈。

合伙人模式能够吸引各个层面的人才加入企业，解决人才不足的问题，同时还能留住人才，提升人才对企业的忠诚度。

4. 产品瓶颈。

某些企业在发展到顶峰时，往往面临产品创新的瓶颈，想要吸纳其他创新产品加入，又因为成本高等问题难以推进。如果采用合伙人模式，吸引小而美的创新产品入伙，则能提升企业活力。

5. 人效瓶颈。

用合伙人模式，领导与员工在一定程度上能够共享利益。员工上班积极性增强，自然而然就能提升企业的人效。

6. 团队裂变。

对于电商来说，其短期内团队裂变十分重要。而合伙人模式，是团队裂变非常有力的工具，可在短期内裂变团队，吸引需要的人才加入。

7. 业绩倍增。

合伙人模式能解决人才、团队、产品、增长问题，自然会提升企业业绩，这一点毋庸置疑。

8. 资金瓶颈。

由于很多企业有很大一部分资金都是压在货款上的，资金流动困难。在合伙人模式下，企业可以与工厂强强合伙，可以相互赋能，这样，资金流动问题也能得到改善。笔者做了几十个相关的咨询合伙模式设计，比如电商公司与工厂合伙，可以做到用别人的钱在别人的工厂建立自己的生产线，同时还可解决钱压在货上的问题；当然，工厂也可解决销路、利润率与转型问题。

时至今日，各行各业都面临价值链的重构。伴随着产业分工越来越细，全球产业链体系和地区性产业集群体系逐渐形成，企业的边界也在不断被突破。此时，企业只有改变价值链方向，建立价值网，才能正面迎接产业升级与转型、竞争升级和行业整合。

而在此时，如果企业仍然秉持雇佣制时代的思维，必然会被时代所淘汰。在合伙人时代变局下，每家企业都需要寻求适合自己的破局之道，而合伙人模式正是当今时代企业发展的必然选择。

2.2 为什么合伙人制度比股权制度更灵活

在现代商业环境下，股权制度是常见的组织模式，几乎每家成熟企业都有关于股权制度的完整设计。然而，在应对当今时代的诸多挑战时，股权制度的效用却难以体现。尽管很多企业家对股权制度进行了革新，其最终效果仍然平平。

2.2.1　合伙人模式与股权对比

以股权激励为例，很多企业家犹豫许久，终于下定决心拿出股权激励员工，希望员工能够站在领导的角度，为企业发展做贡献。但真的能够产生这样的效果吗？

在股权激励的实践中，领导占股往往高达 70%～90%，甚至更高；而在股权激励制度下，员工个体占股大多难以达到 1%，甚至只有 0.1%。

占股如此之低的员工，当然不会将自己代入到领导的角色，因为这么少的股权既不会给予他们经营权，也不会赋予他们决策权。

与此同时，股权激励通常表现为一种长效激励模式，是一种用未来激励当下的制度。这就很难激励更加关注当下价值的员工。

正是**由于权与利的缺失，股权激励在实践中无法发挥应有的激励作用**。而对于企业而言，当企业将股权给予员工之后，这份股权就已经受到法律保护，如果缺乏完善的制度设计，企业也难以反悔、将股权收回。

市场环境正在发生巨变，股权制度却逐渐失效……正是在这样的时代背景下，合伙人模式重新进入了企业家的视野，成为应对时代变局的一剂良药。

那么，合伙人模式与股权模式相比，究竟有何区别呢？如表 2.2-1 所示。

表 2.2-1　合伙人模式与股权模式对比

本质区别	股东——所有权	合伙人——经营权
价值取向	注重资本的价值	发掘人本的价值
分享基础	投资金额	价值贡献
参与对象	亲属、亲密者	中高层管理者、核心人才
顶层思维	个人投资	团队经营、共赢

续表

分配来源	税后净利润额	可以自我设定，如初利、毛利润等
财务风险	公开真实利润报表	可以不涉及利润报表、隐藏特别数据
操作便利	资产评估、占股比例、股权协议、利益与风险	不需要资产评估，可以灵活设定分配与占比
管控要求	管理手段贫乏，受控于传统思维与相关法规	可以考核、晋升、终止、开除
退出机制	比较难	较容易，设定条件即可操作
价值透析	企业得到资金	企业得到价值、资源、潜力

通过表 2.2-1 可知，合伙人模式与股权的本质区别，就在于所有权与经营权的区别：股东拥有企业的所有权，而这源自股东投资的资本；合伙人分享企业的经营权，而这源自合伙人的价值贡献。

因此，股权的价值取向就在于资本，企业需要的是股东的资金，而股东的投资回报则单纯来自企业经营的税后净利润。这就意味着，即使领导愿意将自己的所有权切割一部分出来，对方也会顾虑企业的盈利能力，甚至对股权产生排斥情绪。

即使企业年度税后净利润高达 1000 万元，拥有 0.1% 股权的员工，股权分红也只能分得 1 万元。而更大的可能，则是企业在盈利线附近徘徊，员工不仅可能无法分得收益，甚至可能面临股权价值的贬值。

面对股权制度的种种缺陷，即使领导想要革新，其往往也会因为严格的法律规定和传统思维而无能为力。

相比而言，合伙人模式则以经营权作为激励手段，任何有价值贡献的员工，都能参与到企业经营当中。其实，企业经营也正是依靠员工的价值贡献。因此，合伙人模式能够充分挖掘人本的价值，满足企业、领导和员工等各方的利益需求。

而在新时代的变局中，由于合伙制度具有更高的灵活性，企业可以灵活设定股份分配与占比，也可以自我设定以超额业绩、基准利润与超额利润为数据做增量分配的激励制度。在这样的过程中，企业不仅可以挖掘价值、融合资源、还能激发潜力、达成共识并形成共赢局面。

企业无论处于何种发展阶段，都可以根据自己的需求设计合伙人模式。因为合伙制是根据每个团队不同的贡献进行设定的：可以是核心人才事业合伙人，可以是业务合伙人，也可以是内部的合伙人，同时也有可能是独立的外部合伙人等。有些项目，可以合资成立公司，达成股权合作模式，通过这个模式来合作，股权利益分成。同时在后续的资本运作中也可以做股权置换。

合伙人模式更具有融合性、共赢性、爆发性，充分挖掘人本价值，在某些领域，人本或将超越资本，合伙人大会也将高于股东大会。在该模式下，合伙人也更具有分享性，企业模式可以更轻，合伙人也更容易切入合作。

股权属于资本运作的产物，以钱说话——有钱占股分红，无钱只能领取固定薪水。

合伙人属于人力资本时代的产物，以人才说话，以价值贡献为依据，领导资金与人才合伙共赢。

2.2.2 合伙企业、有限公司、股份公司对比

从模式上来看，合伙人制度具有明显的灵活性优势。那么，在我国企业法律规定下，合伙企业、有限公司、股份公司之间究竟有什么区别呢？

具体而言，合伙企业、有限公司、股份公司对比如表 2.2-2 所示。

表 2.2-2 合伙企业、有限公司、股份公司对比

类别	合伙企业	有限公司	股份公司
法律依据	《中华人民共和国合伙企业法》《中华人民共和国合伙企业登记管理办法》	《中华人民共和国公司法》《中华人民共和国公司登记管理条例》	

续表

类别	合伙企业	有限公司	股份公司
出资人数	2人及以上；有限合伙企业2~50人	50人以下	2-200人
出资方式	货币、实物、知识产权、土地使用权或者其他，也可以用劳务出资	货币、实物、知识产权、土地使用权或者其他	
注册资金要求	无要求	3万元以上；1人有限责任公司10万元以上	500万元以上
行为依据	《中华人民共和国合伙企业法》《××企业合伙协议》	《中华人民共和国公司法》《××企业章程》	
权力机构	合伙人共同决定	股东会和股东大会	
决策机构	合伙人全体决定，或委托代表	董事会或执行董事	董事会
权利流转	须经全体合伙人一致同意；合伙协议可灵活规定	股东之间可以自由转让；对外转让需经半数以上股东同意	可以依法转让；发起人股份1年内不得转让；高管每年转让股份不得超过持有股份的25%
利润分配	合伙协议约定；如无约定，按照出资比例分配或平均分配	按照实缴出资比例分配	按照持有比例分配
债务责任	普通合伙人无限连带；有限合伙人承担有限责任	股东以其出资额为限承担责任；公司以其全部财产为限承担责任	

2.3 合伙人的分类

从整体上，我们将合伙人分为大的 3 类，分别是股东合伙人、事业合伙人以及生态链合伙人，而对每个类别，又可以进行细分。图 2.3-1 所示即为合伙人的分类。

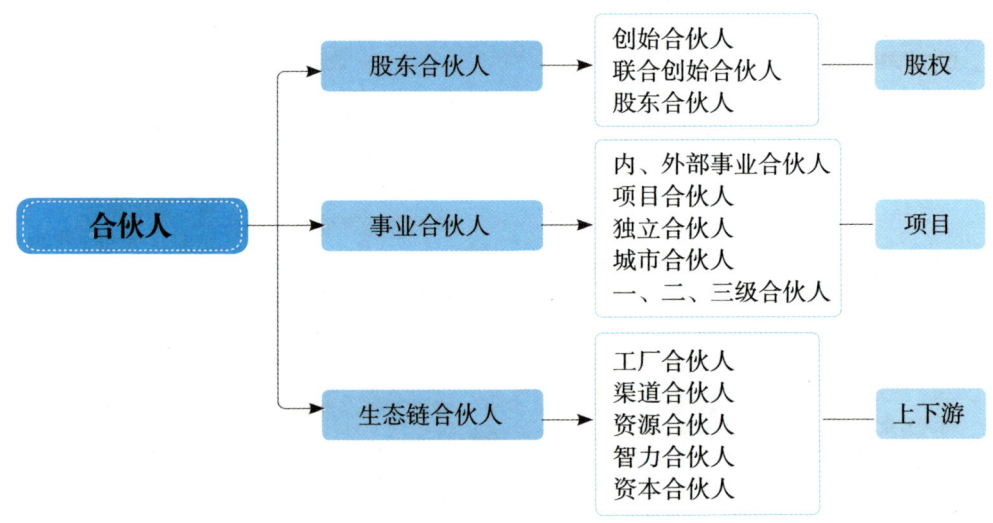

图 2.3-1 合伙人的分类

2.3.1 股东合伙人

股东合伙人是合伙企业的创立基础，他们也是传统意义上的"领导"，掌握企业的所有权和经营权。

一般而言,股东合伙人主要包括创始发起人、联合创始合伙人、股东合伙人,如图2.3-2所示。

但在合伙企业的发展过程中,企业也可能为了融入资金或其他资源,而吸纳新的股东合伙人。

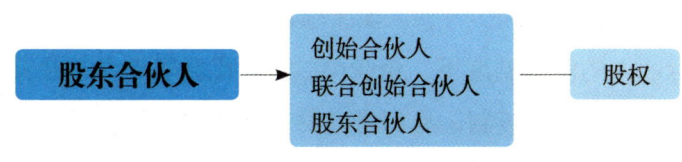

图2.3-2 股东合伙人

与此同时,通过实股与虚拟股、资金股和人力股的设计和区分,股东合伙人计划也能够实现股权激励的效果。在这样的股权设计中,企业完全可以对股权进行"区别对待",如实股有权、虚拟股得利,资金股分红多、人力股管经营……

2.3.2 事业合伙人

合伙人模式的激励效用,一般都是通过事业合伙人的形式体现的。事实上,事业合伙人也并非新时代的产物,而是人类历史上最早的两种企业形态之一,时至今日,大量以知识型为主的企业,如律师事务所、会计事务所等,都在实行事业合伙人制度。

不同于传统的合伙人制度,事业合伙人制度主要包括3个部分:

其一,合伙人持股计划;

其二,事业跟投计划;

其三,扁平化事业合伙人管理。

事业合伙人主要以项目为核心。而在不断的实践发展中,根据合伙形式的不同,事业合伙人主要包括6种,即:

1. 内部事业合伙人;

2. 外部事业合伙人;

3. 独立合伙人；

4. 城市合伙人；

5. 项目合伙人；

6. 一、二、三级合伙人。

其中我们经常见到的**门店合伙人**属于项目合伙人。

在事业合伙人的激励制度下，企业可以吸纳优秀员工参与企业经营，并形成共享利益、共担风险的机制，从而激励员工发挥主观能动性，并在自我约束中控制企业经营风险。

2.3.3 生态链合伙人

在价值链重构和产业结构调整的当下，企业已经很难通过孤军奋战成为市场赢家，而只有站在生态链的高度，借助有效的资源整合，企业才能真正塑造生态链的整体竞争优势。

一般而言，生态链主要指位于企业上下游环节的各个节点，如图2.3-3所示，包括工厂、渠道，或其他各种有资源的对象，如智力资源、资本资源等。

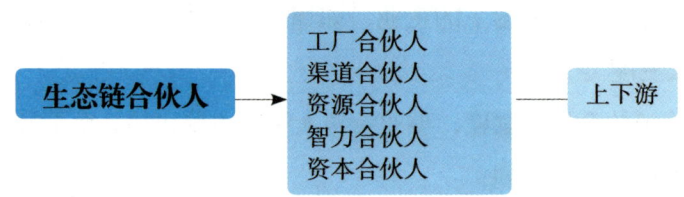

图 2.3-3 生态链合伙人

生态链合伙人的意义，主要在于资源的整合共享，例如企业帮助工厂转型、工厂为企业做研发等。因此，生态链合伙人一般不是企业的内部员工，也不参与企业的内部管理，而是通过合伙规则或股权架构的设计，建立深度合作关系，再以合伙份额或股权比例约定分钱规则。

第3章
合伙人模式方案设计 10 规则

合伙人模式设计至关重要。很多企业家在设计合伙人模式的时候，往往顾此失彼，不但没有为企业发展铺好路，还留下诸多陷阱。企业在发展中一旦掉入陷阱，将面临严重危机。本章阐释的 10 条规则，基于笔者在实施 100 个以上合伙人与股权设计咨询项目的基础上通过实践提炼而来的。笔者发现"合伙 10 规则"在落地方案中一个都不能少，因此，掌握"合伙 10 规则"在合伙人模式设计与落地运用中非常重要（图 3-1）。

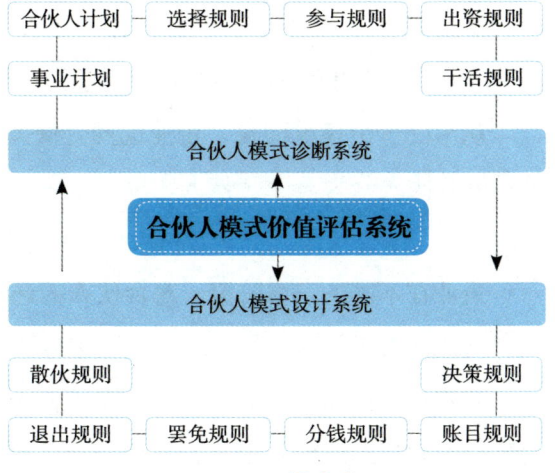

图 3-1

3.1 入伙 3 规则：选择规则、参与规则、出资规则

合伙人，要合在一起，成为一个团队，就必须在合伙时制定好门槛，以筛选合适的合伙人加入进来，否则团队中人心不齐、素质良莠不一，企业或团队往往问题丛生，最终落得离心离德的后果。

那么该如何制定入伙规则呢？

3.1.1 选择规则：选择合伙人的六星标准与评价工具

在设计合伙人模式方案时，企业首先要解决的就是合伙人选择问题：究竟谁才是最合适的合伙人？谁又能为企业创造最大的价值？

概括而言，企业在选择合伙人的时候，分为外部合伙人与内部合伙人，以此进行简单的人才筛选。图 3.1-1 所示为内部合伙与外部合伙的范例。

从另外一个角度而言，企业选择合伙人的时候，又可以根据不同的职能需求，将合伙人分为**事业合伙人、项目合伙人、产品合伙人、运营合伙人、管理合伙人、工厂合伙人、资金合伙人、门店合伙人**等。

企业在不同的发展阶段，对合伙人的选择规则也不一样。

在创业阶段，该如何选择创业股东合伙人呢？

如果在创业阶段主要以合伙人个人的能力来选择股东合伙人，领导们往往会第一时间想到这样几个词汇：价值观、经验、能力、品德、创业精神、全身

心投入……毋庸置疑，好的合伙人必然需要具备这些素质。

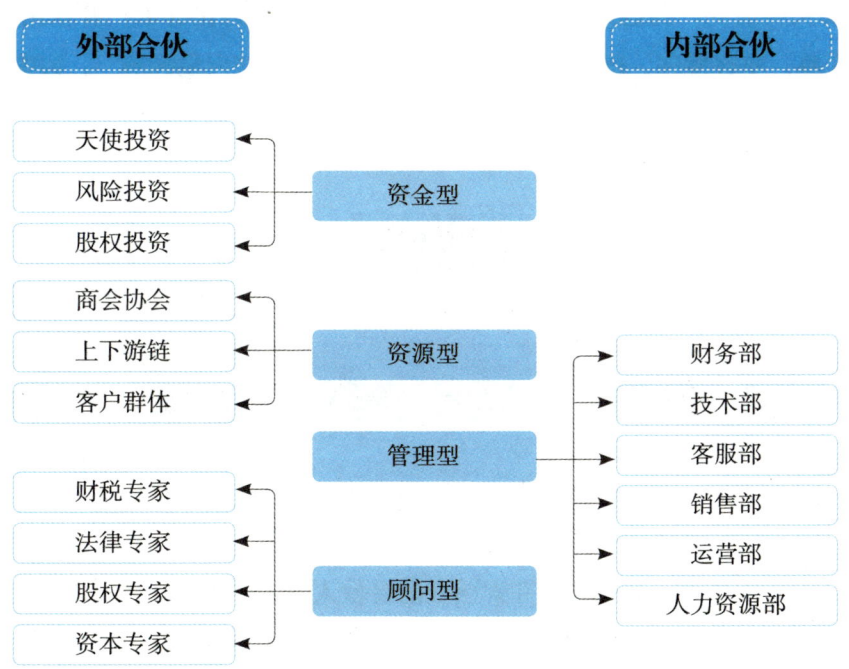

图 3.1-1 企业外部合伙与内部合伙

对于创业阶段，几个创始人的价值观要高度同频，体现在对创业项目的前景，对产品及客户的定位，对创业项目看好与否、热爱与否要在价值观上保持一致。

另外，对于创业股东而言，其最需要的就是创业精神。创业都是九死一生的事，但一般一两次挫折就会让具有打工思维的创业者打退堂鼓，从而产生"不如回去打工"的念头。而创业精神就是永不言弃。

此外，在经验、能力等方面，各创业人最好互补，形成背靠背依靠但又可各自管一摊的局面。

当然对于创业项目发起人来说，其一定要有核心人物的素质，敢作敢当，意志坚强，就算所有人都退出，一个人也要有干到底的毅力。

在企业发展过程中，该如何选择核心人才做事业合伙人呢？

成长型企业，在选择合伙人时，必须制定完善的评价标准，并采用相应的评价工具。实践发现，最有效的合伙人选择标准就是"六星标准"，如图3.1-2所示。

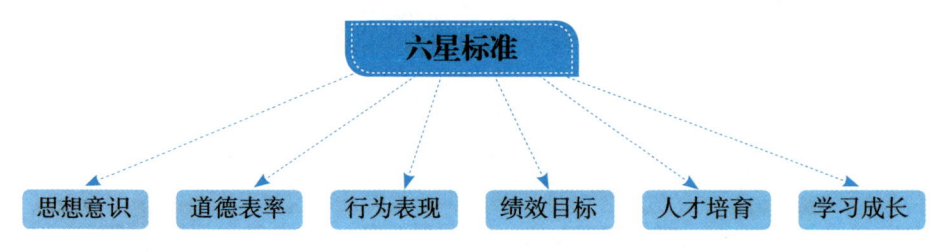

图 3.1-2　合伙人选择的六星标准

只有全面满足图3.1-2中6大标准的合伙人，才是企业真正需要的合伙人，才能为企业创造价值。而在评价过程中，企业又该如何着手，让以上6项标准真正落地呢？具体如下。

1. 思想意识。

合伙人与企业的价值观必须一致，否则，企业就可以对其一票否决。

合伙人必须认同企业文化，信赖企业及团队，有职业使命感，愿意与企业建立紧密、长期的合作关系。

对于思想意识方面，并不要求合伙人达到某种高度，但其必须与企业产生一定契合度。只有相互契合的思想意识，才能在今后的合伙合作中，"摩擦"出更加绚烂的火花。

为此，合伙人也需按规定与企业签订合伙合同、保密协议、竞业禁止协议，并遵守企业的相关制度，绝对服从企业管理。

2. 道德表率。

对于企业合伙人，成为道德表率是对其必然的要求。

对于道德品质的考核，很难有相对客观的评价方案。对此，企业可以采取部门评分或全员评分的方式进行，合伙人必须获得超过 80% 评价人的认可；与此同时，一旦发现合伙人有重大道德瑕疵，则可以对其采取一票否决制。

3. 行为表现。

关于合伙人的行为表现，企业可以制定完善的行为纪律，并建立日常监督、惩罚机制。例如，制定一个上下浮动的空间，合伙人违规次数超过 5 次，则取消合伙人或股权激励资格；超过 8 次，则对其采取一票否决制，让其永远没有参与资格。

4. 绩效目标。

绩效目标事实上是评价合伙人的核心指标，合伙人必须能够成为业绩增长的助力。因此，基于企业既定的总体战略规划，企业也要为合伙人设定合理的绩效目标，并以此作为选择合伙人的考核标准。

此时，企业可以引入系数评价的方法：如完成度高于 85%，则系数为 1；如完成度在 70%～85%，则系数为 0.7；如完成度低于 70%，则系数为 0。

5. 人才培育。

相对而言，人才培育是较为主观的评价标准，其评价目的在于考核合伙人是否能培养出合适的"接班人"，并建立人才储备以应对企业的高速扩张。

对此，企业也可以考察合伙人的团队管理经验，包括下属的绩效表现、升职成果，或是出色项目等，根据历史成果对合伙人人才培育能力进行客观评价。

6. 学习成长。

合伙人必须具备的一项素养就是学习力。只有坚持学习的领导，才有可能建立学习型组织，实现整个组织的可持续成长。

一般而言，个人应当将 10% 的精力投入到学习当中，若非如此，则应调整该指标的系数，例如，每减少 5%，系数降低 0.1；系数最低为 0.8。

根据合伙人选择的六星标准，以及企业自身情况，企业可制定详细的合伙人考核过程，表 3.1-1 所示为合伙人考核表举例。

表 3.1-1 合伙人考核表举例

No.	考核项目	考核标准
A	被考核对象	陈总
B	担任职位	运营总监
C	应激励额度	53.2550 万股
D	考核期间	2016 年 1 月 1 日至 2017 年 12 月 31 日
E	价值观	（1）要求价值观与公司保持一致； （2）一票否决制
F	公司指标	（1）100% ≤公司指标完成率，系数为 1； （2）80% ≤公司指标完成率＜100%，系数为 0.8； （3）60% ≤公司指标完成率＜80%，系数为 0.6； （4）公司指标完成率＜60%，系数为 0
G	部门指标	（1）100% ≤部门指标完成率，系数为 1； （2）80% ≤部门指标完成率＜100%，系数为 0.8； （3）部门指标完成率＜60%，系数为 0；
H	自律项	（1）违纪次数不超过 8 次； （2）一票否决制
I	学习项	（1）个人花 10% 收入投入学习； （2）每少投资 1%，系数降低 0.05，成长系数最低 0.8
J	育人项	（1）培养 1 名预备运营总监； （2）若考核达标，则系数为 1，未达标系数为 0.8
K	激励额度考核结果	实际激励额度 = 应激励额度 × 价值观系数 × 公司指标系数 × 部门指标系数 × 自律项系数 × 学习项系数 × 育人项系数

以上方法对于企业解决合伙人选择问题，选择合适的合伙人很重要。但选出合伙人后，企业做到让这些合伙人在合伙份额、奖励方式上产生公开、公平、公正的量化差异化可能更重要。因为很多企业在执行股权激励过程中，合伙人同级比较但感觉不公平而含愤离职的大有人在，例如在公司中，同样是总监，财务总监、行政总监、营销总监，如何做到合伙份额量化差异化，并解决好内部对比而感觉不公平的问题呢？

企业可以制作人才评价模型或岗位价值评估模型,决定是否合伙,以及合伙份额、比例、额度等因素。一般而言,人才评价模型可分为百分制和千分制两种。表3.1-2所示为百分制岗位价值评估模型。表3.1-3所示为千分制岗位价值评估模型。

只有基于完善的合伙人选择标准,并用好人才评估模型,保证公开、公平、公正的考核程序,合伙人制度才能赢得内部员工的认可。也只有如此,企业才能选择到真正符合企业需求的合伙人。

表3.1-2 百分制岗位价值评估模型

类别	因素编号	因素	因素定义	等级说明	权重
工作责任 (35分)	1.1	战略的影响 (9分)	指在正常工作状态下,其工作效果会对公司经营状况产生的影响。以其工作成果对公司带来的利润或由于其疏忽给公司带来的损失大小为判断基准	工作内容和成果不会对公司经营运作产生影响	0
				工作内容和成果会对公司经营运作产生微小影响	2
				工作内容和成果会对公司经营运作产生较大影响	5
				工作内容和成果会对公司经营运作产生重大影响	7
				工作内容和成果会对公司经营运作产生本质影响	9
	1.2	决策的层次 (5分)	指在正常的工作中需要参与决策,其责任的大小以其所参与决策的层次高低作为判断基准	工作中需要常做一些小的决定,一般不影响他人	0
				工作中需要做一些大的决定,只影响与自己有工作关系的部分一般员工	1
				工作中需要做一些对所属人员有影响的决策	2
				工作中需要做一些大的决策,但必须与其他部门或其他负责人共同协商	3
				工作中需要经常参加最高层次决策	5

续表

类别	因素编号	因素	因素定义	等级说明	权重
工作责任（35分）	1.3	领导管理的责任（8分）	指在正常权力范围内所拥有的正式领导管理职责。其责任的大小根据所领导管理人员的层次进行判断	不领导管理任何人，只对自己负责	0
				领导管理一般人员	2
				领导管理岗位中有主管人员	4
				领导管理岗位中有部门第一负责人	6
				领导管理岗位中有高层管理人员	8
	1.4	内部协调的责任（7分）	指在正常工作中，与内部部门协调共同开展业务活动所需要承担的责任。其协调责任的大小以协调结果对公司的影响程度作为判断基准	偶尔与本部门的一般员工协调	1
				与本部门员工进行工作协调，偶尔与其他部门进行一些个人协调，协调不力对公司很少有影响	2
				与本部门员工和其他部门员工有密切的工作联系，协调不力对公司有一些影响	3
				几乎与公司大部分员工有密切工作联系，或与部分部门负责人有工作协调的必要，协调不力对公司有较大的影响	5
				与各部门的负责人有密切的工作联系，在工作中需要保持随时联系和沟通，协调不力对公司有重大影响	7
	1.5	外部协调的责任（6分）	指在正常工作中需要与外界维持密切工作关系，以便顺利开展工作所负有的责任。其责任大小以联系的频率和对方重要性对公司形象的影响程度作为判断标准	不需要与外界保持联系	0
				需要与外界保持偶尔联系，且外部人员仅限于一般工作人员	1
				需要与外界保持日常性、常规性联系，且外部人员仅限于几个固定部门的一般工作人员，所开展的工作属于常规性的	2
				需要与外界保持密切的联系，联系的原因限于具体的业务范围内	4
				需要与上级或其他主管部门的负责人保持密切联系。频繁沟通，联系的原因往往涉及重大问题或重要决策	6

续表

类别	因素编号	因素	因素定义	等级说明	权重
知识技能要求（35分）	2.1	工作的复杂性（9分）	指在工作中履行职责的复杂程度。其判断基准根据所需的判断、分析、计划等水平而定	简单的、不需提示指导的工作	1
				只需简单的提示指导即可完成工作，不需计划和独立判断	3
				需进行专门训练才可胜任工作，但大部分时候仅需一种专业技术，偶尔需要进行独立判断或计划	5
				工作时需要运用多种专业技能，经常做独立判断和计划，要有相当高的解决问题的能力	7
				工作要求高度的判断力和计划性。要求积极地适应不断变化的环境和问题	9
	2.2	工作的创造性（8分）	指工作需要处理正常程序化之外事情的灵活性。判断基准取决于工作职责要求	工作中一般属于常规性的，偶尔需要灵活应变处理工作程序化之外的一些一般性问题	2
				工作中大部分属于常规性的，经常需要在工作程序化之外灵活应变处理工作中所出现的问题	4
				工作中大部分属于非常规性的，主要靠自己在工作程序化之外按具体情况灵活应变进行妥善处理	6
				工作非常规，需要在复杂多变的环境中灵活应变处理工作程序化之外重大的偶然性问题	8
	2.3	沟通能力（5分）	指工作交流中表达自身信息与获取对方信息的能力。主要从沟通的频繁程度与难度方面考虑	很少需要与其他人进行沟通，若有也只是简单的信息交流	0
				较少需要与其他人进行沟通，但需要有一定的沟通技巧	1
				较多需要与其他人进行沟通，且需要有一定的沟通技巧	2
				经常需要与其他人进行沟通，需要有较多的沟通技巧	3
				频繁与不同类型的人进行沟通，需要有很多的沟通技巧	5

续表

类别	因素编号	因素	因素定义	等级说明	权重
知识技能要求（35分）	2.4	专业知识技能（8分）	指为顺利履行工作职责应具备的专业知识和技能	工作需要较浅的专业知识和较简单技能	2
				工作需要一般的专业知识和简单技能	4
				工作需要较深入的专业知识和一般技能，该知识需较长时间学习积累才可掌握	6
				工作需要深入的专业知识和熟练的技能，该知识需很长时间学习积累才可掌握	8
	2.5	管理知识技能（5分）	指为顺利开展工作所需的计划、组织、领导和控制能力的大小	需要最基本的管理能力	1
				需要一般性的管理能力	2
				需要较强的管理能力	3
				需要强的管理能力	5
岗位性质（20分）	3.1	工作压力（4分）	指工作本身给任职人员带来的压力。根据决策的迅速性、工作常规性、任务多样性、工作变动性以及工作是否被经常打断来判断	工作中的压力极小。极少迅速做出决定，工作常规化，很少被打断或干扰	0
				工作中压力较小，很少迅速做出决定，工作速度无特定要求，工作有时被打断	1
				工作中的压力一般，工作中时常迅速做出决定，手头工作时常被打断，工作变动性较强	2
				工作中的压力较大。工作中经常迅速做出决定，任务多样化，手头工作经常被打断，工作流动性很强	3
				工作中的压力极大。工作中经常迅速做出决定，任务多样化，工作时间很紧张，工作变动性较强，很难坐下来安静地处理问题	4
	3.2	工作节奏（3分）	指工作的节奏、时限、工作量和工作所需对细节的重视所引起的工作紧迫感	工作的节奏、时限自己可以掌握	0
				大部分时间的工作节奏、时限自己掌握，有时比较紧张但时间持续不长	1
				自己无法控制工作的节奏，实现工作明显紧张	2
				为完成每日工作需要很快的工作节奏，持续保持注意力的高度集中	3

续表

类别	因素编号	因素	因素定义	等级说明	权重
岗位性质（20分）	3.3	脑力要求（3分）	指在工作时所需脑力辛苦程度的要求	工作时一般以体力为主	0
				工作时从事一般强度脑力劳动	1
				工作时从事较高强度脑力劳动	2
				工作时从事高强度脑力劳动	3
	3.4	工作均衡性（3分）	指工作每天忙闲不均的程度	较少有忙闲不均的现象	0
				有时忙闲不均，但有规律性	1
				经常有忙闲不均的现象，且没有明显的规律	2
				工作经常忙闲不均，无明显规律，而且忙的时间持续很长，打破正常作息时间	3
	3.5	工作经验（7分）	指工作在达到基本要求后，还必须运用某种必须随经验不断积累才能掌握的技巧。判断基准是：掌握这种必需的技巧所花费的实际工作时间	3个以内技巧	0
				3个月到半年	1
				半年到1年	3
				1年到2年	5
				2年以上	7
工作环境（10分）	4.1	工作时间特征（6分）	指工作要求的特定起止时间	按正常时间上下班	0
				基本按正常时间上下班，偶尔加班	2
				经常加班，但有一定的规律，自己可以控制安排	4
				经常加班，并无规律可循，自己无法安排控制	6
	4.2	工作环境特征（4分）	指工作环境的舒适程度，主要指工作中是否需要经常去仓库或经常出差	不用去仓库或出差	0
				偶尔去仓库或出差	1
				经常去仓库或出差，以巡视检查为主	2
				以仓库为主要办公地点或频繁外出	4
总分		100分			

表 3.1-3 千分制岗位价值评估模型

序号	岗位价值系统因素	权重A	分值A	系统因素子因素	权重B	分值B
1	对企业影响	40%	400	基本影响（收入、成本、质量）	60%	240
				成长促进	40%	160
2	解决问题	21%	210	复杂性	50%	105
				创造性	50%	105
3	责任范围	10%	100	工作内容的广度	40%	40
				工作独立性	40%	40
				知识的广度	20%	20
4	监督	9%	90	层次类别	40%	36
				人数	30%	27
				下属素质	30%	27
5	知识经验	9%	90	知识	40%	36
				经验	60%	54
6	沟通	6%	60	沟通频率	30%	18
				沟通技巧	40%	24
				内外因素	30%	18
7	环境风险	5%	50	环境条件	5%	50
				工作风险		
合计		100%	1000		100%	1000

3.1.2　参与规则：合伙人参与项目的 6 种方式

作为曾经的员工、现在的合伙人，在通过企业选择考核后，他们将要享受更大的权力和更多的收益，但这同样意味着更大的付出。

传统合伙制的核心在于资源互补，每位合伙人都要拿出一定的资源，这份付出也是今后权力、利益分配的基础。因此，在设计合伙人模式方案时，参与规则也是必不可少的部分。

总结而言，合伙人参与项目主要有以下 6 种方式。

1. 出钱不出力。

当企业对于资金有需求，而合伙人对项目前景看好时，合伙人可以采取"出钱不出力"的参与方式。这种方式更类似于项目投资或股权投资，如天使投资、风险投资等，合伙人提供一定的资金资源，而不参与企业日常经营管理。

根据既定的合伙协议，以及合伙人的出资多少，企业分配给合伙人一定的股权份额，而在之后的运营管理中，此类合伙人按照股权份额享受利益分红，或根据协议在重大事项或日常管理中享有一定的投票权。

此外，合伙协议也要明确退出规则，以免出资合伙人的退出对企业现金流造成巨大影响，损害企业利益。

2. 出力不出钱。

与"出钱不出力"相对的，则是"出力不出钱"。此类合伙人并不投入资金，但由于具备相当的管理技术或行业经验，他们能够成为企业日常运营管理的操盘手，负责企业管理或部门管理，带领企业不断成长。

因此，此类合伙一般呈现为内部合伙的形式，合伙人虽不投入资金，但凭借出色的管理能力，也同样拥有一定的合伙份额或股权，享受企业经营的权力和收益，并承担相应责任。

需要注意的是，企业必须在一开始就明确划分"人力股"和"资金股"，并确定相应的权力与分红，以及相互转换比例，以免在后期运营管理和利益分配中出现矛盾。

3. 出力后补钱。

"出力不出钱"的合伙人在经营一段时间之后，也可能会产生"出力后补钱"的需求。其背后原因，一方面可能是初期不具备足够的资金资源；另一方面则可能是对经营风险有顾虑。

在经营一段时间后，合伙人积累了一定的资金，或对企业的未来有了更加乐观的看法，因而决定投入一定资金。对此，企业同样需要按照既定的合伙协议进行处理。在笔者参股的一些实体项目中，很多操盘手是用"出力后补钱"的方式参与合伙，先出力干活甚至操盘项目，等工资奖金发放后留存公司，补填回投资款参与合伙项目的。

4. 出钱又出力。

"出钱又出力"的合伙人是合伙制企业的核心，他们既为企业运营提供相应的资金，同时也是日常管理的参与者。此类合伙人如果是企业创业初期入股的，且占股份额较大，则一般扮演着企业领导的角色；如果是企业创业后期入股的，则是企业的管理核心层。

5. 出资源/出产品/出技术。

在设计合伙人模式方案时，很多企业往往会模糊"出力"与出资源、产品或技术的区别，将其混为一谈。但事实上，出力往往侧重于企业运营管理，而资源、产品或技术则不同。

例如，合伙人在企业创业初期提供了优质的上下游渠道，或在转型期设计出一款爆款产品，或在成熟期发明了一项革新技术……这些资源该如何估价呢？是一次性投入，还是存在后期的维护和升级需求？

这些问题都需要在合伙协议中做出解决方案，并得到原有合伙人的同意，以平衡各方利益。

6. 出智力/做顾问。

合伙人参与的一种特殊形式，就是出智力，做企业的智囊顾问。此类合伙人为企业贡献的资源就是他们的智力，包括市场经验、管理理念、专业知识等。

基于智力资源的特殊性，此类合伙人一般呈现为外部合伙的形式，合伙人可能同时与多家企业存在合伙关系，如财税专家、法律专家、股权专家、资本专家等。

当今是知识经济时代，笔者在做项目中先后以智力方式，涉及给项目做商业模式设计、给企业做合伙人与股权设计、给企业做管理体系升级（如薪酬绩效设计、财税系统设计等）、给企业做股权融资方案及资本对接等智力参与持股几十家企业。正是因为智力参股，助推了很多项目加速成长，链接资本、快速扩张。

3.1.3　出资规则：合伙人出资的 4 种形式

根据相关法律法规，合伙人可以用货币、实物、土地使用权、知识产权或者其他财产权利出资，而出资应当是合伙人的合法财产及财产权利。对货币以外的出资需要评估作价的，可以由全体合伙人协商确定，也可以由全体合伙人委托法定评估机构进行评估。经全体合伙人协商一致，合伙人也可以用劳务出资，其评估办法由全体合伙人协商确定。

正是因为出资内涵的广泛性及形式的多样性，合伙制的创新也具备更多的可能性，企业可以将一切有价值的人团结为企业合伙人，打破雇佣制时代的桎梏，让优秀人才有机会"翻身做主人"。对于出资的类型，我们一般将其分为 4 类，如图 3.1-3 所示。

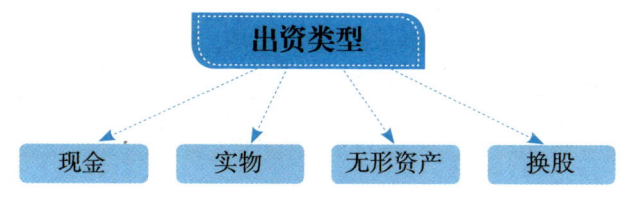

图 3.1-3　出资类型

但一般而言，多数企业更关注货币形式的出资，也即狭义的出资。货币出资是较为简便的出资方式，由于实物、土地、知识产权、劳务等出资价值难以被准确估算，货币出资能够有效防止对非货币资产的高估或低估。

与传统的出资形式相比，从货币出资角度来看，合伙人时代的出资形式也发生了新的改变，包含以下 4 种出资形式。

1. 自筹资金。

自筹资金是最传统的出资方式，合伙人通过资金的渠道筹集资金，并投入到合伙企业当中。至于资金是合伙人自有、还是借贷，都与合伙企业无关，企业只需按照资金多少，给予相应的份额即可。

2. 分红留缴。

按照合伙协议的规定，合伙人能根据企业利润定期拿到一定的分红，这也是合伙人的重要收益来源。对于很多合伙人而言，基于对企业未来发展的看好，他们也会选择分红留缴的方式，将分红进一步投入到企业当中，以增加份额、扩大收益。

3. 担保借款。

担保借款则是一种特殊的出资形式，也是企业融资的有效手段。在这种出资形式下，合伙人并不直接出资，但基于优良的个人资质，他们可以作为企业的担保人，帮助企业借款，如提供借款来源、降低借款成本等。

此时，企业也可以按照协议将其纳入合伙人，并给予其一定份额。一方面，这是给予担保人的合理报酬；另一方面，这也能有效提高企业资质。

4. 薪酬留存。

当企业以合伙人制度作为员工激励计划时，则可以采用薪酬留存的出资形式。对于优秀人才，企业可以与其签订协议，以业绩为考核目标，以薪酬留存为出资形式，在考核完成后，将留存的薪酬作为员工的合伙份额。

例如，企业可以将员工年薪定为 20 个月工资，除了 12 个月正常发放的薪

酬之外，其他 8 个月工资中的 3 个月工资为年终奖，剩余 5 个月工资则为"合伙人计划"的薪酬留存。只要员工通过合伙人考核，这 5 个月工资就成为员工的初始出资，员工则能拿到相应的份额。

合伙制在出资方面拥有广泛的内涵和多样的形式，因此，在定义出资规则时，企业也有较高的自由度。企业完全可以根据需求和侧重，设计不同的出资规则，以实现扩大融资、激励人才等目标。

3.2 利益 4 规则：干活规则、决策规则、账目规则、分钱规则

3.2.1 干活规则：合伙人参与职责定位与责、权、利划分

合伙人最关心的就是利益，但在谈及利益之前，合伙制企业首先要明确职责，包括合伙人参与职责定位与责、权、利划分，也即制定干活规则。

根据企业情况的不同、合伙形式的差异，每家合伙制企业的干活规则都有所区别。但无论如何，合伙协议中必须明确职权，并且在日常运营管理中做到不越权，不滥用权力。

一般而言，实行合伙制最普遍的就是中小企业或轻资产型企业，下面以电商企业为例，来说说干活规则。而在这些企业中，最重要的 3 个职能部门就是销售部、产品部和客服部。因此，本节也以这 3 个部门为例，来探讨电商企业干活规则的制定方法，如表 3.2-1 所示。

表 3.2-1　电商企业干活规则的制定方法

部门	岗位	干活规则
销售部	销售主管	建立并监督公司内部的销售管理各项规章制度
		根据市场发展目标和情况，制定合理的销售计划并验收达成率
		不定期做销售培训和召开销售相关会议
		负责日常的销售日常管理工作，如人员分配、账号调配及后台运营管理
		负责销售部文件档案、图片等管理
		制订销售月报表，召开销售会议及会议内容督促落实
		根据销售员提供的新品信息，协助产品部门做好产品开发工作
		负责日常考勤、业绩考核的发放与监督
		部门经理安排的其他工作
	销售组长	负责协助销售主管的日常工作
		执行、推广公司文化及价值观，及时做好本组销售人员对所管辖的账号培训及指导工作
		负责组织本组销售人员执行销售主管下达的销售计划
		负责每天对销售人员所管辖的店铺进行现场指导、监督工作
		随时掌握本组销售人员的销售动态，协理处理工作中的问题，及有效地调动本组人员的销售激情
		加强与各职能部门的沟通，确保该小组各项工作正常、有效、顺畅地运转，安排及带领销售助理的日常工作，并定期对其进行考评
产品部	产品主管	根据公司总体战略规划及年度经营目标，围绕销售部年度市场需求调研报告，落实年度新产品开发计划
		根据产品开发计划，选出可行性较高的新产品作为开发对象，提出开发立项；广泛收集产品市场信息，根据行业标准及市场推广需求，制定新产品开发标准，完成产品物料清单（BOM）
		负责产品物料清单（BOM）的整理、修订、管理保存；定期回审老产品信息
		制定产品开发人员开发技能培训
		制订产品开发方案及推行计划，决定产品开发小组工作分配和开发成果的衡量审批
		完成部门临时插排的工作

续表

部门	岗位	干活规则
产品部	产品专员	严格按照产品要求具体实施产品开发工作，运用第三方分析软件分析各大平台热销产品，并通过成本核算筛选出目标产品进行供应开发，控制新产品的质量风险
		熟悉所开发产品的相关知识，如产品材质、使用范围、价格参数、特性及产品知识产权等
		精通产品开发、采购流程，运用专业知识为公司提供多家供应资源信息
		了解产品生产能力、优劣、同行销售情况及初步分析市场潜力
		对所开发的产品形成档案信息
		了解市场行情、关注行业动态、了解相关产品变化等，随时更新已开发成功产品信息
		积极落实部门推行的开发计划，响应部门一切政策
客服部	客服主管	负责协助部门经理组织部门客服按组别工作要求落实各项日常性的工作，保证公司服务工作的质量
		负责部门各项管理职能实施的监督检查，对客服团队人员进行培训、引导及管理，并制定合理的客服流程
		编制顾客投诉部门的工作目标及计划，并分解落实
		负责根据相应法规、行规及各大平台售后服务标准进行监督与实施，制定顾客投诉受理规定标准
		定期对顾客投诉受理情况进行分析总结，将客户提出的意见和建议进行分类整理并反馈至上级领导及各部门以便发现问题并予以解决
		建立并优化企业独有的服务，包括售前、售中和售后服务的准则，并致力于推动和监督准则的良好执行；负责店铺日常操作的维护和管理
	客服专员	负责客服团队的日常管理、监督、指导和评估
		制定客户服务规范、流程和制度；完善客户常见问题反馈及解决流程；全方位优化客户服务质量
		制定客服培训计划并组织落实，通过培训不断提高客服人员的业务技能；负责对售后客服人员（退换货、退款、查件）的工作组织和技能指导
		制定客户档案，建立客户关系维护相关办法；利用工具向客户发送促销及新品信息；维护客户关系，增加客户黏度

续表

部门	岗位	干活规则
客服部	客服专员	关注店铺交流区及留言回复；关注售前客服的订单有效性和每日完成业绩；关注售后每日的退换货、退款及各项售后问题处理；及时关注行业动态、规则及活动，为店铺发展提供合理化建议
		定期向部门主管反映负责的客服日常工作情况、账号表现、产品问题等
		为增加店铺点击率，跟进分析报表数据，优化服务流程、提高转化率；协助上级主管处理店铺其他事务并参与经营推广活动的制定和执行
		及时关注负责平台出台的新规定、新政策，并及时做出对策调整
从上述3个部门的干活规则可以看出，企业在制定干活规则时，必须明确每个岗位的职责、权力和利益，只有如此，合伙人才能在框架范畴内，做到不越权、不滥用，并积极履行职责、按规分享利益			

3.2.2 决策规则：项目经营过程中决策审批程序与拍板权

合伙制能够在资源互补的同时，充分调动员工积极性，但在合伙人不断增加的同时，也存在一个隐患，那就是决策权问题：**合伙人这么多，谁说了算？如果每位合伙人都说了算，那么结果其实就是"谁都说了不算"。**

因此，在设计合伙人模式方案时，企业必须明确决策规则，制定好项目经营过程中的决策审批程序与拍板权，约定好"谁说了算"的问题。

一般而言，合伙人模式决策规则的制定，可以参考图3.2-1进行。

如图3.2-1所示，在企业运营过程中，企业决策审批权的分配应如下：

企业的重大事项应由"大家说了算"，也即由拥有所有权的股东大会决定；

经营决策的一般事项则由"代表说了算"，也即由董事会决定；

日常运营管理的诸多事项则由"一人说了算"，也即由董事会聘任的总经理决定。

具体而言，企业决策审批程序应如图3.2-2所示。

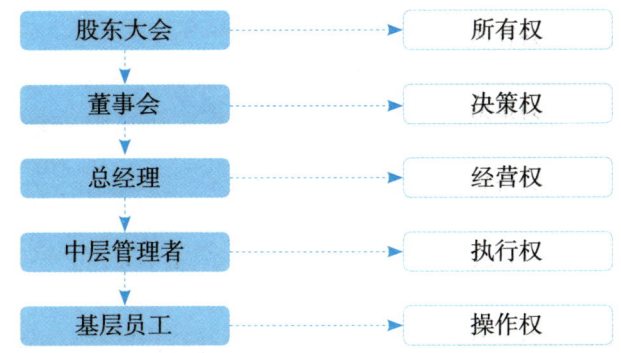

图 3.2-1 合伙人模式决策规则的制定

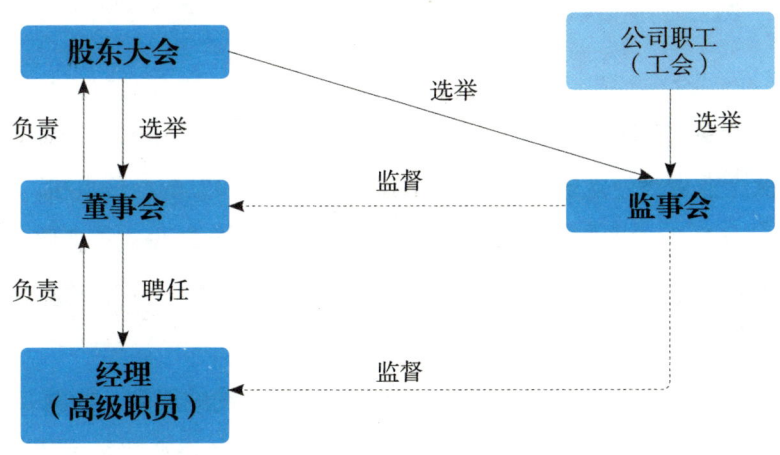

图 3.2-2 企业决策审批程序

在决策权的分配与使用中，企业也要注意监事会的设置。只有良好的监督，才能确保审批决策程序的合理，并确保权力的正确使用，以免损坏企业利益。而在其中，也应引入公司职工（工会），考虑公司职工的意见，避免股东大会因远离经营现场而做出错误的选择。

基于完善的决策规则，企业合伙人得以形成有效分工，由专人负责专项，从而规避权责混乱造成的决策风险。也只有如此，企业才能在合伙人"背靠背"、各管一摊的分工合作中，不断创造价值、实现增值。

3.2.3 账目规则：亲兄弟，明算账

某电商企业是一家两个人的合伙企业，这两个人是多年的好友。因此，在合伙分工中，两个人决定：一人负责投资、私模、产品等事项，另一人则负责运营与财务管理。经营一年后，负责运营的合伙人说："去年没做账，年利润差不多 30 万～40 万元。"

然而，负责投资的合伙人却感到数字明显不对，当其按照销售量与市场价格进行估算时，发现利润最少也应有 150 万元。

两个人因此产生矛盾，但由于缺少账目，这件事最终也只能作罢。但两个人之间的信任关系也由此崩塌，不仅合伙成为妄想，兄弟也因此反目。

"亲兄弟，明算账"，任何企业的有序经营，都离不开完整的账目规则。很多合伙企业最终停业的原因，其实就是账目不明引发的信任危机。

尤其是对于"出钱不出力"的合伙人而言，一旦缺少完整的账目规则，其分红也就难以被核实，甚至当企业经营者称"经营亏损"时，这些合伙人也无可奈何。

完整的账目规则，必须遵循公开监管、相互制约的原则。如图 3.2-3 所示，为实现"亲兄弟，明算账"效果的策略，只有如此，企业账目才能得到合伙人的认可，保护所有合伙人乃至企业的利益。

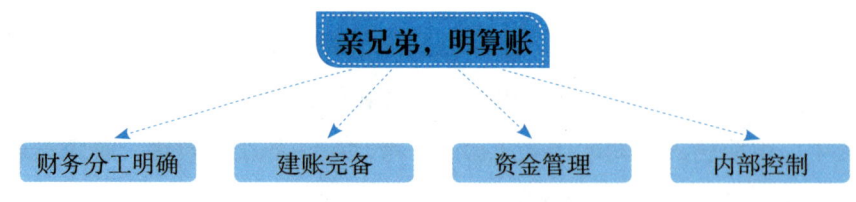

图 3.2-3 实现"亲兄弟，明算账"效果的策略

具体而言，账目规则包含以下 4 项内容。

1. 账务分工明确。

企业必须安排专人负责账务工作，且赋予其账务处理权限，任何人的任何账务都应向其报备登记。

2. 建账完备。

账目必须记录完备，确保每一笔资金的出入都有账目对应，而每一条账目都有单据可查。

3. 资金管理。

企业必须对资金进行有效管理，避免资金违规流动，造成资金流风险或财务风险。

4. 内部控制。

完善的内部控制机制，包含账务处理、公示、监管等多层面的内容。

基于上述账目规则的内容，上述案例中电商企业遇到的问题应该如何解决呢？简单而言，企业可以设立3条账目规则：

1. 每个季度都要向合伙人出具财务报表，并接受合伙人的检查；

2. 建立审计机制，如合伙人对账目有疑问，经过合规的决议程序后，其可以启动内部审计程序，或邀请第三方审计；

3. 资金支出超1万元的需提前请示合伙人。

借助上述3条简单的账目规则，该电商企业就能建立起完备的财务制度，从而避免由账目不清引发的利益冲突。

当然，在实际操作中，账目规则的内涵绝非如此简单，企业必须根据自身的情况和财务规则，建立完整的账目规则，从而保证企业的财务健康。

3.2.4　分钱规则：合伙项目中的分钱规则

合伙人模式常见的利益冲突，归根结底是分钱规则出现了问题："人力股"与"资金股"如何分配？先入合伙人与后入合伙人份额如何分配？分红机制如何？是否有兜底？

如果无法有效解决分钱问题，合伙人间的利益冲突也就难以避免。因此，企业必须与合伙人一起，在获得所有合伙人认可的前提下，制定明确的分钱规则。

一般而言，常见的分钱规则有以下4种方法。

方法一：增量分钱。

增量分钱规则的原则是基于企业的目标业绩，只将一部分增量作为分红，合伙人按比例分钱。

例如，某合伙企业2018年的目标业绩是净利润400万元，实际完成600万元。增强部分为200万元，为了留存下一阶段资金，企业提取增量部分的20%作为第一轮红利分配，则第一轮可分配红利为40万元。

此时，若某岗位拥有分红份额为16%，则其可以分到400000×16%=64000（元）。

方法二：兜底分钱。

兜底分钱规则的制定，则是为了因避免企业业绩不佳出现零分红的情况，这也会打击内部合伙人的积极性。

因此，在上述案例中，如企业2018年的目标净利润是400万元，但实际只完成了300万元，此时，在兜底分钱规则下，则由原始股东或大股东拿出一定资金作为红利分配。

如果既定的兜底分红为10万元，则在目标业绩未达标的情况下，上述岗位也能拿到100000×16%=16000（元）。

方法三：考核分钱。

与单纯的按份额分钱相比，考核分钱规则的分红基础则是合伙人的考核成绩。企业每年可以制定相应的绩效目标，并在年终对合伙人绩效进行考核，按照不同的考核分数，合伙人可以拿到不同的分钱系数，其最终分红则会在份额的基础上上下浮动。表3.2-2所示为考核分钱系数。

表 3.2-2 考核分钱系数

考核得分	74 分以下	75-85 分	86-100 分	101-120 分	121 分以上
分钱系数	60%	80%	100%	110%	120% 封顶

根据表 3.2-2，在前文所述案例中，如企业 2018 年目标净利润 400 万元，实际完成了 300 万元，由于业绩目标未达成，根据兜底分红规则，上述岗位只能拿到 16000 元。

但通过绩效考核发现，这个岗位的合伙人的考核得分高达 122 分，那么该岗位的分钱系数则为 120%。因此，该岗位最终应当拿到 16000×120%=19200 元。

方法四：同股不同利分钱法。

在合伙企业的实际经营中，"同股不同利"是常见现象。由于合伙要素、资源背景、价值贡献、合伙时间、合伙角色工作定位等不同，合伙人拿到的分红当然也应有所区别。

例如，某合伙企业最初只有两位合伙人（甲和乙），因经营有方，业务蒸蒸日上，某金主（丙）表示想要入股，但是"出钱不出力"。此时，3 位合伙人则可以约定区分投资与经营分红，具体方案如下：

1. 确定甲和乙为管理层，丙是投资人；
2. 规定公司 70% 的净利润用于分红，30% 为企业发展基金；
3. 确定分红规则如表 3.2-3 所示。

表 3.2-3 同股不同利分钱法

可分红净利润	管理层分红	投资人分红
300 万元以下	30%	70%
300（包括）万~400 万元	40%	60%
400（包括）万~600 万元	50%	50%
600（包括）万~900 万元	60%	40%

如表 3.2-2 所示，为同股不同利分钱法，如可分红净利润较低，则说明经营管理不佳，因此，投资人可以拿到更多的分红；但当可分红净利润较高时，则表现出管理层的能力较强。因此，管理层可拿到更多的分红。

上述 4 种方法是合伙人模式中常用的分钱规则，企业也可以根据自身需求结合运用。但无论设计出怎样的分钱规则，都要获得所有合伙人的认可，只有如此，才能避免在分红时发生利益冲突。

案例：分钱规则解析

在当下火爆的新兴产业，如跨境电商、新零售、大健康等行业中，聚集着大量中小型创业者。为了利用有限的资源创造更大的价值，很多中小型企业都在转型实施合伙人制。

正如浩方集团负责人所说："一方面，电商行业发展起步相对传统行业较晚，有经验的人才资源较少，行业人才竞争激烈，合伙制成为留住人才的一个较好方式；另一方面，目前越来越多的传统生产型企业也在转型做跨境电商，对于人才需求旺盛，导致原本业界的人才需求竞争更大，出现了供不应求、人才稀缺的情况，如果还只是采取以前雇佣和被雇佣的模式，将很难吸引到优秀的人才。"

此时，对于这些经验不足的跨境电商企业而言，分钱规则的制定则是一大难题。尤其是在以业绩为导向的创业阶段，跨境电商企业都在探讨一个更加合适的分钱规则。

实践中，企业最常用的分钱规则，就是以上述 4 种分钱规则与考核相结合的分钱原则为主导，制定一套完整的分钱方案。那么如何将考核与上述分钱规则相结合呢？

第一步，明确公司战略规划体系。

合伙人模式方案的设计，必须遵循公司战略规划体系。尤其是在分钱规则的制定环节更是如此。分钱规则是最直接的激励方案，能够有效激励合伙人创造价值，推动公司战略的实现；与此同时，资金流也是企业最重要的资源，任何资金浪费行为，都会对公司战略的实现造成阻碍。

因此，企业必须对公司战略规划体系进行分解，如图 3.2-4 所示，为公司战略规划体系分解示意。

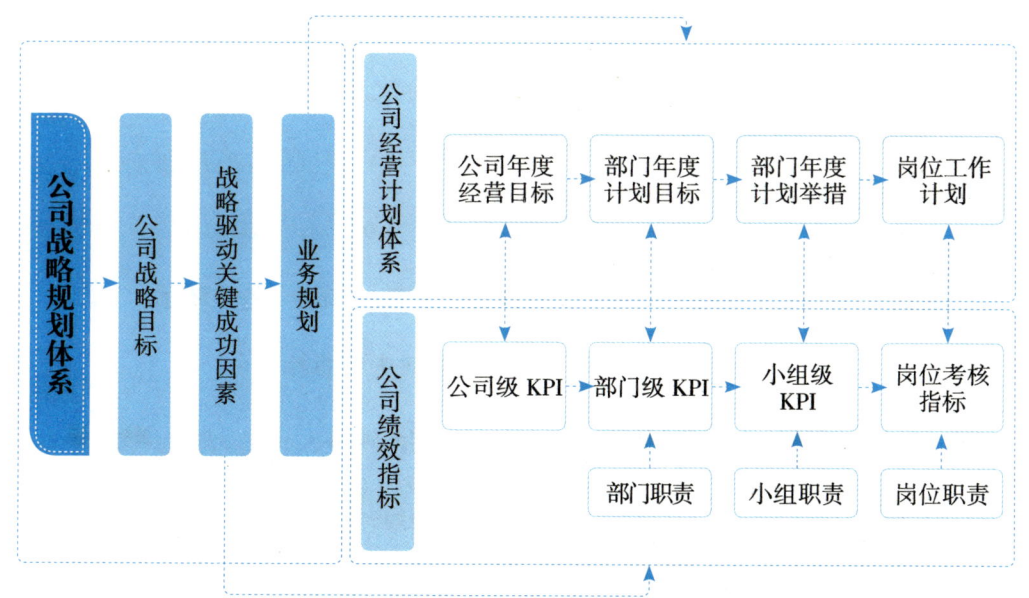

图 3.2-4 公司战略规划体系分解示意

第二步，套用绩效万能公式。

考核分钱的前提在于绩效的有效性，如果绩效缺乏可行性、激励性，考核分钱也就难以发挥相应的作用。因此，在设计绩效时，企业必须明确：分钱规则是否符合公司战略？是否能够激发主动性？是否具备可行性及挑战性？

在明确这些问题之后，企业则可以尝试套用绩效万能公式，为合伙人设定合理的考核制度。

所谓绩效万能公式，也即 QQTCS 公式，其绩效考量主要包含 5 个维度，即：效率、数量、时间、成本、满意度。

该如何理解呢？很多人将合伙创业比作"西天取经"，每位合伙人都有不同的优点或缺点，但其只有团结在一起，经历无数困难险阻，才能取得"真经"。

在设计合伙人绩效时，企业可以从效率、数量、时间、成本、满意度等5个维度出发，根据公司战略和岗位职责，制定出真正有效的绩效制度。

第三步，制定部门考核 KPI。

基于绩效万能公式，企业就可以根据各个合伙人及各部门各岗位的职责，制定相应的考核 KPI。

我们以各行各业都有的采购部举例如下。

1. 采购部关键绩效考核指标。

采购部的关键绩效指标可从7个方面进行考核，如表3.2-4所示。

表 3.2-4　采购部的关键绩效考核指标

序号	KPI 指标	考核周期	指标定义/公式	资料来源
1	采购计划完成率	季/年度	$\frac{考核期内采购总金额}{同期计划采购金额} \times 100\%$	采购/仓储部
2	采购订单按时完成率	季/年度	$\frac{实际按时完成订单数}{采购订单总数} \times 100\%$	采购/仓储部
3	成本降低目标达成率	季/年度	$\frac{成本实际降低率}{成本目标降低率} \times 100\%$	财务部
4	订货差错率	季/年度	$\frac{数量及质量有问题的物资金额}{采购总金额} \times 100\%$	生产/质检部
5	采购资金节约率	季/年度	$\left(1 - \frac{实际采购物资资金}{采购物资预算资金}\right) \times 100\%$	财务部
6	采购质量合格率	季/年度	$\frac{采购物资的合格数量}{采购物资总量} \times 100\%$	生产部
7	供应商履约率	季/年度	$\frac{履约的合同数}{订立的合同总数} \times 100\%$	

2. 采购部经理绩效考核指标。

采购部经理绩效考核指标内容如表3.2-5所示。

表 3.2-5 采购部经理绩效考核指标

被考核人姓名		职位	采购部经理	部门	采购部
考核人姓名		职位	总经理	部门	
序号	KPI 指标	权重	绩效目标值		考核得分
1	采购计划完成率	20%	考核期内采购计划完成率达到__%以上		
2	采购成本降低目标达成率	15%	考核期内采购成本降低目标达成率达到__%		
3	采购部门管理费用控制	10%	考核期内控制在预算范围之内		
4	采购及时率	10%	考核期内采购及时率达到__%以上		
5	采购质量合格率	10%	考核期内采购质量合格率达到__%		
6	采购计划编制及时率	10%	考核期内采购计划编制及时率达到__%		
7	供应商开发计划完成率	10%	考核期内供应商开发计划完成率在__%以上		
8	供应商履约率	5%	考核期内供应商履约率达到__%		
9	供应商满意率	5%	考核期内供应商满意率在__%以上		
10	员工管理	5%	部门员工绩效考核平均得分在__分以上		
			本次考核总得分		
考核指标说明	\multicolumn{5}{l}{1. 采购及时率。$$\text{采购及时率} = \frac{\text{规定时间内完成采购订单数}}{\text{应完成采购订单总数}} \times 100\%$$ 2. 采购计划编制及时率。$$\text{采购计划编制及时率} = \frac{\text{规定时间内完成采购计划编制的次数}}{\text{应完成采购计划编制的总数}} \times 100\%$$}				
被考核人 签字: 日期:		考核人 签字: 日期:		复核人 签字: 日期:	

3. 采购人员绩效考核实施方案。

采购人员绩效考核实施方案具体内容如表 3.2-6 所示。

表 3.2-6　采购人员绩效考核实施方案

方案名称	采购人员绩效考核实施方案	受控状态	
		编　号	

一、目的。

为贯彻企业绩效考核管理制度，全面评价采购人员的工作绩效，保证企业经营目标的实现，同时也为员工的薪资调整、教育培训、晋升等提供准确、客观的依据，特制定采购人员绩效考核实施方案。

二、遵循原则。

1. 明确化、公开化原则。

考评标准、考评程序和考评责任都应当有明确的规定，而且在考评中应当遵守这些规定。同时，考评标准、程序和对考评责任者的规定在企业内部应当对全体员工进行公开。

2. 客观考评的原则。

明确规定的考评标准，针对客观考评资料进行评价，避免掺入主观性和感情色彩。做到"用事实说话"，考评一定要建立在客观事实的基础上。同时要做到把被考评者与既定标准做比较，而不是在人与人之间进行比较。

3. 差别的原则。

考核的等级之间应当有鲜明的差别界限，针对不同的考评评语在工资、晋升、使用等方面应体现明显差别，使考评带有刺激性，激励员工的上进心。

4. 反馈原则。

考评结果（评语）一定要反馈给被考评者本人。在反馈考评结果的同时，应当向被考评者就评语进行说明解释，肯定成绩和进步，说明不足之处，提供今后努力方向的参考意见等。

三、适用范围。

适用于本企业采购部人员，以下人员除外。

① 考核期开始后进入本企业的员工。

② 因私、因病、因伤而连续缺勤 30 日以上者。

③ 因公伤而连续缺勤 75 日以上者。

④ 虽然在考核期任职，但考核实施日已经退职者。

四、绩效考核小组成员。

人力资源部负责组织绩效考核的全面工作，其主要成员包括人力资源部经理、采购部经理、采购部主管、人力资源部绩效考核专员、人力资源部一般工作人员。

五、采购绩效考核实施。

1. 采购人员绩效考核指标。

采购人员绩效考核以适时、适质、适量、适价、适地的方式进行，并用量化指标作为考核的尺度，主要利用采购时间、采购品质、采购数量、采购价格、采购效率 5 个方面的指标对采购人员进行绩效考核。采购人员绩效考核指标如表 1 所示。

续表

表1 采购人员绩效考核指标

绩效考核方面	权重（%）	考核指标/指标说明
时间绩效	15%	停工断料，影响工时
		紧急采购（如空运）的费用差额
品质绩效	15%	进料品质合格率
		物料使用的不良率或退货率
数量绩效	30%	呆物料金额
		呆物料损失金额
		库存金额
		库存周转率
价格绩效	30%	实际价格与标准成本的差额
		实际价格与过去平均价格的差额
		比较使用时价格和采购时价格的差额
		将当期采购价格与基期采购价格的比率同当期物价指数与基期物价指数的比率进行比较
效率绩效	10%	采购金额
		采购收益率
		采购部门费用
		新开发供应商数量
		采购完成率
		错误采购次数
		订单处理时间

2. 绩效考核周期。

采购部经理对于短期内工作产出较清晰的记录和印象以及对工作的产出及时进行评价和反馈，有利于及时地改进工作，以月度为周期进行考核；对于周边绩效指标，以季度或年度进行考核。

3. 绩效考核方法及说明。

采购人员绩效考核采用量化指标与日常工作表现考核相结合来进行，量化指标占考核的70%，日常工作表现占考核的30%。两次考核的总和即为采购人员的绩效。采购人员绩效考核计算方式如下：

采购人员绩效考核分数＝量化指标综合考核得分 ×70%+ 日常工作表现 ×30%

4. 绩效考核实施。

绩效考核小组工作人员根据员工的实际工作情况展开评估，员工本人将自己的考核期间的工作报告在考核期间交于人力资源部。人力资源部汇总并统计结果，在绩效反馈阶段将考核结果告知被考核者本人。

5. 考核结果应用。

考核结果分为5个层次（绩效考核结果等级划分标准见表2），其结果为人力资源部奖金发放、薪资调整、员工培训、岗位调整、人事变动等提供客观的依据。

表2　绩效考核结果等级划分标准

杰出	优秀	中等	需提高	差
A	B	C	D	E
85分以上	74~84分	65~74分	51~64分	50分以下

根据员工绩效考核的结果，可以发现员工与标准要求的差距，从而制订有针对性的员工发展计划和培训计划，提高培训的有效性，使员工的素质得到提高，最终为企业管理水平的提高打下坚实的基础。

6. 绩效考核实施工具。

对于采购人员的绩效考核，其主要的考核实施工具有采购人员绩效考核表、等级标准说明表，分别如表3和表4所示。

续表

表 3　采购人员绩效考核表

项目		权重	等级说明					自我评分	综合得分
			杰出	优秀	中等	需提高	差		
定量指标	时间绩效	15%							
	品质绩效	15%							
	数量绩效	30%							
	价格绩效	30%							
	效率绩效	10%							
		定量指标权重为 70%							
定性指标	责任感	30%							
	合作度	30%							
	主动性	20%							
	纪律性	20%							
		定性指标权重为 30%							
		综合得分							
		考核补充：							

考核人：　　　　　　被考核人：　　　　　　考核日期：　　年　月　日

续表

表4 等级标准说明表

项目	考核指标	指标等级划分说明				
		杰出	优秀	中等	有待提高	急需提高
时间绩效	是否导致停工	从不	没有	无记录	3次以下	3次以上
品质绩效	进料品质合格率	100%	90%	85%	65%	60%以下
	物料使用不良率	0	5%以下	5%–10%	10%–15%	15%以上
数量绩效	呆料物料金额	___万元以下	___–___万元	___–___万元	___–___万元	___万元以上
	库存周转率	___%以上	___%–___%	___%–___%	___%–___%	___%以下
价格绩效	采购成本降低率	___%以上	___%–___%	___%–___%	___%–___%	___%以下
	采购价格降低额	___万元以上	___–___万元	___–___万元	___–___万元	___万元以上
效率绩效	采购完成率	___%以上	___%–___%	___%–___%	___%–___%	___%以下
	订单处理时间	___天以内	___–___天	___–___天	___–___天	___天以上
指标等级得分说明						
杰出		优秀	中等	有待提高		急需提高
10分		8分	5分	2分		0分

相关说明					
编制人员		审核人员		批准人员	
编制日期		审核日期		批准日期	

通过上述几个步骤的层层分解，分钱规则可以真正被落到实处，既关注到每位合伙人的切身利益，也能够有效激发合伙人的价值创造能力。这也是分钱规则的意义所在：只有当企业价值增值时，合伙人才能获取更多的收益；而当企业价值增值时，合伙人也必然能够真正获得应有的收益。

3.3 退出3规则：罢免规则、退出规则、散伙规则

虽然每位合伙人在参与之初，都经过了企业的选择，并得到原有合伙人的认可，但在经营管理过程中，却仍然可能出现各种各样的问题，最初的"理想合伙人"也可能会成为团队中不合适的人。

很多时候，合伙人出现问题的原因，往往在于激情不再之后的懈怠。尤其是普遍的合伙人"终身制"，使合伙人不会面对任何压力，在入伙之后可以"一劳永逸"。甚至在某些业绩快速增长的企业，合伙人只需一年就能赚回入伙的投资本金。

也正因如此，很多合伙企业在经过初期的快速发展之后，不可避免地陷入了缓慢的增长期乃至衰退期。

3.3.1 罢免规则：如何让中途不合适的人下车

面对上述情况，企业要做的就是及时止损，避免不合适的人对企业发展造成更大的损害，甚至破坏合伙人之间的团结。因此，在合伙人模式下，必须设置有效的罢免规则，让中途不合适的人下车。

那么，罢免规则具体该如何设计呢？

首先，确定问题能否解决。

在合伙人出现问题之初，企业要做的当然不是直接将合伙人罢免，而是确

定问题能否得到解决。

基于绩效考核、员工评价等各种反馈机制，当企业发现合伙人存在问题时，就应当安排专人与该合伙人进行沟通。因此，企业也需要设置专门的沟通机制，如董事会沟通、监事会沟通等。

通过这样的沟通，企业可以向合伙人阐明问题，并由合伙人对此做出解释。如确实是合伙人自身存在问题，则需要寻找对应的解决办法，及时解决问题，将合伙人重新纳入企业发展的正轨。

其次，建立竞选制度。

为了避免合伙人产生懈怠情绪，企业同样可以在罢免规则中融入竞选制度（1年度或2年度），从而激励合伙人不断提升自己，以适应企业的快速发展，并成为其中的推动力量。

如企业可以根据每位合伙人的职责，制定相应的绩效考核，并引入员工代表参加评选。在综合合伙人业绩，以及其他合伙人、员工的评价等多种要素之后，对合伙人进行评比。与此同时，将原有合伙人的评比标准与选择合伙人的标准相统一，进行进一步的比较。

基于这样的评选机制，企业可以进一步完善竞选制度，具体方法如下。

1. 限定合伙人数量。

当合伙人数量达到限制之后，"待入伙"的合伙人评分必须高于现有合伙人均分，且评分最低的合伙人进入"待罢免"序列，并启动沟通机制，发现并解决可能存在的问题。

2. 融入分钱规则。

合伙人竞选制度也可融入分钱规则，如表3.3-1为竞选制度+分钱规则示意。

表 3.3-1　竞选制度＋分钱规则示意

竞选排名	前 20%	中间 70%	倒数 10%
分钱系数	120%	100%	60%

最后，设置弹劾委员会。

为了能够让中途不合适的人下车，企业的罢免规则中必须包含与弹劾相关的内容。因此，在最初的合伙协议中，企业就应当明确设置弹劾委员会，以及弹劾程序的触发条件和流程。

一旦合伙人出现问题，或竞选不达标，则可能触发弹劾程序，由弹劾委员会对合伙人进行评价，确定问题能否解决，并给予一定的处理期限。如到期仍未能解决问题，则启动弹劾流程，由股东大会进行投票，决定是否罢免该合伙人。

企业要想发挥罢免规则的作用，激励合伙人成长，并及时淘汰不合适的合伙人，就必须给予弹劾委员会最高的权限。弹劾委员会则直接对股东大会而非董事会或总经理负责。

如华为、万科等大企业的轮值 CEO 或轮值董事长制度，就是弹劾制度与竞选制度的完美结合体。

3.3.2　退出规则：所有合伙人闹矛盾的主要原因是无退出规则

所有合伙人闹矛盾的主要原因是无退出规则：当合伙人主动或被动退出时，应当符合怎样的条件？又应该经过怎样的流程？这些都属于退出规则的内容。对此，企业必须事先约定该规则。

很多企业走向衰退的原因并非业绩不佳或竞争乏力，而是某位合伙人的突然退出。无论是以何种形式参与入伙的合伙人，其退出都可能对企业造成重大影响，具体如下。

1. 出钱不出力。

此类合伙人退出时，必然要抽取入伙资金，这就会造成企业资金流风险。

2. 出力不出钱。

此类合伙人退出时，则可能引发企业运营管理的混乱，造成企业管理风险。

3. 出资源/出产品/出技术。

此类合伙人退出时，则可能收回渠道、产品等资源，或知识产权、技术等无形资产，引发经营风险；即使不收回，后续的维护、升级也可能面临困境。

当然，很多合伙人退出是因为项目发展遇阻，对项目前景不看好。也有项目发展不错，但合伙人退出，因为项目不错，人退股不退，导致继续经营的合伙人感觉不公平的情况出现。例如，3个人合伙，按60%、30%和10%股份的比例，结果第二年持股30%的股东退出去发展其他项目，但不退股，留下的股东就会感到非常不公平：每年分红都给退出的合伙人30%的分红吗？因为目前公司法没有明文规定股东不干就必须退股，所以缺少退出规则就会很被动。

为了规避合伙人退出对企业造成的损害以及可能发生的利益冲突，企业必须在最初的合伙协议中就明确退出规则。

合伙人退出实际上包含两种情况，即主动退出和被动退出（罢免）。因此，退出机制的内容十分复杂，不同企业的退出规则也有所不同，但无论如何，企业必须把握住其中的关键点。

首先，退出规则的关键点包括：

1. 合伙人的股权与服务期限挂钩，避免合伙一年就退出的情况出现；

2. 持股合伙人中途退出的，股权溢价/折价回购；

3. 设定高额违约金条款；

4. 持股合伙人如果离婚，个人财产申明/只有经济利益，不具有主张公司事务的任何权利；

5. 持股合伙人如果犯罪，强行退出，未成熟股份由公司回购；

6. 持股合伙人如果去世，只能继承股权财产，而不能继承股东权利。

刚开始觉得合伙不错，最后基于项目战略规划与落地情况感觉不合适的合伙人，或者基于企业发展布局与经营决策考量必须要退出的合伙人，就必须使用罢免规则。如新东方公司的徐小平、王强的中途退出；又如腾讯"五虎"，根据公司的发展阶段逐步退出。如何让"不合适的人"中途下车非常重要。

其次，罢免规则的关键点包括：

1. 因不能胜任工作岗位、违背职业道德、失职渎职等行为；

2. 严重损害公司利益或声誉而导致的降职；

3. 公司有足够的证据证明乙方在任职期间，由于受贿索贿、贪污盗窃、泄露公司经营和技术秘密、损害公司声誉等行为，给公司造成损失的；

4. 开设相同或相近的业务公司；

5. 自行离职或被公司辞退；

6. 伤残、丧失行为能力、死亡；

7. 违反公司章程、公司管理制度、保密制度等其他行为；

8. 违反国家法律法规并被刑事处罚的其他行为。

合伙人模式退出规则的设计，离不开上述的14个关键点，但在具体设计过程中，由于企业的发展模式、组织架构不同，其退出规则的设计也有所区别。因此，在设计退出规则时，必须充分考虑企业自身的实际情况，并获得所有合伙人的认可。

案例：退出规则案例解析

在合伙制企业中，无论合伙人是主动退出还是被动退出，退出规则都必然涉及股权退还的内容，而这部分内容也是很多企业设计退出规则的难点所在：如何在不影响企业运营及合伙人利益的情况下，收回退出合伙人应得的股权？

基于出资形式的不同，退出规则中的退还方式，如资金退还、实物退还等也有所区别。但考虑到非货币出资退还的复杂性，本节主要以货币出资为例，解析退出规则中的退还机制。

在设计公司收回股权的规则时，为了激励合伙人创造价值，其计算基础应包括两部分，即：**合伙人出资的原值和参与期间的增值**。在基数确定的基础上，企业需要确定的要素还有以下 4 点。

1. 退出时间。

根据合伙人参与时间的不同，其退还比例应当逐年递增。因为合伙人参与的时间越长，其对企业发展做出的贡献也就越多；而从投资回报率的角度来看，其收益自然也越高。因此，退还机制必须考虑退出时间要素。

2. 退出方式。

根据合伙人退出方式的不同，其退还比例也应当有所区别。例如，主动退出与罢免退出的退还比例应该是不一样的。

一般而言，合伙人的退出方式主要有 6 种，即主动退出、罢免、降职、退休、病故和因公殉职。

3. 退还比例。

退还比例的含义就在于合伙人退出时能拿回多少比例的原值和增值。基于退出时间和退出方式两大要素，企业就可以确定相应的退还比例。

此时，为了激励合伙人，企业可以将退还比例分解为"赠送"与"购买"两部分，前者是企业对合伙人的投资回报，而后者则是合伙人应当拿回的本金。

4. 退还期限。

出资退还必然会对企业运营造成一定的影响，因此，企业在设计退还机制时，还应充分考虑企业的运营需求，确定合伙人出资退还的期限。

此时，企业应尽量避免一次性退还，以免对企业资金流造成较大压力。一般而言，退还期限可以定为 2 年，即每年退还合伙人应得数额的 50%。

在这样的理念下，某企业针对主动退出合伙人与罢免合伙人制定了退还机制，如表 3.3-2 所示。

表 3.3-2　主动退出与罢免的退出规则

类别	退出时间	赠送部分退还比例	实际已购买部分退还比例	备注
主动退出	T ≤ 2 年	原值的 50%	原值的 100%	1. 当主动退出和罢免时，锁定退出时的上一个季度的净资产价格和额度，同时注销股东名字，其退股资金分 2 年退还，每年退还 50% 2. 主动退出和罢免 2 年之内，若做出损害公司利益的事情，则扣罚其退股股金，具体扣罚额度由董事会决定 3. 罢免条件：根据否决条件由董事会决定
	2 年 < T ≤ 4 年	原值的 100%	原值的 100%+ 增值的 80%	
	4 年 < T ≤ 6 年	原值的 100%+ 增值的 50%	原值的 100%+ 增值的 100%	
	T > 6 年	原值的 100%+ 增值的 100%	原值的 100%+ 增值的 100%	
罢免	T ≤ 2 年	原值的 0%	原值的 100%	
	2 年 < T ≤ 4 年	原值的 50%	原值的 100%+ 增值的 50%	
	4 年 < T ≤ 6 年	原值的 100%	原值的 100%+ 增值的 80%	
	T > 6 年	原值的 100%+ 增值的 50%	原值的 100%+ 增值的 100%	

由表 3.3-2 可知，在该企业的退出规则下，主动退出合伙人与罢免合伙人的退还比例存在明显区别。以退出时间 2-4 年为例，主动退出的合伙人合计可拿到原值的 200% 和增值的 80%，而罢免的合伙人合计只能拿到原值的 150% 和增值的 50%，两者相差巨大。

需要指出的是，由于合伙人在主动退出或罢免后都可能继续在同行工作，因此该企业也制定了一条特殊规则，即：

"主动退出和罢免 2 年之内，若做出损害公司利益的事情，则扣罚其退股股金，具体扣罚额度由董事会决定。"

这条规则的制定，能够有效保护企业利益，避免合伙人退出之后对企业造成损害。基于这条规则，退还期限也可以被理解为企业的"保护期"，未退还的股金则相当于"押金"。

除了主动退出与罢免这两种退出形式之外，在合伙人模式下企业的日常运营中，还存在降职、退休、病故、因公殉职 4 种退出形式。对此，该企业也充分考虑，并设计了相应的退出规则，如表 3.3-3 所示。

表 3.3-3 降职、退休、病故和因公殉职的退出规则

类别	退出时间	赠送部分退还比例	购买部分退还比例	备注
降职	T ≤ 2 年	原值的 50%	原值的 50%	降职后，根据新的职位价值评估需要减持的股份，其中赠送部分退还比例和购买部分退还比例见表 退休后须减持或转让最少 20% 的股份，但保留一定的股份，具体比例由董事会决定 退休后不能在竞争对手处任职，或成立同行业公司 退休后的股权，可以指定、约定继承人，报经董事会批准。 退休后返聘者，可继续保留原股份
	2 年 < T ≤ 4 年	原值的 100%	原值的 100%	
	4 年 < T ≤ 6 年	原值的 100%+增值的 50%	原值的 100%+增值的 50%	
	T > 6 年	原值的 100%+增值的 100%	原值的 100%+增值的 100%	
退休	到达退休年龄时	（原值+增值）的 100%	（原值+增值）的 100%	
病故	T ≤ 2 年	（原值+增值）的 50%	（原值+增值）的 100%	病故或因公殉职，由预先指定或约定的继承人继承 因事故死亡，购买股份部分继承财产权而不具有事务权 因事故死亡，若是干股或身股，则自动取消，公司给予慰问金
	2 年 < T ≤ 4 年	（原值+增值）的 100%	（原值+增值）的 100%	
	4 年 < T ≤ 6 年	（原值+增值）的 100%	（原值+增值）的 100%	
	T > 8 年	（原值+增值）的 100%	（原值+增值）的 100%	
因公殉职		（原值+增值）的 100%	（原值+增值）的 100%	

综合上述退出规则可以看出，合伙人从该企业退出时，最高可以拿到的退还比例为（原值+增值）的 200%，具体则包括 4 种情况：

1. 退出时间大于 6 年的降职退出；

2. 退休；

3. 退出时间大于 2 年的病故退出；

4. 因公殉职。

之所以如此设计，一方面是对于合伙多年的合伙人的奖励，另一方面则是对病故和因公殉职合伙人的抚恤。

需要指出的是，降职类的退出规则，实际上与考核分钱、竞选制度一脉相承，其内在逻辑都在于：业绩表现突出的合伙人，应当在合伙中拿到更多的收益。

通过该企业的退出规则可以看出，合伙人是推动企业成长的重要伙伴，因此，在设计退出规则时，企业也应当遵循"好聚好散"的原则，给予合伙人应得的回报。但与此同时，退出规则也应考虑到企业的利益，避免合伙人退出对企业造成潜在的损害。

3.3.3 散伙规则：如何设计散伙规则

虽然每家合伙企业都想实现持续发展、永续经营的目标，但在实际经营中，合伙企业难免会走向散伙。

合伙企业的散伙，其实也分为两种情况：其一是企业歇业、清算散伙；其二则是走向上市、企业改制。

此外，根据《中华人民共和国合伙企业法》的规定，合伙企业有下列情形之一的，应当解散：

1. 合伙期限届满，合伙人决定不再经营；

2. 合伙协议约定的解散事由出现；

3. 全体合伙人决定解散；

4. 合伙人已不具备法定人数满30天；

5. 合伙协议约定的合伙目的已经实现或者无法实现；

6. 依法被吊销营业执照、责令关闭或者被撤销；

7. 法律、行政法规规定的其他原因。

无论在哪种情况下，合伙企业一旦走向散伙，那么企业本身的使命就已经完结，而这就必然涉及财产或债务分割的问题。因此，合伙人模式方案必须设计完善的散伙规则，避免企业解散时出现纠纷。

关于散伙规则的设计要点，企业必须明确的是：合伙协议有约定的，按照协议执行；合伙协议没有约定的，互相协商，原则上按出资比例分配；如协商不成，则通过诉讼解决。

具体而言，关于合伙企业散伙时的财产和债务分割，《中华人民共和国合伙企业法》中有几条相关规定，企业应当考虑。

第一，合伙人对合伙企业债务承担连带责任。

第五十三条："退伙人对基于其退伙前的原因发生的合伙企业债务，承担无限连带责任。"

第五十四条："合伙人退伙时，合伙企业财产少于合伙企业债务的，退伙人应当依照本法第三十三条第一款的规定分担亏损。"

（以上条款摘自《中华人民共和国合伙企业法》（2006年修订））

第二，企业财产分割以协议为先、协商进行。

第五十一条："合伙人退伙，其他合伙人应当与该退伙人按照退伙时的合伙企业财产状况进行结算，退还退伙人的财产份额。退伙人对给合伙企业造成的损失负有赔偿责任的，相应扣减其应当赔偿的数额。

"退伙时有未了结的合伙企业事务的，待该事务了结后进行结算。"

第五十二条："退伙人在合伙企业中财产份额的退还办法，由合伙协议约定或者由全体合伙人决定，可以退还货币，也可以退还实物。"

第九十条："清算结束，清算人应当编制清算报告，经全体合伙人签名、盖章后，在十五日内向企业登记机关报送清算报告，申请办理合伙企业注销登记。"

第九十一条："合伙企业注销后，原普通合伙人对合伙企业存续期间的债务仍应承担无限连带责任。"

第九十二条："合伙企业不能清偿到期债务的，债权人可以依法向人民法院提出破产清算申请，也可以要求普通合伙人清偿。

"合伙企业依法被宣告破产的，普通合伙人对合伙企业债务仍应承担无限连带责任。"

（以上条款摘自《中华人民共和国合伙企业法》（2006年修订））

合伙企业的散伙规则，必须充分考虑《中华人民共和国合伙企业法》的相关条款，避免企业散伙清算程序出现合规风险。尤其要注意的是，在企业散伙时，合伙人切忌互相逃避债务，以免遭受罚款、拘留等惩罚。

3.4 实施合伙人模式的注意要点与相关风险

相比其他公司模式，合伙人模式在法规上被赋予了更高的自由度，因此，合伙人模式也能够不断创新，以满足企业的需求、迎合时代的发展。

但也正是因为存在较高的自由度，所以企业在设计合伙人模式方案时，必须充分考虑各个要点，设计好合伙人模式的入伙3规则、利益4规则以及退出3规则，从而让企业得以健康、持续地发展。

当然，笔者分享的合伙人更趋向于一种模式，即"合伙人模式"，这种合伙经营的方法适合有限公司、股份公司、合伙企业等所有形态的公司。我们常见的阿里巴巴合伙人，是在上市股份公司下采用"合伙人模式"而构建的一种新组织、新激励动力体系；万科事业合伙人也是在万科股份制下的"合伙人模式"，把经营团队合伙人化，以争取更加持续稳定的发展。

因此，切忌认为只有合伙企业才能落地合伙人模式，实践中，绝大多数是有限公司下的"合伙人模式"，也有股份制与合伙企业下的"合伙人模式"。

3.4.1 实施合伙人模式的注意要点

合伙人模式的每种规则，都应当有一个独立且整体的解决方案，并最终形成合伙法律文件。

要点一：目标一致。

合伙人之所以能够走到一起，是因为有一致的目标，而志同道合也是选择合伙人的关键要素。因此，在实施合伙人模式时，企业首先要注意坚持一致的目标，并维持合伙人的信念。

只有在一致的目标下，合伙人在遇到利益冲突时才会相互包容、协商解决，在遇到经营困难时也会齐心协力、共克时艰。

要点二：沟通为先。

马云说：**"企业管理在过去是沟通，现在是沟通，未来还是沟通。"**

随着企业合伙人数量的不断增多，合伙人模式也越来越复杂。每位合伙人都有不同的诉求、观点和理念，任何一个小问题都可能成为企业不安定的潜在因子，甚至会造成合伙人之间的隔阂和企业的内耗。

沟通的重点就在于"通"，如果心思相通，合伙人之间必然会形成合力。若非如此，合伙人模式的效用就难以发挥，反而会成为桎梏。

合伙人模式必须建立良好畅通的沟通机制，在真挚、坦诚的沟通中创造价值。

要点三：信任为本。

在领导与员工之间尚且强调信任，在合伙人之间则更是如此。合伙人的"背靠背"正是源自相互之间的信任，包括对合伙人能力、道德、理念的信任。缺少以信任为基础的合伙人模式，就如一只纸老虎，看似威猛、实则无力。

因此，在良好顺畅的沟通机制下，合伙人更要避免"小团体""小秘密"的情况出现。在合伙人之间，关于企业的任何事情都理应公开进行，符合程序规定并留存记录。只有如此，才能避免合伙人之间的互相猜忌。

要点四：公平为主。

很多合伙人模式最终走向破灭的关键原因就在于利益纷争。虽然合伙人模式中有明确的利益规则，但在真正进行利益分配时，往往还是会有合伙人对此感到不满。

在设计合伙人模式时，企业当然要以公平为主，确保每位合伙人的投资、权力、职责、利益等各要素处于对等状态，也即"出多少钱、拿多少权；做多少事、拿多少钱"。

但事实上，在实际操作中，绝对公平却很难实现。因此，在合伙人模式以公平为主的同时，合伙人对此也要抱以更加宽容的心态。

就如李嘉诚的合伙理念那样："七分合理，八分也可以，那我只拿六分。"就算被分配到的利润份额少了一些，但如果合伙人能够合力做大蛋糕，那么每位合伙人都能拿到更多。

合伙人模式的意义，在于充分调动合伙人的积极性，在资源互补的同时，协作创造价值。因此，实施合伙人模式并不是简单地制定规则、执行规则，更要注重目标、沟通、信任、公平等要素。

3.4.2 实施合伙人模式的相关风险

随着互联网时代的到来，在"大众创业、万众创新"的新时代，雇佣制企业已经落后于时代的进程，中国也因此掀起了合伙人时代变革。基于利益、价值、命运共同体的理念，合伙人模式在新时代大放异彩。

然而，合伙人模式虽然具有诸多优势，但也同样存在多种风险。

在最坏的局面下，每位合伙人都可能有自己的利益诉求，在企业经营管理中也是各自为政，其结果就是：企业盈利时争权夺利、企业困难时争相逃避。这样，企业的发展也就无从谈起。

因此，在实施合伙人模式时，企业必须明确其中可能存在的风险，并在最初就做好规避和应对措施。

风险一：团队风险。

合伙人模式的一大优势源自其动态、开放的组织架构，企业随时可以激励、吸引人才加入，也可以中途让不合适的人下车。但在这种情况下，即使存在合伙人的选择和控制机制，合伙人模式也可能产生团队风险，具体如下。

1. 合伙人婚变。

合伙人股权通常是夫妻共有财产，而在合伙人婚变时，当合伙人的配偶得到股权分配时，企业股权结构就会发生改变。

2. 合伙人去世。

合伙人去世时，其股权也将被其继承人继承，这也会直接导致企业股权结构发生变化。

3. 股权代持。

合伙人模式容易出现股权代持的情况，此时，无论是名义股东还是隐名股东出现问题，都可能造成团队风险。

针对合伙人模式可能发生的团队风险，企业必须在一开始就设计出相应的规则，对合伙人的参与、管理和退出都进行有效调控。

风险二：信息风险。

在合伙人模式下，企业的经营权力、利润和债务都与合伙人直接相关。然而，合伙人模式也可能引发信息风险，导致合伙人之间信息不对称的情况发生。

此时，合伙人就可能在不知情的情况下蒙受损失，具体包括以下方面。

1. 权力决策风险。

基于最初的权力分配，少部分合伙人可能直接行使权力，决定企业重大事项，而未顾及其他合伙人的意见。

2. 利润分配风险。

主管经营或财务的合伙人，可能调整或隐瞒真实的财务数据，导致其他合伙人分红较少，甚至无分红。

3. 债务承担风险。

部分合伙人可能以企业名义借债，或签订对企业有害的协议，使得其他合伙人承担不应承受的债务。

因此，合伙人模式必须注重程序、信息公开的原则，确保所有合伙人具有同样的知情权，避免合伙人或企业因信息风险而面临损失。

风险三：实操风险。

合伙人模式具有极强的灵活性和自由度，企业完全可以根据自身需求设计出不同的合伙人模式，以推动企业的发展，帮助企业解决人才、融资等各种问题。

然而，这样的自由度也导致了实操风险的产生，尤其是如"人力股""资金股"的区别、竞选制度的设计等问题。如果无法被妥善处理，都可能引发重大风险。

合伙人模式直接涉及企业与合伙人的核心利益，一旦合伙人模式出现疏漏，就可能产生诸多问题，轻则影响企业的正常运营，重则损害企业与合伙人的利益。

因此，在设计合伙人模式时，企业切忌采用拿来主义，或是交由外部顾问处理而自己置身事外，否则必然会导致合伙人模式与企业的实际情况不相契合。

合伙人模式要想发挥效果，必须有领导的实质性支持、参与和决策，以及员工的理解与支持。若非如此，合伙人模式也会形同虚设，无法真正落地。

当然，在实施合伙人模式时，最可怕的并非相关风险，而是不知风险或不顾风险地盲目实施。面对这些风险，企业要做的就是寻找专业的顾问团队，并真正参与其中，让合伙人模式真正契合企业实际、助推企业发展。

当然，很多企业在做合伙人或股权设计咨询、选择顾问时，有的贪图省钱找律师设计，把 100% 的股份分配下去不出问题，法律文件非常规范。设计合伙人与股权不能只是 100% 分配，更高级的做法是把企业的规划做好，事业计划在先，明确 3~5 年内要达到的目标、达到目标的关键成功因素及关键成功岗位或合伙人，形成合伙人计划，再按合伙 10 规则与股权设计的技巧设计，并融入企业的实际情况，最后落实到数据测算与法律文件，是以终为始的倒逼。例如，目前是 1000 万元利润、1 亿元营业额，2~3 年怎么做到营业额 5 亿元，利润做到 8000 万元，明确关键成功因素与需要的关键岗位与合伙人，最后形成整套落地方案，这样才能落地。

第4章
合伙人裂变模式解析及合伙人裂变模式设计策略

"没有成功的企业，只有时代的企业。所有企业的成功，都是因为踏对了时代的节拍。"正如海尔CEO张瑞敏所说，合伙人裂变模式的优势，不仅在于模式本身的特性，更在于模式与时代的契合。纵观近年来涌现出来的商业奇迹，我们都能在其背后看到合伙人裂变模式的身影。

事实上，只有深入解析这些商业奇迹，中国企业才能真正理解合伙人裂变模式，并将之应用到自己的企业当中。本章将从这个角度出发，通过对合伙人裂变模式的案例解析，讨论合伙人裂变模式的设计策略。

4.1 合伙人裂变模式案例解析

4.1.1 案例一：万科的事业合伙人制

万科是国内首批采用合伙制的大型企业，也正是以万科、阿里巴巴为首的诸多知名企业，掀起了国内合伙人裂变的序幕。

万科的合伙人裂变模式，可以称为事业合伙人制，其主要内容有以下两点：一是项目层面的跟投合伙制；二是集团层面的合伙人持股计划。

后者是集团管理常见的合伙人模式，而前者所谓的跟投制，指的就是：除万科的董事、监事、高级管理人员以外，其他员工可自愿参与公司项目投资，投资总额不超过该项目资金峰值的5%，遵循市场化运作。

万科的事业合伙人制的创新突破点，正在于跟投制。具体而言，项目所在的一线跟投人员可以在支付市场基准贷款利率后，选择受让份额。通过跟投，员工成为项目合伙人，这有助于激发内部的创业热情和创造性，为股东创造更大的价值。

那么，以项目跟投及合伙人持股为核心内容的事业合伙人制对于万科的意义又在哪里呢？

1. 万科项目跟投合伙机制。

员工以自有资金参与投资万科旗下新建的地产项目，其中一线公司管理层以及项目管理人员必须跟投，董事、监事、高管以外的其他员工自愿跟投。基于这样的项目跟投合伙机制，万科就可以实现以下目标。

（1）责任共担、利益共享。

让参与项目投资、负责、管理的一线人员增加对项目的关注度和用心度，以"投资者＋管理者"的身份执行到位。

（2）建立机制进退有序。

员工跟投计划满 18 个月后，若退出计划，可按照同期贷款基准利率付息兑现收益。

（3）加强管控设置上限。

员工初始跟投不超过项目资金峰值的 5%，同时额外跟投不超过项目资金峰值的 5%。

需要注意的是，万科一线公司的核心经营管理团队和项目操盘团队是必须参与跟投的，其中地区公司经营管理团队涵盖了人事、财务负责人，起投资金一般不少于 20 万元。

项目层面所有参与者必须跟投，起投资金不少于 5 万元。这是其中一个项目的起始投入资金，各个项目之间会有差异。

2. 集团合伙人持股计划。

集团合伙人持股计划采用了传统的股东治理路线，即通过增持公司股份加强经营层的控制力，推出事业合伙人制。

2014 年 5 月，万科 A（000002.SZ）率先推出事业合伙人计划。而在不到半年后，根据 2014 年 9 月万科发布的公告显示，合伙人计划共持有本公司 A 股股份 359,036,339 股，占公司总股本的 3.26%。

能够实现这样的效果，其关键就在于通过"盈安"由员工 EP（超额净利润）基金回购公司股份，具体如图 4.1-1 所示。

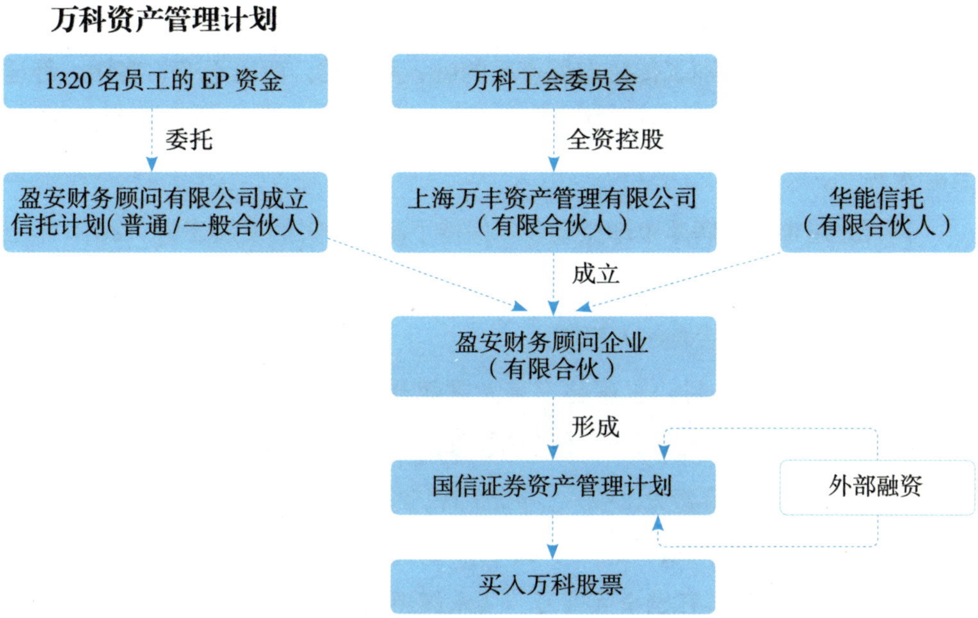

万科资产管理计划

```
1320名员工的EP资金  ──委托──▶  盈安财务顾问有限公司成立信托计划（普通/一般合伙人）
万科工会委员会  ──全资控股──▶  上海万丰资产管理有限公司（有限合伙人）
华能信托（有限合伙人）
          ↓ 成立
盈安财务顾问企业（有限合伙）
          ↓ 形成
国信证券资产管理计划  ⇠⇢  外部融资
          ↓
买入万科股票
```

图 4.1-1 万科事业合伙人计划

（1）集体财产撬动杠杆。

资金来源于万科事业合伙人集体委托管理的经济利润奖金集体奖金账户，利用盈安合伙外部融资杠杆至少为 1:2。

（2）增加股比加大控制。

拥有更多的董事会、股东大会表决权，对夯实管理层的控制权意义重大。

（3）绑定员工关注市值。

强化经营管理团队与股东之间共同进退的关系，对二级市场也是一针强心剂。

（注：本案例所用材料来源于万科公开资料，王石、郁亮公开讲话，及新华网《深化事业合伙人机制，北京万科组织变革的实践探索》。）

4.1.2 案例二：永辉超市的门店合伙人机制

永辉超市是福建省推动传统农贸市场现代化改造的大型民营企业。早在 2001 年时，永辉超市就创新性地在福州开设了首家"农改超"超市——永辉屏西超市，尝试将生鲜农产品引进现代超市。以家庭主妇、上班族为主要客户群的永辉超市，彻底告别了传统农贸市场的脏、乱、差，而以干净、有序、舒适的购物环境迅速赢得了市场认可，并实现了滚雪球式的发展，被誉为"民生超市、百姓永辉"。

同样是超市，永辉超市却持续多年保持了高速增长的发展态势。2018年上半年，永辉超市逆势增长21.5%，成为零售业的明星企业。而这样的高速增长，离不开永辉超市的门店合伙人机制。

早在2012年12月，永辉超市某大区就开始试点门店合伙人项目，2013年6月开始在大区内全面推行。经过试行，永辉超市发现，该模式在调动员工工作的积极主动性、增加员工收入、促进门店业绩提升等方面取得了显著成效。

因此，门店合伙人项目走过了试行阶段，通过总结、修正试行阶段存在的问题，最终在2015年开始全面普及，《永辉超市股份有限公司2015年门店合伙人方案》也正式形成。实施该模式的主要目的在于：

1.以门店为单位，以门店整体业绩任务达成作为参与分红的前提条件，从营运部门到后勤部门、从员工到店长均参与，体现全员参与、共同经营门店的特点；

2.充分调动员工工作的积极性，激发员工超额完成公司下达的经营目标，践行"融合共享、成于至善"的企业文化。

正是基于门店合伙人机制的实践效果，永辉超市进一步开展了组织转型，如图4.1-2所示。

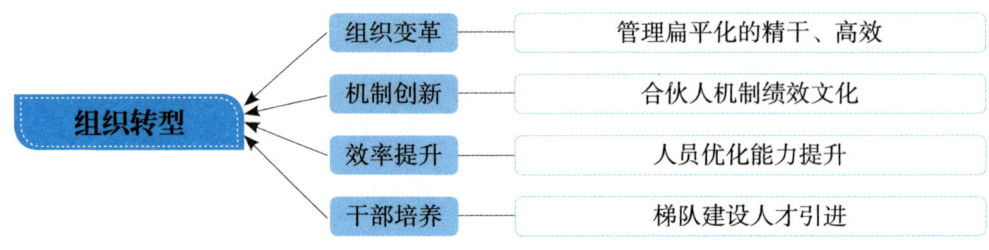

图 4.1-2　永辉超市组织转型

在实行门店合伙人机制之前，永辉超市已经是国内顶尖的超市品牌。但面对激烈的市场竞争，传统的超市经营模式难以形成有效的竞争力。而门店合伙人机制的改革，却给予了永辉超市"大象跳舞"的机会，得以实现转型，继而保持持续增长的发展态势。

门店合伙人机制之所以能够发挥如此功效，离不开其完善的模式设计。

1. 合伙人参与资格。

与万科的合伙制不同的是，永辉超市的门店合伙人机制并非面向企业所有成员，而是设置了明确的合伙人参与资格的，具体如下。

参与人员主要分为4类，分别为：

（1）店长、店助；

（2）4大营运部门人员；

（3）后勤人员；

（4）固定小时工（工作时间≥192小时/月）。

有3类人员不参与该机制，分别为：

（1）微店课、咏悦汇、新肌荟、茅台等课组人员；

（2）培训师、实习生、寒暑假工、学习干部；

（3）小时工（工作时间＜192小时/月）。

2. 分红的前提条件。

即使员工参与门店合伙人方案，也并不意味着其一定可以拿到分红。对于合伙人分红，永辉超市也设定了明确的前提条件，如表4.1-1所示。

表4.1-1 永辉超市分红的前提条件

类别	分红条件
店长、店助、后勤人员	门店销售达成率≥100%，利润总额达成率≥100%
营运部门经理、经理助理部门公共人员	部门销售达成率≥95%，部门毛利达成率≥95%

续表

类别	分红条件
营运部门各课组人员	课组销售达成率≥95%，课组毛利达成率≥95%
分红前提条件：门店销售达成率≥100%，利润总额达成率≥100%	

3. 分红的分配方式。

关于分红的具体分配方式，永辉超市设定了"奖金包 × 分配系数"的基本分配方式，并详细制定了奖金包和分配系数的计算方式。

（1）合伙人奖金包。

合伙人奖金包是以门店为计算基础的，也即计算该门店总体能够拿到多少分红。合伙人奖金包计算方式如表4.1-2所示。

表4.1-2 合伙人奖金包计算方式

职级	各职级奖金包分配
店长、店助	门店奖金包 ×8%
经理级	门店奖金包 ×9%
课长级	门店奖金包 ×13%
员工级	门店奖金包 ×70%

门店奖金包 = 门店利润总额超额/减亏部分 ×30%
门店利润总额超额/减亏部分 = 实际值 − 目标值
门店奖金上限：门店奖金包 ≥ 30万元时，奖金包按30万元发放

（2）合伙人奖金分配方式。

关于合伙人奖金包的具体分配问题，永辉超市则采用了份数、分配系数、出勤系数等要素，制定了每位合伙人奖金的具体计算公式，如表4.1-3所示。

表4.1-3 合伙人奖金计算

职级	个人奖金
店长、店助	店长级奖金包 × 出勤系数

续表

职级	个人奖金
经理级	经理级奖金包 ÷ 经理级总份数 × 对应分配系数 × 出勤系数
课长级	课长级奖金包 ÷ 课长级总份数 × 对应分配系数 × 出勤系数
员工级	员工级奖金包 ÷ 员工级总份数 × 对应分配系数 × 出勤系数

注：有二助的门店，店长级奖金包店长分配70%，店助分配30%

在以上公式中，合伙人需要明确分配系数、总份数、出勤系数等几个概念，具体如下。

①分配系数。图4.1-4为分配系数计算方式。

表4.1-4　分配系数计算方式

部门毛利额达成率排名	分配系数
第1名	1.5
第2名	1.3
第3名	1.2
第4名	1.1
后勤部门	1.0

例如，某店生鲜部毛利达成率在该店4大营运部门中排名第1，生鲜部对应分配系数为1.5，即生鲜部的经理、经理助理、课长、员工的分配系数均为1.5

②总份数、出勤系数及奖金发放（见图4.1-3）。

总份数

总份数 = ∑各部门同职级人员人数 × 部门毛利额达成率排名对应分配系数
注：①经理级份数，含经理助理；课长级份数：含副课长
　　②以上统计的份数，不包含双指标未达成的部门或课组各职级人数

出勤系数

出勤系数 =（当季应出勤天数 – 事假/病假/产假/工伤假天数）÷ 当季应出勤天数

奖金发放

按季度结算，奖金与次月工资一起发放。

图4.1-3　总份数、出勤系数及奖金发放

基于这样一套完整的分红机制，门店合伙人机制得以充分考量每位合伙人的贡献度，并给予其相应的分红。这也能够进一步发挥合伙人模式的激励作用，充分调动每位员工的工作积极性，让每家门店都能出色地完成业绩指标，并在此基础上提升业绩。

在 2013 年执行合伙人方案之后的短短一年间，永辉超市的人均工资、日均人效及离职率等指标都得到了大幅改善。图 4.1-4 所示为永辉超市 2014 年门店合伙人方案执行效果。

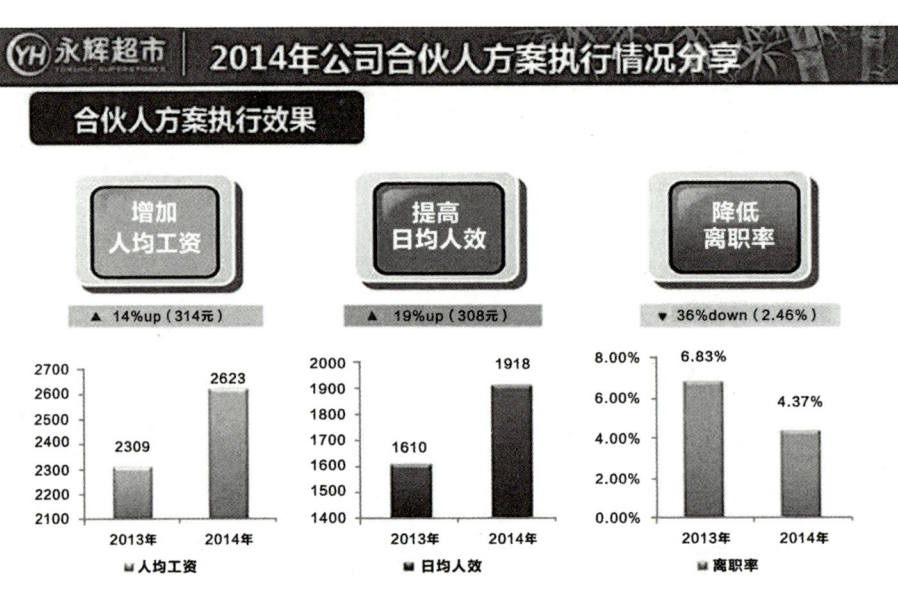

图 4.1-4 2014 年门店合伙人方案执行效果

为了能够进一步理解永辉超市的门店合伙人机制，我们可以通过案例进行理解。

例如，卖场店 A 店，第一季度全店销售达成 100.1%，利润总额达成 106%，利润超额 33 万元，门店合伙人奖金包 10 万元。表 4.1-5 所示为各部门人数、达成情况。

表 4.1-5 A店第一季度各部门人数、达成情况

部门	店长级人数	经理级人数	课长级人数	员工级人数	销售达成率	利润总额达成率	毛利达成率	毛利达成率排名	对应分配系数	超额利润总额	门店合伙人奖金包
全店	1	10	24	136	100.1%	106%				33万元	10万元
生鲜	/	2	7	60	100.6%		107.0%	第1名	1.5		
食品用品	/	2	7	15	101.0%		103.0%	第2名	1.3		
	/	1	6	12	93.4%		90.0%	第3名	1.2		
	/	1	/	1	91.5%		87.0%	第4名	1.1		
	/	4	4	48					1		

在表4.1-5所示的案例中，门店销售达成率≥100%、利率总额达成率≥100%，符合永辉超市分红的前提条件，该门店能够参与分红。而门店各职级奖金包的具体分配，则可以分4步进行计算，分别如表4.1-6、表4.1-7和表4.1-8所示。

表 4.1-6 各职级奖金包

职级	门店奖金包	分配比例	奖金包（元）
店长	10万元	8%	8000
经理级	10万元	9%	9000
课长级	10万元	13%	13000
员工级	10万元	70%	70000

表 4.1-7 参与分红部门、课组总份数核算

部门	店长级	经理级			课长级			员工级		
		人数	对应系数	总份数	人数	对应系数	总份数	人数	对应系数	总份数
合计	1	8		8.6	17		16.7	102		126.8
店长办公室	1									
生鲜部		2	1.5	3	5	1.5	7.5	43	1.5	64.5
食品用品部		2	1.3	2.6	4	1.3	5.2	11	1.3	14.3
后勤部门		3	1	3	4	1	4	48	1	48

表 4.1-8 各职级人均奖金及实发情况（计算结果四舍五入后均取整数）

部门	店长	经理级	课长级	员工级
店长办公室	8000 元	/	/	/
生鲜部	/	9000÷8.6 份 ×1.5 =1570 元	13000÷16.7 份 ×1.5 =1168 元	70000÷126.8 份 ×1.5 =828 元
食品用品部	/	9000÷8.6 份 ×1.3 =1360 元	13000÷16.7 份 ×1.3 =1012 元	70000÷126.8 份 ×1.3 =718 元
后勤部门	/	9000÷8.6 份 ×1 =1047 元	13000÷16.7 份 ×1 =778 元	70000÷126.8 份 ×1 =552 元

注：生鲜部经理，如果第一季度出勤满勤，没有请假，分红奖金为 1570 元；生鲜部水果课，销售达成率 101%、毛利达成率 98%，该课第一季度出勤满勤、没有请假的课长分红奖金为 1168 元/人，员工分红奖金为 828 元/人。其他部门可根据实际情况参照生鲜部的标准执行。

合伙人裂变模式得以有效实行的关键，正在于模式设计的合理性和公开性。只有模式本身确实具有激励作用，且每位员工都能理解并参与该模式，员工的

工作积极性才能得到充分激发。与此同时，员工的忠诚度也会得到极大的提升。

（注：本案例所用材料来源于永辉超市相关公开资料，如《永辉超市股份有限公司2015年门店合伙人方案》等；部分内容借鉴《"门店合伙人"成就永辉超市》，孙玉敏，万方数据。）

4.1.3 案例三：海尔的自主经营体机制

传统的企业管理，始终在寻找一种将目标、市场和分配3个基本元素有效整合的管理机制，为此，目标的制定与实施、考核和薪酬、激励与改善，也成为传统企业管理无法忽视的问题。然而，要想平衡各方利益关系却并非易事。

直到海尔独创性地采用了自主经营体机制（Strategic Business Unit，SBU），企业管理的"老大难"问题才终于在合伙人裂变中得到解决。

所谓"自主经营体"，是指在用户需求推动下，由来自不同职能部门的内部市场链各环节（包括市场、企划、研发、生产、供应链、人力、财务等环节）的人员组成的、共同对用户的需求进行反应并独立核算投入产出的自主经营团队。

这种模式打破了原有职能部门的界限，通过损益表、日清表、人单酬表，组成了可以独立核算的团队，而这样的团队也更有动力主动为客户需求去进行创新。

SBU能够在海尔实现良好的效果，同样离不开相应的创新制度。海尔在OEC管理（日清日高、日事日毕管理法）与以"市场链"为纽带的业务流程再造SST（索酬、索赔、跳闸）的基础上，将每一位员工从管理的客体变为经营的主体，实现"人单合一"。具体而言，该创新制度包含以下内容。

1. 企业内部结构从"正三角"向"倒三角"转变

处在"倒三角"最顶端的是与顾客接触最直接的人（销售人员、服务人员），再往企业内部延伸到其他部门，实现内外客户的"客户圈"；也由离市场最近的员工将需求向内传达，保证"市场"为各种活动的起点。

2. 将每位员工（或小团体）视为自主经营、自负盈亏的小企业，即SBU

为每一个 SBU 设计了一张财务报表——SBU 损益兑现表，支出和收入都写得清清楚楚，自己对自己负责，对整个流程都进行控制。根据表上所反映的结果，对连续两个周期亏损的人员做出一定的调整，而有利润的 SBU 员工可以提成。这样既能降低企业的管理费用，又能极大地调动员工的积极性。

3. 创立海尔产品孵化平台——海立方

海尔为了充分激发企业内部个体的活力，将原来只负责执行命令的员工转变为企业的动态创业合伙人，搭建了内部创业孵化平台。

创客链接前端用户需求，在以自组织、自管理的方式形成"小微单元"的同时，通过与各平台主的合作协调各类优质资源，进而演进成一个打破了企业边界的由各个共同满足用户需求的利同体组成的生态圈。

目前海尔拥有 8 万多名员工，共分成了 2000 多个自主经营体。

海尔通过战略变革、组织变革和机制变革，引导着海尔战略走向平台化、员工走向创客化、机制偏向小微化。

海尔通过划小经营单元，让背负创业理想和激情的小微、创客们在前端市场尽情发挥，而海尔这个已步入"而立之年"的"中年大叔"用自己多年的积累和资源向他们提供支持，设计利益及相关配套机制为他们"加油鼓励"，以此带动海尔这个大生态圈的活力。其实这正是平台化战略的精髓所在，即"小前端、大平台、富生态"。

（注：本案例所用材料来源于海尔相关公开资料，部分内容借鉴《企业动态能力提升、组织结构倒置与新型管理控制系统嵌入——基于海尔集团自主经营体探索型案例研究》，戴天婧，汤谷良，彭家钧，《中国工业经济》。）

4.1.4 案例四：韩都衣舍的小组制

合伙人裂变源自互联网时代的市场改变，该模式也在互联网企业中发挥出最大的创新效果，其中不得不提的案例就是韩都衣舍。

成立于 2008 年的韩都衣舍，最初只是一家简单的网店品牌，但在不断地创新发展中，韩都衣舍却成为电商界的最大奇迹：2012 年至 2016 年，其在天猫、京东和唯品会等电商平台上连续 4 年服饰类综合排名第一；在 2014 年，韩都衣舍更是成为天猫历史上第一个类目三冠王，即"年度第一""双十一第一"和"双十二第一"。

如今，韩都衣舍已经拥有 103 个品牌，员工人数则超过 2800 人。

纵观韩都衣舍的发展历程，合伙人裂变模式功不可没。韩都衣舍以小组制为核心的单品全程运营体系如图 4.1-5 所示。

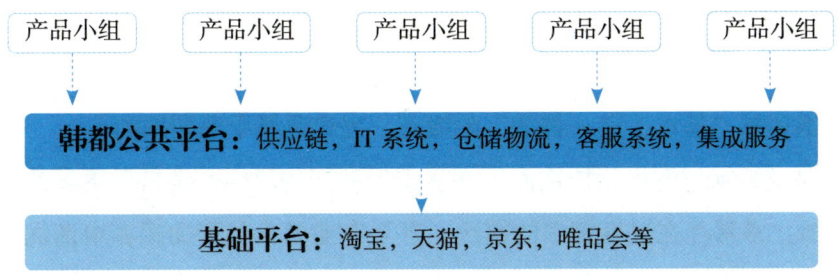

图 4.1-5 以小组制为核心的单品全程运营体系

所谓"以小组制为核心的单品全程运营体系"，即 3 个人为一组，每个小组都具有运营、选款设计、商品制作、对接生产管理订单、销售的能力，实现全员参与的经营，并独立进行核算，精细核算到每个员工。

一般而言，产品小组由产品开发专员、货品管理专员、页面制作专员 3 个人构成，其责任、权力和利益分别为：

1. 责任。确定销售任务指标（销售额，毛利率，库存周转率）；

2. 权力。(1) 确定款式；(2) 确定尺码及库存深度；(3) 确定基准销售价格；

（4）确定参加哪些活动；（5）确定打折节奏和深度；

3. 利益。提成公式：销售额 × 毛利率 × 提成系数。

如今，韩都衣舍拥有300多个产品运营小组，每个小组由2~3名成员组成，负责产品设计、页面制作、货品管理等非标准化环节。正是基于这些小组，韩都衣舍得以在最小业务单元上实现"责、权、利"的统一，并培养出在企业公共服务平台上的"自主经营体"。

为了充分发挥合伙人裂变模式的优势，韩都衣舍进一步完善了相关制度，主要包括以下6个层面的内容。

1. 授权机制。

对小组充分授权。每个小组同时具备传统门店的所有权利，上什么样的新品、定什么样的价位、做什么样的促销、打什么样的折扣、如何控制库存周转等都由小组决定。

2. 分配机制。

小组实施"基本工资 + 提成"的模式，提成是基于毛利率的。

当提成机制与销售额挂钩而不是基于毛利润的时候，销售员更多的是想如何做业绩，常常存在过度营销的情况，甚至有业务人员帮助顾客申请优惠和折扣的情况，因为给顾客的优惠对销售人员并无太大影响。但是对公司来说，价格下降10%，利润可能会下降30%左右。用毛利润提成的方式，将销售人员和公司的利益捆绑在一起，非常有效地避免了这种情况的发生。

3. 考核机制。

韩都衣舍同样也会对小组设定任务并对其进行考核。先来说说任务，每年年底各小组会制定第二年的目标，依据是去年完成的销售额和当年公司的正常增长率，并细化到毛利、库存周转。目标确定后，公司财务会给到这个小组目标销售额的一半资金，也就是说，目标是200万元，财务先给你100万元，小组需要用100万元达成200万元的目标。公司会针对业绩完成率、毛利率、库存周转率对小组进行考核和奖金分配。

4. 运转机制。

每天公布小组的排名情况，在激励方面也会向业绩优秀的小组倾斜，因此，小组和小组之间的竞争也非常激烈，这其中包括人员的抢夺、小组的分裂与组合。在公司的办公区域，常有公开招聘，公司也鼓励员工在不同小组和岗位上进行流动。在韩都集团有一句话，叫"不想当选款师的制作不是好运营"，每个小组都想有更强的组合，以得到更高的排名，这使小组自动自然地完成了更新。相对自由的人员流动也有相对的制约，为了防止不必要的裂变和保证集团整体的人文氛围，韩都有规定：新小组需要向原小组贡献提成为10%的"培养费"。

5. 职能部门激励机制。

关于对职能部门的激励，韩都衣舍有很充分的投诉机制，只要小组对职能部门不满，直接投诉到运营管理组，运营管理组便会立即开始追究。由于投诉和职能部门的利益挂钩，一下子就解决了很多公司不知道如何管理和激励财务部、人力资源部、行政部等让众多领导头痛的问题。这种"让听得见炮火的人指挥战斗"的做法，彻底颠覆了传统科层制效率低下、反应迟缓又难以考核的情况。

6. 重复裂变机制。

值得一提的是，为了进一步提升合伙人裂变模式的效果，韩都衣舍还设计了"重复裂变"的机制：

（1）每日进行小组业绩排名；

（2）小组奖金由组长决定分配；

（3）允许一人小组的存在。

从该机制中也能看出：业绩排名是激励，组长分配是授权，一人小组是创新。这样的机制能够进一步激发员工的积极性，将阿米巴模式做到极致，从而真正提升企业的运营和创新效率。

（注：本案例所用材料来源于韩都衣舍相关公开资料，部分内容借鉴《韩

都衣舍的"小组制"》，刊于《现代营销（经营版）》2016年03期。）

4.1.5　案例五：华为公司的利润分享机制

华为公司创始人任正非曾告诫员工："在公司改变命运的途径有两个，一是奋斗，二是贡献。"而在号召员工奋斗、贡献的同时，任正非还有一句名言："在华为二十年所做的最重要的事，就是分钱；把钱分好了，组织就活了。"

员工奋斗与组织分钱，其实就是合伙人裂变模式的基本内涵。而基于这一理念，华为也建立了独特的利润分享机制——股权激励计划。

相比于传统的股权激励计划，华为的股权激励计划实质上是将真实股权转化为虚拟股权，是一种分享制的激励形式。

这样的股权激励计划，源自1998年华为高层的一次赴美考察。那次考察的最初目的是学习期权激励和员工持股制度。但在考察过程中，一种名为"虚拟股"的激励制度进入了华为公司高层的视野。华为公司当即决定延聘人力资源公司为其设计这种虚拟受限股体系。

2001年7月，华为公司股东大会通过了股票期权计划，退出《华为技术有限公司虚拟股票期权计划暂行管理办法》，并得到了深圳市体改办的批复同意。该计划的重点内容主要包括：

1. 华为公司员工持有的原股票被逐步消化吸收，转化为虚拟股；

2. 华为的虚拟股体系没有公开市场的价格体系参照，采取的是每股净资产的价格，但具体计算方式则不公开；

3. 持有员工的权利仅限于分红和股价增值收益，不涉及产权，因此，掌握实际权力的仍是华为控股股东会。

通过上述3点重点内容可以看出，华为虚拟股融资的制度，其实比上市公司的期权激励制度更具效果。与此同时，任正非虽然持股比例极低，却仍然是华为的实际控制人。

在华为公司，任正非占股仅 1.4%，华为控股股东会凭借 98.6% 的占股比例掌握了控制权。但在实践中，华为股东会议历次只有两个人参加，即任正非和孙亚芳。虽然不掌握公司的经营权，但华为员工却能充分享受虚拟股权带来的分红权和增值权。

然而，长期激励也是一把锋利无比的"双刃剑"，华为绝不会长期沿用一种模式，其原因在于：

1. 全球化的华为，必须解决外籍员工的长期激励问题。现行的"虚拟受限股"，具有浓郁的中国特色，不能得到所有国家或地区一致的法律认可，导致华为在激励模式上无法与国际接轨，不仅对一大批外籍员工的激励效果欠佳，也会对华为人才全球范围的有序流动带来障碍。

2. 随着时间的推移，年长的员工躺在股票收益上混日子的问题也到了非解决不可的地步。由此导致的内部分配的严重不公，背离了华为"以长期奋斗者为本"的核心价值观。

因此，华为于 2015 年又推出 TUP 计划 (Time Unit Plan)——时间单位计划，即现金奖励型的递延分配计划。它属于中长期激励模式的一种，除了在分配额度上参照分红和股本增值确定之外，其他方面与涉及所有权性质的股票没有任何关系，更接近于分期付款：先给你一个获取收益的权利，但收益需要在未来某年中逐步兑现。

华为采取的基本模式如下：假如 2014 年给你配了 5000 股，当期股票价值为 5.42 元，规定当年（第 1 年）没有分红权。

2015 年（第 2 年），可以获取 $5000 \times 1 \div 3$ 的分红权。

2016 年（第 3 年），可以获取 $5000 \times 2 \div 3$ 的分红权。

2017 年（第 4 年），可以全额获取 5000 股的分红权。

2018 年（第 5 年），在全额获取分红权的同时，还进行股票值结算，如果当年股价升值到 6.42 元，则第五年你能获取的回报是：2018 年分红 $+5000 \times$

（6.42−5.42）。同时对这 5000 股进行权益清零。

可以看出，华为采取的是 5 年期的 TUP，前 4 年递增分红权收益，最后 1 年除了获得全额分红收益之外，还可能获得 5 年中股本增值的收益。

TUP 虽然有诸多的好处，但其弊端也非常明显，最大的问题就是其与企业长期发展的捆绑力度不足，属于偏中期、普遍性的激励模式，不是针对少数核心层——事业合伙人的最佳激励方案。

因此，TUP 不可能成为华为唯一的长期激励模式，它与现行虚拟受限股的结合，可以阶段性地体现长期激励模式的组合拳效应，扬长避短。

综合来看，华为公司的利润分享机制并不适用于所有企业，企业要想借助这套机制加强企业管理，应当具备：较高的组织信任度、稳定的利润预期，且公司有留人的诉求。一般而言，成熟期、传统产业及贸易型公司更适合借鉴这套机制。

4.1.6 案例六：碧桂园，炒房太低端了

万科在中国地产行业占据多年的榜首地位，但根据中国指数研究院发布的数据，该地位却在 2017 年年末被碧桂园以 5500.1 亿元的销售业绩超越。

在中国地产行业，碧桂园是当之无愧的"黑马"，也是冲得最快的一匹。在短短的 7 年间，碧桂园的业绩规模就从 2010 年的 329 亿元，猛增至 2017 年的 5500.1 亿元。值得一提的是，在 2016 年至 2017 年间，碧桂园的员工总数更是从 10 万人增长至 15 万人以上。

之所以能够实现这样的成绩，正是源自其合伙人裂变模式。

"我们都不炒房，炒房太低端了。"说出这句话的，正是碧桂园的员工。在碧桂园，相比资金大量积压、投资期限超长的房产投资，内部跟投才是更值得投资的项目。

在 2012 年和 2014 年，碧桂园分别推出了"成就共享"和"同心共享"计

划,后者作为前者的升级版,其激励效用也大幅升级。因此,相比而言,碧桂园才是地产行业最早推出合伙制的企业。

从2014年11月开始,碧桂园开始推行"同心共享"合伙人制度。集团和区域管理团队对每个新项目进行不超过15%权益的跟投。

具体来说,一方面,集团高管设立投资公司;另一方面,每个区域设立各自的投资公司。

集团投资公司对所有的项目都要跟投,跟投比例从1%到5%不等。区域投资公司必须投自己区域的所有项目,每个项目最高跟投比例不超过10%。对于大体量的项目,设最低投资额。

这意味着,高管和员工都成为股东,每个新项目就是一个独立的股份所有制公司。

在跟投项目运作的过程中,项目可以实现资金滚动。举例来说,公司试点合伙人机制的东莞清溪项目,启动7~8个月后就实现了资金的回流。得益于临深地区的火热市场,该项目获得了超过20%的净利润。

"其实集团公司期待的并不是2.42亿元资金,而是2.42亿元资金背后的个人责任和公司利益完整挂钩。"吴建斌说。

吴建斌表示,公司每个项目的成本,买地占50%,设计占30%,营销占20%。因为同股、同权、同责、同利的合伙人机制,所有环节的负责人都将自己的利益与项目挂钩。

"合伙人制是真正的市场经济。每个人对自己的财产负责,增值保值是根本。"吴建斌说。

数据显示,从2014年10月起至2015年12月31日止,已有168个项目引入了合伙人机制,73个项目开盘销售,净利润水平达到了12%,累计销售金额338亿元,开盘时间是4.3个月,年化自有资金收益率56%,现金流周期8.2个月,与之前相比，每项指标都有显著的改善和提升。

而在心理层面，管理团队的稳定性和信心也得到了加强。

吴建斌表示，去年下半年以来，碧桂园在买地方面的大手笔也与同心共享机制带来的决心有关。碧桂园去年拿地总代价为560亿元人民币，比当年年初预计的200亿元多出了一倍多。而根据计划，碧桂园今年上半年还要拿出500亿元买地。

除了房地产公司，碧桂园旗下的绿化、设计、物业管理公司、酒店管理公司正在逐步推行同心共享机制。包括海外的"森林城市"项目，也已经在研究同心共享机制的设计[1]。

与万科跟投制不同的是，碧桂园对于每个合伙人机制项目都设定了投资限额：

1. 集团持股≥85%；
2. 总部员工持股≤5%；
3. 地方员工持股≤10%。

之所以设定这样的限额，正是为了让员工与碧桂园能够共同投资、共享利益、共担风险。但与此同时，员工承担的资金压力和风险被限定在一定范围内，在给予员工收益的同时，避免员工承担过大的风险。

（注：本案例所用材料来源于碧桂园相关公开资料，部分内容借鉴于21世纪经济报道：《揭秘碧桂园合伙人制：运行逾一年现金流周期8.2个月》，张晓玲、杨悦祺。）

4.1.7 案例七：宗毅的芬尼克兹公司——裂变式创业

2015年，全球三大商业财经媒体之一 *Fast Company* 公布了"2014年中国商业最具创意人物100"。在这份榜单中，除却雷军、马云等耳熟能详的名

---

[1] 内容节选自21世纪经济报道，《揭秘碧桂园合伙人制：运行逾一年现金流周期8.2个月》，张晓玲、杨悦祺，2016.4.4，有删改。

字之外,还有一位企业家引起了公众的关注——宗毅。

宗毅的芬尼克兹公司从创立至今,实现了净资产增长260倍、年均增长率44.8%的出色成绩。而这样的成绩背后,则是芬尼克兹首创的裂变式创业模式。如图4.1-6所示,为2004年到2009年,宗毅的裂变式创业历程。

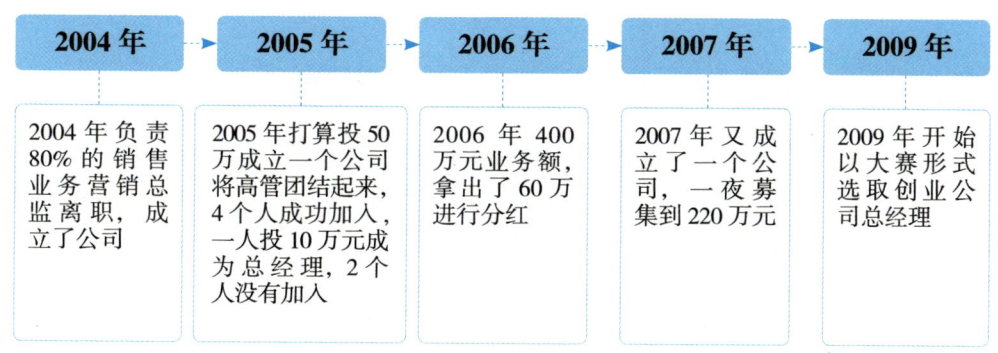

图4.1-6 2004年到2009年宗毅的裂变式创业历程

自2014年起,宗毅开始在企业内部组织创业大赛,用人民币投票的方式选择总经理,而每位员工也都可以自愿投资成为公司股东。

为何宗毅会创造出裂变式创业这样一种新型模式呢?

2002年,宗毅与张利合伙创办芬尼克兹公司,由于掌握了空气热能泵的核心科技,芬尼克兹的销售额呈现出翻倍式的增长。但好景不长,2004年,手握公司80%业务资源的张利选择辞职创业。

即使宗毅当时几经挽留,给予其各种优厚条件乃至股份,张利仍然选择了离开,并创立了一家与芬尼克兹相差无几的公司。当时,宗毅感到很紧张、很恐惧:"他知道你所有的秘密,你的成本、你的售价、你的客户,甚至你做过的坏事,因为当时都是我们一起去做的。"

痛定思痛的宗毅开始思考:如何创造一个系统,让创业人才留下来,并让员工与自己一起创业?

正是在这样的思考中,宗毅开始探索"用人民币投票选总经理"的模式。

例如芬尼克兹计划推出新一年的泳池项目，该项目在 2013 年实现营业额 1 亿元，创造利润 1000 万元；但在 2014 年，由于人工成本、材料成本的增长，想要继续实现 1000 万元的利润，则可能需要营业额达到 1.1 亿元。

总结而言，芬尼克兹裂变式创业成功的原因无非两个大的方面：一是进行资源支持，二是构建共同的利益关系，如图 4.1-7 所示。

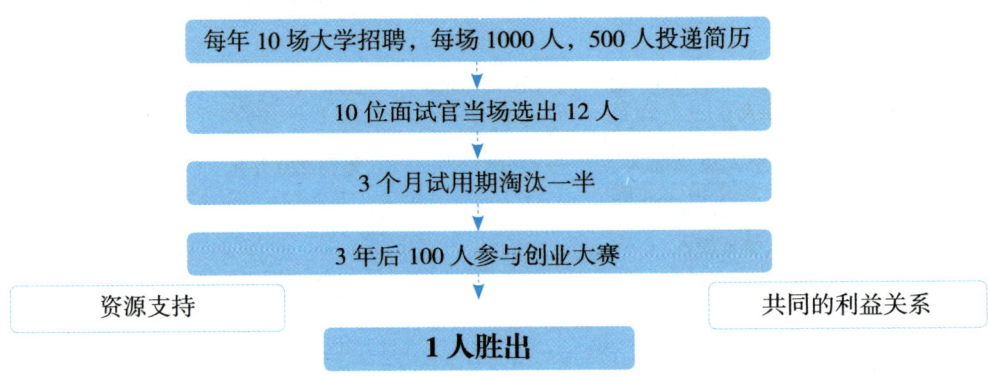

图 4.1-7　芬尼克兹裂变式创业成功的原因

综合以上 7 种裂变式创业模式，我们不难看出，裂变式创业的好处显而易见。如图 4.1-8 所示，为裂变式创业的 6 大好处。

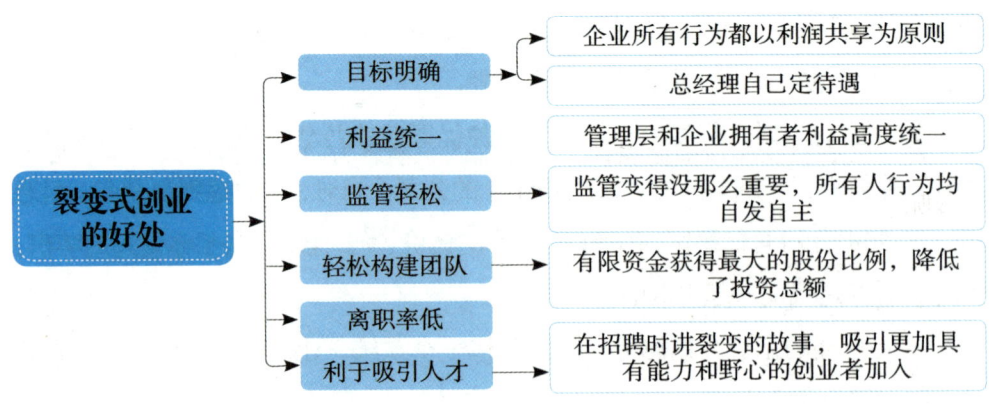

图 4.1-8　裂变式创业的 6 大好处

（注：本案例所用材料来源于宗毅及芬尼克兹公司相关公开资料，部分内容借鉴《详解芬尼克兹"裂变式创业"——转型的另一条出路》，刘润，商业评论杂志。）

4.2 企业全生命周期不同阶段如何做合伙人裂变模式设计

4.2.1 创业阶段：如何设计创业股东合伙人合伙规则与股权架构

万众创新，大众创业！当今时代创业盛行，但创业却是需要如资金、人才、技术、团队、上下游等资源积累的。该如何解决这些问题，并投身到创业大潮中去呢？如果选择等自己完成资源积累再独自创业，那么未免要等待太久、要错过太多。

在商业氛围更为热烈的当下，不如选择找人合伙创业。将每位股东合伙人各自不同的创业生产要素整合到一起，快速启动创业计划、把握创业机遇。

然而，相比于独自创业，合伙创业同样存在诸多问题。由于各自资源、能力、背景经验等不同，合伙人之间总是会产生分歧的。而如何解决这些分歧走向合伙？合伙之后股权又该如何设计，才能确保平衡各方价值贡献，以及企业长远发展呢？

聚焦于创业语境，上述问题正是合伙人裂变模式所要解决的关键问题。

答案是：按关键成功因素价值贡献做不同创业要素的合伙规则与股权架构设计！

2014年年初，张三作为发起人，与李四、王五合伙组建了亚马逊创业公司 A，公司的类目定位为家居类。3 个人之所以能够走到一起，则是因为各自不同的资源：

（1）张三具备管理经验及资金资源，曾任职跨电企业高管，做新公司操盘手总经理，并投资 30 万元；

（2）李四具备运营经验，且带来了 2 位资深员工，组成了一支成熟的全职运营团队，熟练亚马逊的操作运营；但由于 3 个人均很年轻，资金积累少，共投资 10 万元；

（3）王五具备资金资源，是张三的好友，基于对张三的了解与信任，同意出资 60 万元，且不参与公司经营管理。

1. 股权分配问题。

合伙创业的首要问题就在于股权分配问题：谁占股更多？这也直接影响到企业的权力和分红分配。

那么，在上述合伙创业案例中，王五出钱、张三出钱又出力并操盘、李四出小钱也出力，且考虑到亚马逊创业的特殊性，企业应该如何分配股权呢？

如果简单地按照资金资源计算股份，则王五占比最高。具体的按资入股股权分配如表 4.2-1 所示。

表 4.2-1 按资入股股权分配

股东	定位	参与方式	投资额	按资入股占股比例
张三	操盘手	出钱＋出力	30 万元	30%
李四	运营团队	出钱＋出力	10 万元	10%
王五	出资方	出钱不出力	60 万元	60%
合计			100 万元	100%

然而，基于跨境电商企业前期靠资金，运作顺畅之后主要靠运营人才价值贡献的特质，单纯地按资入股则忽略了李四及其运营团队的贡献，必然会引起李四的不满。与此同时，不参与经营且不具备经验的王五占据控制权，也可能

影响公司后续发展。

因此，按照**"关键成功因素价值贡献做不同创业要素的合伙规则与股权架构设计"**的原则与方法，上述企业考虑亚马逊前期靠资金，逐步靠经营团队的特殊性；设计创始股权规则，按资金股占比40%，人力股占比60%，人力股分3年解锁来做股权架构设计。如表4.2-2所示，为按价值贡献入股股权分配表，其中张三和李四根据出力的不同，分别占人力股36%和24%，而王五不出力，人力股为0，合计人力股为60%。

表4.2-2 按价值贡献入股股权分配

股东	定位	参与方式	投资额	投资占股比例	资金股40%	人力股60%	3年后占股
张三	操盘手	出钱+出力	30万元	30%	30%×40%=12%	36%	12%+36%=48%
李四	运营团队	出钱+出力	10万元	10%	10%×40%=4%	24%	4%+24%=28%
王五	出资方	出钱不出力	60万元	60%	60%×40%=24%	0	24%
合计			100万元	100%	40%	60%	100%

基于表4.2-2的股权分配方案，经过3年的运营后，A公司的持股情况会变成如下：操盘手张三持股48%，运营团队持股占28%，而投资股东王五则持股减到24%。如此一来，项目快速发展的关键价值是运营团队。这样既能平衡创始发起人、运营团队，又能平衡投资股东的利益。

当然，创业中资金、人才、资源、技术等不同创业要素在不同阶段，其本质是价值贡献不一样，动态变化的。如上述咨询实践中发现，若按最后的股权架构，则前期投资最大的王五承担的早期风险是最大的，如何做王五及整体合伙人的价值平衡呢？上述案例中主要解决"入伙规则"问题，我们下面从"分钱规则"来做平衡。

2. 分红分配问题。

在前3年合作中，对A公司价值贡献最大的资源要素从资金逐步演变为运营和管理，单纯以资金入股的王五的股权逐步降至最低。但与此同时，在前3年的合作中，几位股东又该如何分红呢？

按照这种股权合作架构设计方式，在导入人力股与资金股后，A公司前3年的分红权分配情况应当如表4.2-3所示。

表4.2-3 A公司前3年的分红权分配情况

	解锁时间	王五	张三	李四	合计
	资金股持股比例	24%	12%	4%	40%
分红权	第1年年末	64%	12%+12%=24%	4%+8%=12%	100%
	第2年年末	44%	12%+24%=36%	4%+16%=20%	100%
	第3年年末	24%	12%+36%=48%	4%+24%=28%	100%

如表4.2-3所示：

1. 第1年年末分红中，张三、李四、王五分红比例分别为24%、12%和64%，即第1年主要体现资金价值；

2. 第2年年末分红中，张三、李四、王五分红比例分别为36%、20%和44%，即第2年逐渐从资金价值转移到人力价值；

3. 第3年年末分红中，张三、李四、王五分红比例分别为48%、28%和24%，即第3年及3年以后体现的主要是人力运营价值。

以上案例巧妙地将资本时代投多少钱、占多少股，转换到人力资本时代，以前100%股权都是按资金来占股的，即使合伙人是非常厉害的人才，但只要没有出钱入伙，就无法占有股份，只能领工资。这里把100%资金占股，转变为"资金股+人力股=100%股权"，就可以让不同的价值要素都参与到股权当中。本方案方法适用所有行业，可能有资源、有计划还会分出不同的价值要素框，整体100%股份。这也是合伙人模式与股权设计模式本质的区别点。股权设计，让员工投钱是件难事，但高级人才不投钱、不占股的后果就是容易流失，刚好这种合伙人模式方案可以解决这些问题。

3. 资源价值问题。

需要指明的是，上述案例只体现了人力和资金两种常见的入股方式，其计算方式也较为简单。但在设计操作中，资源入股还包含技术、产品、行业资源等各种情况，面对这样更加复杂的情况，A公司又该如何做合伙股权架构呢？

为了进一步说明，我们可以在原有3方合伙人之外，再引入一位新股东——赵六。

赵六是B家具厂的领导，具备出色的家具生产经验和能力，他的加入可以有效解决A公司家具私模与产品问题，同时A公司在向B家具厂订货时，也可以拿到更加优惠的账期，从而释放资金流的压力。

赵六的入伙对A公司十分有利，但赵六也只提供家具厂的生产和技术资源，而不投入资金。此时，A公司的股权架构应当如何调整呢？

正确答案是：**按关键成功因素价值贡献做不同创业要素合伙规则与股权架构设计！**

具体而言，A公司首先要定位B家具厂的价值：（1）只提供账期优惠；（2）独家供应商，且提供账期优惠；（3）战略合作关系，除前两点外，还作为A公司研发中心、负责产品研发。在不同的定位下，赵六对于A公司的贡献价值自然也不同。对此，我们可以假定其价值贡献分别为5%、8%、10%。

以第3种定位为例，假定资金占股36%，人力运营占股54%，产品占股10%；则引入产品资源3年后的股权架构如表4.2-4所示。

表 4.2-4　引入产品资源 3 年后的股权架构

股东	定位	参与方式	投资额	按资入股占股比例
张三	操盘手	出钱+出力	30 万元	43.2%
李四	运营团队	出钱+出力	10 万元	25.2%
王五	出资方	出钱不出力	60 万元	21.6%
赵六	研发+产品	出产品+出力	产品	10%
合计			100 万元	100%

通过对上述案例的分析，我们就能够明确如何按照价值贡献做合伙规则与股权架构设计了。而在掌握这个方法之后，创业者就能有效整合人力、资金及其他资源，做"背靠背"的合伙人，确保企业的长远发展。

4. 合伙价值测算。

对于合伙企业而言，合伙人的价值绝不限于其出资的资源，如人力、资金等。对于合伙人的考量应该是全方位的，也只有如此，企业才能规避管理风险，将所有合伙人整合到一起，真正推动企业的发展。

那么，该如何判断合伙人价值呢？对此，我们可以采用合伙人价值测算表，分别如表 4.2-5 和表 4.2-6 所示，为不同维度的价值测算。

表 4.2-5　合伙人价值测算（1）

价值要素	权重	创始人 A	创始人 B	创始人 C	创始人 D
创业想法	8	7	3	2	0
商业计划书	5	4	1	3	0
专业性	5	3	2	2	3
上下游资源	5	4	5	3	2
责任风险	6	1	2	2	0

表 4.2-6　合伙人价值测算（2）

价值要素	创始人 A	创始人 B	创始人 C	创始人 D	合计
创业想法	56	24	16	0	——
商业计划书	20	5	15	0	——
专业性	15	10	10	15	——
上下游资源	20	25	15	10	——
责任风险	6	12	12	0	——
分数合计	117	76	68	25	286
股权比例	40.9%	26.6%	23.8%	8.7%	100%

创业绝不是单打独斗，一群有志向，价值观相似而能力互补的精英人才合伙起来，成功的胜算更大。而如何让创业更长久，合伙人之间基于价值贡献而分享创业成果，走持续发展之路，则在合伙前就得根据各自投入创业资源因素、价值因素以及事业计划的关键成功因素做价值贡献的合伙规则与股权架构设计则是创业成功的保障，也是合伙能长久走下去必须要做的。

遥想当年，马云西湖自己家里，邀请 18 "罗汉"一起创业，也得依赖蔡崇庆做了规范化的合伙股权架构，才成就了后来全球化的阿里巴巴。

遥想当年，马化腾邀请同学朋友组建腾讯"五虎"，而其自己甘愿出绝大部分资金而占股后拿出自己股份中的 10% 做期权池——开放的股权心态成就了今天世界无敌的腾讯。

小米雷军，年少英雄，成就金山上市，退而做投资人也打下一片天地。做小米时自己亲自全球筛选合伙人，小米 8 大合伙人与小米初期 100 名员工，既是投资人，又是股东合伙人；再做生态链布局 iot，颠覆制造业。成就小米快速扩张变强大的根基是小米的合伙人制度。

所以想创业的伙伴们，想做转型二次创业的企业家们，除了创业精神之外，先得做好你的创业合伙人合伙规则与股权架构设计！

4.2.2 发展阶段：如何设计核心员工事业合伙人合伙规则

合伙人裂变模式的关键方法，就在于脱离传统的雇佣制思维，把员工发展成企业的合作伙伴，而非单纯的打工者。在与员工的项目合作中，将优秀员工打造为事业合伙人。

正如，万科、永辉超市等企业，正是通过事业合伙人的方式，将员工牢牢绑在自己企业的战船上。**企业想要借鉴这种事业合伙人裂变模式，必须解决以下 4 个关键问题：**

（1）先合伙哪些岗位、哪些人？

（2）如何对这些岗位或人做公开、公平、公正的量化差异化？

（3）领导舍不得拿出股权。

（4）员工不敢投入资金。

正是因为以上这些问题，很多企业虽然推出了事业合伙人机制，但却迟迟无法落地：领导不敢推、不会推；员工则不敢投。

那么，该如何设计核心员工事业合伙人的合伙规则呢？我们仍以案例来进行说明。

2014 年年底，经过 1 年的发展，A 公司从最初的 4 位创始人发展至员工 12 人。这一年，A 公司实现销售额 1200 万元，创造利润 150 万元。为了激励运营体系员工，A 公司决定推出合伙人机制，吸纳员工成为合伙人。

具体该怎么做呢？

1. 明确员工分工。

A 公司 12 位员工分工如表 4.2-7 所示。

表 4.2-7　A 公司 12 位员工分工

部门	职务	姓名	人数
运营中心	运营主管	×××	1
	运营专员	×××，×××	2
产品中心	产品开发专员	×××	1
	采购和 QC	×××，×××，×××	3
管理中心	会计与出纳	×××，×××	2
	人事与行政	×××，×××	2
	仓库	×××	1

2. 岗位价值评估。

企业想要对岗位价值进行合理评估，首先就要制定相应的评估标准。对此，A 公司主要从岗位价值、素质能力、历史贡献 3 个维度进行评估。具体如表 4.2-8 所示，为岗位价值评估标准，其中因素定义栏中的数字为评分数值，打分时间直接勾选。

表 4.2-8　岗位价值评估标准

类别	因素编号	因素	因素定义	等级说明	权重
工作责任（35分）	1.1	战略的影响（9分）	指在正常工作状态下，其工作效果会对公司经营状况产生的影响。以其工作成果对公司带来的利润或由于其疏忽给公司带来的损失大小为判断基准	工作内容和成果不会对公司经营运作产生影响	0
				工作内容和成果会对公司经营运作产生微小影响	2
				工作内容和成果会对公司经营运作产生较大影响	5
				工作内容和成果会对公司经营运作产生重大影响	7
				工作内容和成果会对公司经营运作产生本质影响	9

续表

类别	因素编号	因素	因素定义	等级说明	权重
工作责任（35分）	1.2	决策的层次（5分）	指在正常的工作中需要参与决策，其责任的大小根据所参与决策的层次高低作为判断基准	工作中常做一些小的决定，一般不影响他人	0
				工作中需要做一些大的决定，只影响与自己有工作关系的部分一般员工	1
				工作中需要做一些对所属人员有影响的决策	2
				工作中需要做一些大的决策，但必须与其他部门或其他负责人共同协商方可	3
				工作中需要经常参加最高层次决策	5
	1.3	领导管理的责任（8分）	指在正常权力范围内所拥有的正式领导管理职责，其责任的大小根据所领导管理人员的层次进行判断	不领导管理任何人，只对自己负责	0
				领导管理一般人员	2
				领导管理岗位中有主管人员	4
				领导管理岗位中有部门第一负责人	6
				领导管理岗位中有高层管理人员	8
	1.4	内部协调的责任（7分）	指在正常工作中，与内部部门协调共同开展业务活动所需要承担的责任，其协调责任的大小以协调结果对公司的影响程度作为判断基准	偶尔与本部门的一般员工协调	1
				与本部门员工进行工作协调，偶尔与其他部门进行一些个人协调，协调不力对公司很少有影响	2
				与本部门和其他部门员工有密切的工作联系，协调不力对公司有一些影响	3
				几乎与公司大部分员工有密切工作联系，或与部分部门负责人有工作协调的必要，协调不力对公司有较大的影响	5
				与各部门的负责人有密切的工作联系，在工作中需要保持随时联系和沟通，协调不力对公司有重大影响	7

续表

类别	因素编号	因素	因素定义	等级说明	权重
工作责任（35分）	1.5	外部协调的责任（6分）	指在正常工作中需要与外界维持密切工作关系，以便顺利开展工作所负有的责任，其责任大小以联系的频率和对方重要性对公司形象的影响程度作为判断标准	不需要与外界保持联系	0
				需要与外界保持偶尔联系，且外部人员仅限于一般工作人员	1
				需要与外界保持日常性、常规性联系，且外部人员仅限于几个固定部门的一般工作人员，所开展的工作属于常规性的	2
				需要与外界保持密切的联系。联系的原因限于具体的业务范围内	4
				需要与上级或其他主管部门的负责人保持密切联系，频繁沟通，联系的原因往往涉及重大问题或重要决策	6
知识技能要求（35分）	2.1	工作的复杂性（9分）	指在工作中履行职责的复杂程度，其判断基准根据所需的判断、分析、计划等水平而定	简单的、不需提示指导的工作	1
				只需简单的提示指导即可完成工作，不需计划和独立判断	3
				需进行专门训练才可胜任工作，但大部分时候仅需一种专业技术，偶尔需要进行独立判断或计划	5
				工作时需要运用多种专业技能，经常做独立判断和计划，要有相当高的解决问题的能力	7
				工作要求高度的判断力和计划性，要求积极地适应不断变化的环境和问题	9
	2.2	工作的创造性（8分）	指工作需要处理正常程序化之外事情的灵活性，判断基准取决于工作职责要求	工作中一般属于常规性的，偶尔需要灵活应变处理工作程序化之外的一些一般性问题	2
				工作中大部分属于常规性工作，经常需要在工作程序化之外灵活应变处理工作中所出现的问题	4
				工作中大部分属于非常规性的，主要靠自己在工作程序化之外按具体情况灵活应变进行妥善处理	6
				工作属于非常规性的，需要在复杂多变的环境中灵活应变处理工作程序化之外重大的偶然性问题	8

续表

类别	因素编号	因素	因素定义	等级说明	权重
知识技能要求（35分）	2.3	沟通能力（5分）	指工作交流中表达自身信息与获取对方信息的能力，主要从沟通的频繁程度与难度考虑	很少需要与其他人进行沟通，若有也只是简单的信息交流	0
				较少需要与其他人进行沟通，但需要有一定的沟通技巧	1
				较多需要与其他人进行沟通，且需要有一定的沟通技巧	2
				经常需要与其他人进行沟通，需要有较高的沟通技巧	3
				频繁与不同类型的人进行沟通，需要有很强的沟通技巧	5
	2.4	专业知识技能（8分）	指为顺利履行工作职责应具备的专业知识和技能	工作需要较浅的专业知识和较简单技能	2
				工作需要一般的专业知识和简单技能	4
				工作需要较深入专业知识和一般技能，该知识需较长时间学习积累才可掌握	6
				工作需要深入的专业知识和熟练的技能，该知识需很长时间学习积累才可掌握	8
	2.5	管理知识技能（5分）	指为顺利开展工作所需的计划、组织、领导和控制能力的大小	需要最基本的管理能力	1
				需要一般性的管理能力	2
				需要较强的管理能力	3
				需要很强的管理能力	5

续表

类别	因素编号	因素	因素定义	等级说明	权重
岗位性质（20分）	3.1	工作压力（4分）	指工作本身给任职人员带来的压力，根据决策的迅速性、工作常规性、任务多样性、工作变动性以及工作是否被经常打断来判断	工作中的压力极小，极少迅速做出决定，工作常规化，很少被打断或干扰	0
				工作中压力较小，很少迅速做出决定，工作速度无特定要求，工作有时被打断	1
				工作中的压力一般，工作中时常迅速做出决定，手头工作时常被打断，工作变动性较强	2
				工作中的压力较大，工作中经常迅速做出决定，任务多样化，手头工作经常被打断，工作流动性很强	3
				工作中的压力极大，工作中经常迅速做出决定，任务多样化，工作时间很紧张，工作变动性较强，很难坐下来安静地处理问题	4
	3.2	工作节奏（3分）	指工作的节奏、时限、工作量和工作所需对细节的重视所引起的工作紧迫感	工作的节奏、时限自己可以掌握	0
				大部分时间的工作节奏、时限自己掌握，有时比较紧张但时间持续不长	1
				工作的节奏、实现自己无法控制，工作明显紧张	2
				为完成每日工作需要很快的工作节奏，持续保持注意力的高度集中	3
岗位性质（20分）	3.3	脑力要求（3分）	指在工作时所需脑力辛苦程度的要求	工作时以一般的体力为主	0
				工作时从事一般强度脑力劳动	1
				工作时从事较高强度脑力劳动	2
				工作时从事高强度脑力劳动	3
	3.4	工作均衡性（3分）	指工作每天忙闲不均的程度	较少有忙闲不均的现象	0
				有时忙闲不均，但有规律性	1
				经常有忙闲不均的现象，且没有明显的规律	2
				工作经常忙闲不均，无明显规律，而且忙的时间持续很长，打破正常作息时间	3

续表

类别	因素编号	因素	因素定义	等级说明	权重
岗位性质（20分）	3.5	工作经验（7分）	指工作在达到基本要求后，还必须运用某种必须随经验不断积累才能掌握的技巧。判断基准是：掌握这种必需的技巧所花费的实际工作时间	3个月以内	0
				3个月到半年	1
				半年到1年	3
				1年到2年	5
				2年以上	7
工作环境（10分）	4.1	工作时间特征（6分）	指工作要求的特定起止时间	按正常时间上下班	0
				基本按正常时间上下班，偶尔加班	2
				经常加班，但有事实上的规律，自己可以控制安排	4
				经常加班，并无规律可循，自己无法安排控制	6
工作环境（10分）	4.2	工作环境特征（4分）	指工作环境的舒适程度，主要指工作中是否需要经常去仓库或经常出差	不用去仓库或出差	0
				偶尔去仓库或出差	1
				经常去仓库或出差，以巡视检查为主	2
				以仓库为主要办公地点或频繁外出	4
合计					100分

基于这样一份岗位价值评估标准，才能解决好如何公开、公平、公正地把岗位与人做量化差异化。很多公司做股权，财务总监、行政总监、营销总监等**同级别或不同级别的岗位没有量化差异化的工具，使内部几大总监相互对比感觉不公平，导致在做股权激励过程中高管频频离开**。按照这个价值测算，A公司通过一系列评估得以算出每个岗位的价值分数，如表4.2-9所示，为岗位价值评估结果。

表 4.2-9　岗位价值评估结果

部门	职务	姓名	岗位价值	人数	岗位分数小计
运营中心	运营主管	×××	72	1	72
	运营专员	×××，×××	46	2	92
产品中心	产品开发专员	×××	58	1	58
	采购和QC	×××，×××，×××	42、40、42	2+1	124
小计				7	346
管理中心	会计与出纳	×××，×××	40、34	1+1	74
	人事与行政	×××，×××	50、30	1+1	80
	仓库	×××	33	1	33
合计				12	533

3. 事业合伙人股份分配。

计算出每个岗位的价值之后，企业即可就此进行事业合伙人的合伙份额或股权分配了。

假定企业合伙股份共有 100 份，而企业为第一批平台事业合伙人预留了 25 份股份，则各岗位可共同分配 75 份股份。

如只有运营中心、产品中心参与事业合伙人计划，则运营主管可得股份为 72÷346×75=15.6 份，计 16 份；运营专员可得 46÷346×75=10 份；产品开发可得 58÷346×75=13 份；采购可得 42÷346×75=9 份；QC 可得 8 份。

切记，这个份额是最高上限份额，是企业基于岗位的价值，而员工身在岗位上有资格购买的上限数据化标准。例如，员工有钱就可以购买，没有钱或不出钱就没股份。很多富二代刚进公司因为有钱购买在员工持股中就占大股，很多老员工因为家庭问题没钱就被边缘化，逐渐感觉不公平而含愤离开公司。所以在做量化差异化与方案的过程中要选择专业咨询顾问公司或专业人员进行设计。

4. 事业合伙人参股。

企业在采用事业合伙人机制时,当然不会简单地赠送给员工股份,而是需要员工具有一定价值或投入一定资源,如绩效达标100%、工作年限满3年等。为简化说明,我们采用合伙金式合伙的案例进行说明。

延续上述案例,为了激励运营体系员工,做合伙人吸纳,公司按内部投后500万元估值,释放10%股份,分成100份,则每份合伙金为5000元。

此时,按照岗位价值评估及综合考量,第一批合伙人**最高上限可认购股份或合伙金份额分配**及应缴合伙金如表4.2-10所示。

表 4.2-10 最高上限可认购股份或合伙金份额分配及应缴合伙金

部门	职务	姓名	人数	单人对应的份数	份数	应缴合伙金
运营中心	运营主管	×××	1	16	16	80000元
	运营专员	×××、×××	2	10	20	100000元
产品中心	产品开发专员	×××	1	13	13	65000元
	采购和QC	×××、×××、×××	3	9/8	26	130000元
本轮7个人2个部门合计			7		75	375000元
预留					25	125000元

需要注意的是,为了保护企业经营稳定,企业在吸纳事业合伙人时,应当采用"先合伙、再合股"的方式,也即先给予分红权,待达成一定条件之后,再给予员工实股。

要解决领导舍不得股权的问题,目前第一阶段式合伙金形式,只享有分红权,领导股权不用改变。那么如果员工不投钱怎么解决呢?员工不敢投钱是基于对公司、对项目、对领导前景的不看好。本次我们做合伙金形式不是投资股权,是基于你的岗位价值贡献,有资格认购最多多少份额的合伙份额,只要员工购买,则可享受等同于股权分红的收益好处,无表决权。但不购买就没有这个额外的收益好处,购买时钱打在公司指定的合伙金账户,后续不想再参与或跳槽,合伙金可退，而不是购买股份。其本质是先"同居"合伙享受好处，再"领证"转化为股权，这样就可解决员工不敢投钱的问题。

5. 事业合伙人合伙规则。

（1）先业务体系或技术体系，再管理体系，分批次合伙；

（2）用人才评估模型或岗位价值评估模型来做数量的量化差异化确定；

（3）先合伙，再合股；第一年合伙金灵活，后续业绩达标可转实股；

（4）合伙金一年后可退，按银行利息2倍结算；

（5）合伙10规则一个都不能少。

4.2.3　项目裂变：如何设计项目裂变合伙人合伙规则

事业合伙人的一个特殊形式，就是项目跟投模式。当公司层面讨论决定引入新类目、新项目或新品牌时，可以邀请员工参与项目跟投，以实现风险共担、利益共享的目标。

（1）**参与与出资规则**：钱大部分由公司出，但小组整体至少出资10%，管理层经理以上至少跟投5%,剩余部分全体员工自愿跟投。

（2）**分钱规则**：为员工投资者优先分红10%，提取20%作为发展储备金，剩余部分再按投资比例进行分红；项目独立核算。

例如，2015年7月，公司层面决定做3C类产品，经股东与各部门负责人研讨都比较看好，初始投资经测算为80万元。

4个小组均参与跟投，每个小组投资3万元，组长投资1.5万元，每组组员投资1.5万元；资源中心共投资8万元；剩余部分公司出资60万元。

则股权结构如下：公司60万元，占股60÷80×100%=75%；小组12万元，占股12÷80×100%=15%；资源中心投8万元，占股8÷80×100%=10%。

一年之后，该项目实现销售额为1000万元，利润150万元。则分红情况如下。

（1）投资员工优先分10%=15万元；

（2）提取 20%=30 万元为储备发展资金；

（3）剩余 150×70%=105 万元；按投资股分红如下：

①公司分红 =75%×105=78.75（万元）；

②小组分红 =15%×105=15.75（万元）；

③资源分红 =10%×105=10.5（万元）。

如此一来，小组中组长与组员各分 15.75÷2=7.785（万元）；4 个小组长按各自业绩利润贡献占比分摊 7.785 万元。与此同时，第一名利润贡献小组，公司再拿出 5 万元做销售冠军组奖励，分配为组长与组员各一半。

这种项目跟投合伙的要点在于公司把控，各销售小组均出资入股会更尽心推广，而公司后勤高管跟投持股，引导后勤解决人才、资金、供应等后端事务，因跟投参股而整体利益相关会更尽力。

跟投项目普遍适用于销售类公司、电商类公司、新零售类公司、项目制等绝大多数行业与企业。

4.2.4 小组竞争与平台结合合伙激励：如何设计小组竞争与平台结合合伙激励的合伙规则

当上述项目跟投形成后，公司快速发展，形成了各平台小组，而小组发展多了，如何设计既能让小组之间形成竞争，而又各自充满灵活性并与公司整体目标相关的激励方案呢？此时，企业同样可以进一步丰富事业合伙人机制，融入小组竞争激励方案。

（1）激励对象：公司全体（组织模式：中心制+小组制：经理／主管／组长／组员），具体包括：运营中心、产品中心、客服、美工、供应链、管理中心等岗位。

（2）分红前提条件：公司整体销售达成率≥100%，利润达成率≥100%。具体到每个部门还有分红细分条件，如表 4.2-11 所示。

表4.2-11 每个部门分红细分条件

类别	分红条件
运营中心	小组销售达成率≥100%，利润达成率≥100%
产品中心	小组销售达成率≥100%，利润达成率≥100%
客服、美工、供应链	小组销售达成率≥95%，利润达成率≥95%
管理中心	小组销售达成率≥95%，利润达成率≥95%

此时，在制定分钱规则时，企业同样可以采取合伙人奖金包的模式，按照部门、岗位、职级等要素，设计不同的分配比例，如表4.2-12所示。

表4.2-12 制定分钱规则

职级	各职级奖金包分配
运营中心	经理及奖金包÷经理级总份数×对应分配系数 组长及奖金包÷组长级总份数×对应分配系数
产品中心	经理及奖金包÷经理级总份数×对应分配系数 组长及奖金包÷组长级总份数×对应分配系数
合伙人奖金包： 平台给出奖金包＝平台超额利润×30% 平台超额利润＝目标值－实际值	

但需要注意的是，在基本分配比例上，企业还可以按照小组竞争成绩，在分配系数上给予加成。

一般而言，企业可以按小组毛利额达成率的排名情况，确定各小组竞争分配系数，如表4.2-13所示。

表4.2-13 各小组竞争分配系数

小组毛利达成率排名	分配系数
第1名	1.5
第2名	1.3

续表

小组毛利达成率排名	分配系数
第3名	1.2
第4名	1.1
资源中心	1.0

借助小组竞争机制，A公司平台与小组整体利益达标相关，且员工级、小组级、公司级目标利益关联，统一思想、统一目标，战斗力倍增，2016年第一季度销售达成率110%，利润达成率106%，超额利润80万元；8个小组中有4个小组超额完成目标，各小组执行情况如表4.2-14所示。

表4.2-14　A公司各小组执行情况

小组	运营经理/主管	产品经理主管	组长	组员	销售达成率	毛利达成率	毛利排行榜	分配系数
平台	2/4	1/2	达标2个产品开发组长	每组1个产品开发				
小组1			1	4+1	102%	106%	1	1.5
小组2			1	6+1	108%	103%	3	1.2
小组3			1	5+1	110%	104%	2	1.3
小组4			1	8+1	101%	102%	4	1.1
小组5			1	6+1	85%	80%		

而A公司各职级奖金包分配情况如表4.2-15所示。其中，在各职级奖金包中，平台奖金包=80×30%=24（万元）。

表4.2-15　A公司各职级奖金包分配情况

职级	各职级奖金包分配	奖金包（元）
运营中心	平台奖金包×60%	240000×60%=144000
经理	平台奖金包×60%×20%	240000×60%×20%=28800

续表

职级	各职级奖金包分配	奖金包（元）
主管	平台奖金包×60%×20%	240000×60%×20%=28800
组长	平台奖金包×60%×15%	240000×60%×15%=21600
组员	平台奖金包×60%×45%	240000×60%×45%=64800
产品中心	平台奖金包×20%	240000×20%=48000
经理	平台奖金包×20%×25%	240000×20%×25%=12000
主管	平台奖金包×20%×25%	240000×20%×25%=12000
组长	平台奖金包×20%×20%	240000×20%×20%=9600
组员	平台奖金包×20%×30%	240000×20%×30%=14400

因为经理、主管工作交叉，分钱需要按照绩效再分，其分配内容如表4.2-16所示。

表4.2-16 分钱按照绩效再分

职级	奖金包（元）	总份数	每份奖金
运营中心	240000×60%=144000		
经理	240000×60%×20%=28800	2	28800÷2=14400
主管	240000×60%×20%=28800	4	28800÷4=7200
组长	240000×60%×15%=21600	1.5+1.3+1.2+1.1=5.1	21600÷5.1=4235
组员	240000×60%×45%=64800	4×1.5+6×1.2+5×1.3+8×1.1=28.5	64800÷28.5=2274
产品中心	240000×20%=48000		
经理	240000×20%×25%=12000	1	12000
主管	240000×20%×25%=12000	2	12000÷2=6000
组长	240000×20%×20%=9600	（1.5+1.2)÷2+（1.3+1.1)÷2=2.55	9600÷2.55=3765
组员	240000×20%×30%=14400	1.5+1.2+1.3+1.1=5.1	14400÷5.1=2824

具体到运营小组，其员工奖金分配如表 4.2-17 所示，其中每个员工奖金再与绩效系数对应。

表 4.2-17　运营小组员工奖金分配

小组	运营经理/主管	组长	组员	毛利排行榜	分配系数	分配奖金（组长）	分配奖金（组员）
平台	2/4 经理 14400 元 主管 7200 元						
小组 1		1	4	1	1.5	4235×1.5=6353（元）	2274×1.5=3411（元）
小组 2		1	6	3	1.2	4235×1.2=5082（元）	2274×1.2=2729（元）
小组 3		1	5	2	1.3	4235×1.3=5506（元）	2274×1.3=2956（元）
小组 4		1	8	4	1.1	4235×1.1=4659（元）	2274×1.1=2501（元）
小组 5		1	6			0	0

总之，小组竞争的方式，有助于绩效评估、利益区隔；排行榜、考核、利益相关等方式，也能提升人才区分、小组区分与晋升通道的关联效果。

这种合伙激励方法普遍适用于所有行业、企业，真正有助于企业打造狼性团队与落地方案。

4.2.5　生态链合伙人：如何设计与工厂强强联合的合伙规则

企业经营离不开与上游供应商的合作，但供应商管理却成为诸多企业的管理痛点。尤其是对于跨境电商、新零售、连锁门店等企业而言，其往往出现大量的库存积压，因而占用过多的现金流；与此同时，初创的企业，在产品研发能力上也存在很大不足。

而在另一端，作为企业供应商的工厂，同样存在销路不畅、利润率低、转型困难等发展痛点。

针对这样的市场现状，合伙人裂变模式是否同样能够发挥作用呢？答案是肯定的。**借助有效的合伙人模式设计，企业完全可以实现用别人的钱把自己的生产线建在他人工厂的效果。**

想要实现这样的效果，企业只需解决一个问题：通过合理分配责、权、利，与工厂达成长久合作，并从中获得最强资源。

2015年年底，张三经营电商企业A公司已经2年，企业效益很好，而在这时，张三的朋友宋总希望与A公司合作，从而带动他的LED工厂转型到电商行业。

宋总决定以200万元现金与产品入股，张三考虑到公司类目发展的需求，决定可以合作。但具体该怎么合作呢？

1. 明确合伙要点。

在与工厂进行合伙合作时，企业必须明确工厂定位、合作对象、产品入股等合伙要点。

（1）工厂定位：独家供应商；研发中心；带货入股。

（2）合作对象：整体公司入股；独立项目入股；独立项目合伙。

（3）产品入股：货入股算价格；货不占前期资金，后结算。

工厂合伙方案事实上就是要解决上述3个要点问题。

经两家公司协商，达成前期独立成立项目组，在A公司孵化，待项目营业额超1000万元后，再独立成立子公司运作。

项目整体投资300万元，A公司出资100万元，工厂出资200万元并带产品不压资金（确保独家）；A公司前期资源团队共享，并出4人运营团队，A公司占股55%，工厂占股30%，运营团队占股15%。工厂被定位为产品研发中心并在出货资金回笼后按"成本价+加工费"拿结算价。

2. 确定分钱规则。

在与工厂进行合伙合作时，由于涉及两个经济组织，企业必须明确制定分钱规则，并签署相关协议，避免后期产生纠纷。

延续上述案例，一般而言，工厂合伙人分钱规则可以采用：盈利后前期分红部分，工厂先拿分红中的一半，剩余部分公司与运营团队各分一半；待工厂分红完出资后，开始按股权分红，额外拿出 15% 分红给运营团队。公司独立核算，内部计价。

具体到案例中，A 公司与工厂合伙经营 LED 项目，则如下。

（1）如 2016 年，实现营收 1500 万元，利润 200 万元，分红结果应如下。

由于利润没有完全做到 300 万元回本，按照合伙分钱规则，公司提取 30% 作为发展资金，剩余 70% 用于分红，即：

①工厂优先分红一半，即第一年 200×70%×50%=70（万元）；

②公司与运营团队分剩下分红中的各一半，为 70÷2=35（万元）。

（2）如 2017 年，实现营收 2500 万元，利润 400 万元，分红部分为 400×70%=280（万元）：

①工厂优先分红一半，直至拿回投资款 260×50%=130（万元）；

②公司与运营团队分剩下分红中的各一半，为 130÷2=65（万元）；

③剩余 20 万元按 20×15%=3 万元分给运营团队；其余 20-3=17 万元按 55%、30%、15% 分配；后续再盈利也按此分配。

如此一来，在合伙的两年间，A 公司实现营收 4000 万元，总利润 600 万元。而按照 40% 的供应价格计算，工厂营收则为 1600 万元，对于工厂来说，其除去成本仍有较大的利润空间。

通过上述案例的分析，我们就能够看出工厂合伙人模式的优势所在：企业与工厂合作合伙，可以有效解决研发、生产与存货问题；工厂投资企业，则能在合伙中实现转型，并打开销售通道。

而在这样的合伙模式中，企业也应当注意：在股权分配中，工厂投大钱、占小股，电商投小钱、占大股，运营人员也应按价值贡献占股；而在分钱规则中，投大钱的人应先分回本，以解决资金风险问题。

4.2.6 生态链合伙人：如何设计整合渠道合伙人合伙规则

互联网行业已经进入下半场，中国人口红利已经消耗殆尽，如拼多多、今日头条等互联网企业开始着力于开发三、四线市场。而无论是一、二线市场的深耕，还是三、四线城市的开发，其都需要分销渠道的帮助。

尤其是近年来，我国国内正处于消费升级的新阶段，消费者消费的不仅是产品或品牌，更是服务和口碑，而这就对企业提出了更高的要求。此时，优质的分销渠道，就能帮助企业实现服务和口碑的落地和传播。

在互联网经济时代，分销渠道的模式也呈现出多样化的特征，除了传统的城市分销渠道之外，更重要的还包括自媒体、微商等分销渠道。多样化的渠道以及精细化的市场，也推动了渠道的改变。

如今，各类渠道已经从单纯的产品需求，转向为"产品 + 服务"的需求，曾经的"简单吃差价"在当下也再难实现。任何渠道都需要走向专业化，尤其是在自媒体、微商等新渠道的影响下，很多渠道也失去了大量客户，很多甚至是合作多年的老客户。

企业渠道成本增加、渠道竞争愈趋激烈……在这样的发展态势下，企业与渠道走向合伙也成为一种必然。

在设计合伙人裂变模式时，企业完全可以根据自身业务特点，设计相应的渠道合伙模式，将渠道的资金、团队、市场融入企业发展之中，从而增强企业竞争力。

此时，企业可以从以下两个角度整合渠道合伙人。

1. 渠道入股企业。

与项目合伙模式、工厂合伙模式类似，企业同样可以设计相应的合伙模式，吸引渠道入股企业，并根据渠道价值贡献，给予相应的股权及分红。

2. 企业入股渠道。

在互联网模式下，企业同样可以通过入股渠道的方式，设计出全新的轻资产运营模式。

在传统的商业模式下，渠道往往需要面对极大的库存压力，需要投入大量资金、积压大量库存。但在渠道合伙人模式中，企业完全可以通过入股渠道的方式，分解渠道的库存压力，甚至为其提供店面装修、活动策划等一系列"保姆式"服务。

而与这些服务相对的，企业则可以按照自身的价值贡献，在渠道企业中占据一定股份，并根据分钱规则获得分红。

渠道合伙人普遍适用于很多行业，以新零售行业，如微商行业举例，微商行业品牌方起盘，做战略规划，产品定位与品牌定位，在渠道上经常用微商的渠道模式，但这种方式太过于雇佣军化，团队长主推好销售的爆品与品牌。但任何公司产品很难持续爆款，这样团队长仅仅靠分成，微商晋升机制分钱模式很难持续，团队长渠道黏性不强。

如何解决这种问题呢？

一是**可以按众多团队长渠道价值业绩贡献划出品牌方平台期权池**，做得好的团队长不仅仅是雇佣军的分成，更有品牌方平台持股的长期利益机制。

二是**可以品牌方参股、团队长做项目裂变合伙**，因为新零售在大品牌下，经常有子品牌，有不同项目，可以让团队长挑选项目，品牌方投资、团队长出钱出力做运营推广，共同参与项目合伙。这样既可解决品牌方渠道问题，又可解决项目裂变问题，而团队长不再是雇佣军没有品牌沉淀，不再仅仅关注短期利益，而注重长期效益。

4.2.7　城市合伙人：如何整合合伙人把事业做到全天下

2016年10月，美团开始启动"城市合伙人计划"，宣布在全国范围内招募合伙人，并决定陆续将千余县市的信息交易业务的合伙经营权，分享给当地合伙伙伴。截至目前，美团招募的城市合伙人已经超过500家。

随着互联网竞争进入下半场，互联网行业结束了野蛮增长，每家公司都在摸索新的促收、提效的道路。而城市合伙人正是这样一个行之有效的模式，它能够帮助企业整合合伙人、把事业做到全天下。

然而，在实践过程中，很多领导虽然知道"城市合伙人"这一模式，却未能明确其真正的内涵，甚至有些领导只是将城市合伙人模式看作传统的招商加盟、代理经销。

其实，城市合伙人是一种融合了合伙人制度的新型商业模式，通过利益捆绑的方式，让合伙双方受益，且确保双方可以轻体量的运营，增强灵活性和应变力。

2015年年底，A公司创始人张三的朋友袁总提出，其想在杭州发展电商业务，经与张三沟通后，筹备建立A公司杭州子公司Y，就近杭州另发展类目。

此时，双方该如何合伙呢？

张三与袁总商定的合伙规则如下。

袁总投资100万元，占Y公司38%股份，A公司占Y公司52%股份；另有3名派驻员工占Y公司10%股份。

具体而言，A公司负责Y公司的所有资源、技术、培训支持，同时向Y公司派驻一支小分队，由3名电商运营与产品员工组成，3名员工占股10%；袁总作为操盘手，负责Y公司的整体运营。

在这样的合伙规则下，其分钱规则如下。

利润提取30%作为Y公司发展储备金，5%用于员工奖励；剩余部分用于分红，分红比例如下：袁总52%、A公司38%、员工10%。

其实，在实际操作中，城市合伙人的合伙模式存在多种形式。需要指出的是，为了避免产生法律纠纷，企业在招募城市合伙人时，最好在股权架构上建立合伙关系，从而保护参与各方的利益。

4.2.8　内部裂变合伙人（1）：如何设计合伙模式让团队裂变

对于企业经营而言，合伙人裂变模式最重要的作用，并不在于融合资金或其他资源，而在于让团队裂变，让每位员工主动参与到企业发展中，发挥出最大的价值。

企业面临的诸多问题，例如，人才紧缺、人才储备、梯队建设、人才培养等，说到底其实都是人的问题。想要解决这些问题，最好的办法就是进行团队裂变、小组裂变，从而将领导从日常经营管理中解放出来，让其真正扮演好操盘手的角色。

在这样的理念下，很多企业都设计了适合自己的内部裂变模式：万科推出了事业合伙人制度，聚焦于项目层面的跟投合伙制；海尔推出了自主经营体机制，打造专属的创客平台；韩都衣舍则由按功能划分部门调整为按产品小组划分部门……

正是借助内部裂变的方式，这些企业得以实现全员参与经营，并借助独立核算、精细核算等方式，让每位员工都能凭借自身贡献及价值，拿到应得的收益。

那么，对于普通企业而言，其该如何设计合伙模式让团队裂变呢？

答案是，采用中心制裂变——抓高手法。

随着企业规模的不断扩张，大多数企业都会建立中心制的组织模式，如图4.2-1所示。

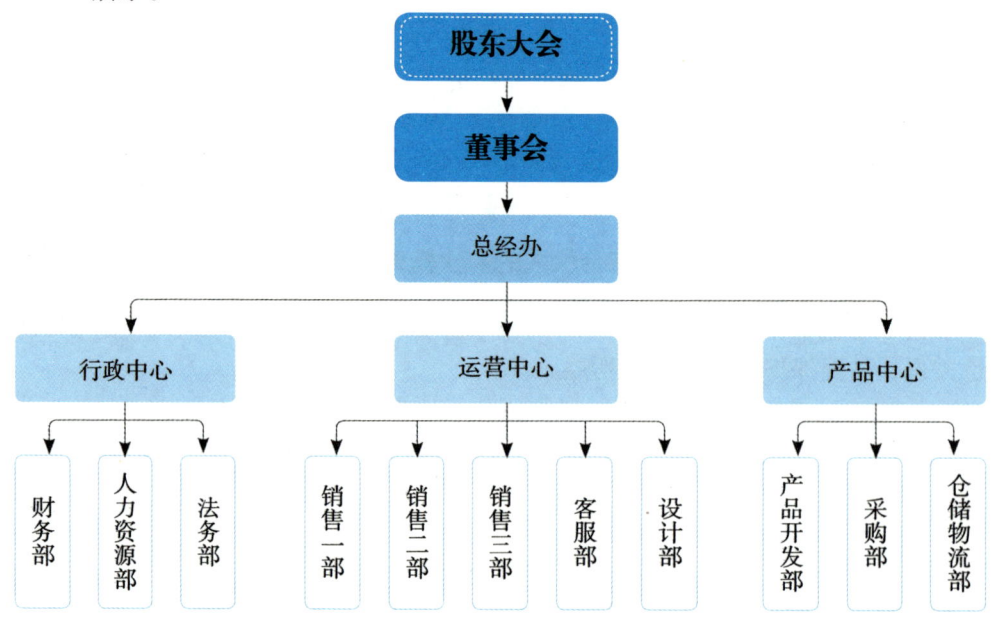

图 4.2-1 中心制组织模式

在这样的组织架构下，内部裂变合伙人很难延伸至每位员工。因此，企业应当采用"抓高手法"，也即关注企业中的高手或管理层，如产品合伙人、运营合伙人、管理合伙人，将每个中心的负责人发展为合伙人。

基于合伙需求的不同，在这种模式下，合伙人参与并不一定需要出资。当然，参与形式不同，其相对的分钱规则也不同。

（1）出资入股：合伙人可按合伙份额分享比例分钱；

（2）不出资入股：合伙人则按增量做分红。

例如，某企业，成立3年，采取中心制，最近一年销售额3000万元，利润400万元。

此时，企业想要吸纳产品中心负责人、运营中心负责人、管理中心负责人3个人做合伙人。由于3位合伙人都在企业工作多年，企业决定：出资按400×3=1200万元估值算，出资多少占实股多少，企业整体最高出让20%股份。

与此同时，企业还制定了超额利润分红：明、后年目标利润分别为600万元、800万元；如超额完成享受超额分红。

以第1年为例，如利润完成600万–700万元，可提超额的40%；完成700万–800万元，可提超额的50%；完成800万元以上，则可提超额的60%。

具体分红比例则按贡献价值，如运营中心45%、产品中心35%、管理中心20%等计算。再往下而言，各中心分钱规则如下：负责人分一半，其余成员分一半，结合考核进行。

4.2.9　内部裂变合伙人（2）：小组师徒制裂变合伙人

相比于中心制裂变，小组制裂变具有更强的灵活性。因此，这一裂变模式也普遍实用于中大型企业、中小企业，或创业型、创新型企业。

举例如下，其组织模式如图4.2-2所示。

在这种模式下，企业可以根据业务特征不断裂变，直至3人小组，甚至是

1人小组。不同企业的小组设置必然不尽相同，以电商企业或新零售行业为例，其小组基本业务单元设置一般如图 4.2-3 所示。

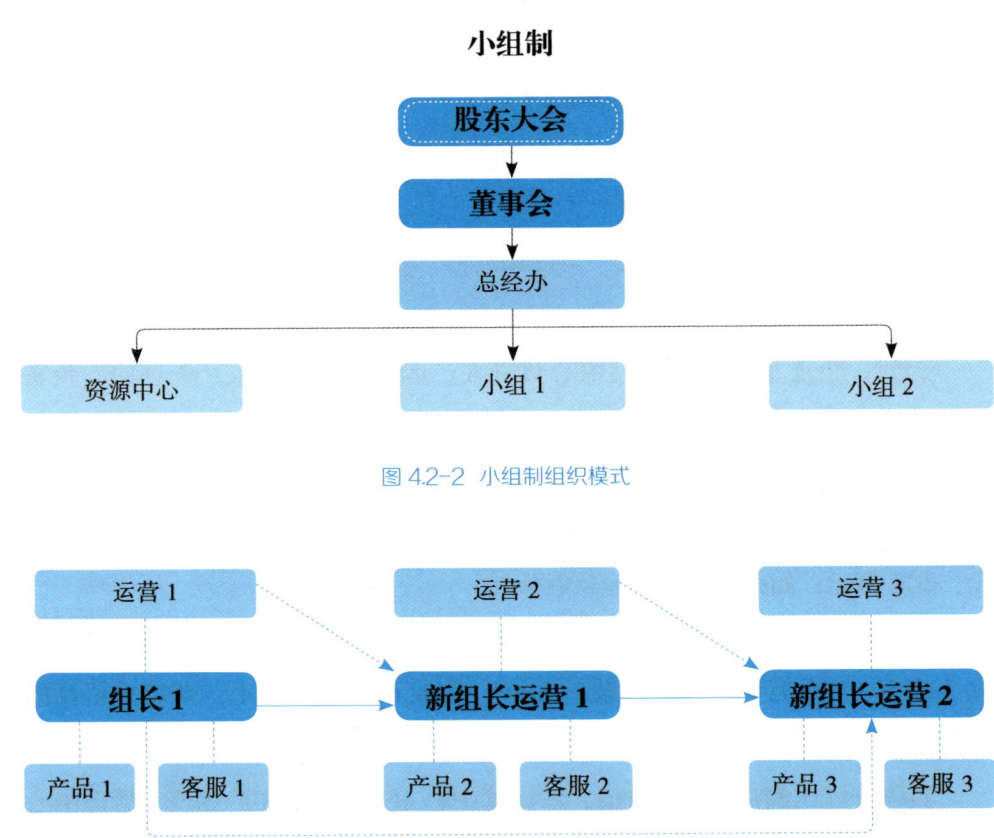

图 4.2-2 小组制组织模式

图 4.2-3 小组基本业务单元设置

由运营、产品和客服 3 人构成的小组，基本形成了电商企业或新零售企业的基本业务单元。因此，企业在进行内部裂变时，也要考虑到企业业务的特征，切忌为了裂变而裂变。

需要指出的是，为了进一步发挥小组制的裂变模式优势，企业最好设置小组组长的角色。小组组长不仅负责小组管理，更要对企业的人才培养和储备负责。

为此，企业可以引入师徒制，将人才培养与组长利益、晋升相关联。要实现这一目的，企业就可以从分红规则上着手，制定组长分配制，如图4.2-4所示。

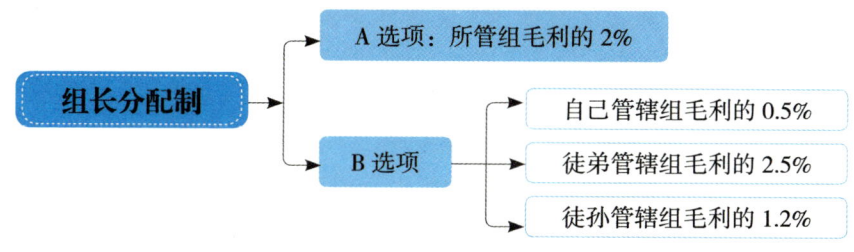

图 4.2-4 组长分配制

基于这样的制度，小组制就能形成双轨制发展的模式，每位小组组长都有3个选择：做好自己的小组业绩，培养好徒弟，或双重并举。而无论是哪种选择，其都能有效助推企业发展。

4.2.10 内部裂变合伙人（3）：门店合伙人裂变模式

连锁行业、全国门店连锁，曾经是一种非常好的商业模式。时至今日，传统门店结合新零售玩法，门店依然是获取客户获取流量最有效的方式。

连锁模式普遍适用于美容、医疗、药店、鞋服、珠宝、餐饮、生鲜、汽车、手机等绝大多数行业。电商的兴起，互联网的突飞猛进，导致很多实体门店在经营方面出现问题。

但作为新零售的场景运用，门店还是商家流量的必争之地。如何在电商、互联网、新零售崛起之际，做好门店连锁呢？

例如，某A医疗集团公司，成立了近20年，目前形成生活美容会所连锁、整形医院连锁、中医院连锁的生态链布局的大型知名美业集团。员工300多人，年产值近10亿元，旗下连锁门店近40家直营店。

公司在发展扩张中，最难解决的是店长团队与门店扩张的资金问题，整体利润越来越薄，人工成本很大但动力不足。

笔者带着咨询团队深度调研，建议要解决好快速连锁扩张、人才复制、动力激励、资金问题，需要设计以下方案：

（1）核心人才事业合伙人方案：留住现在最核心的高管、市场、技术人才，并吸引外部高手进入事业合伙人体系。

（2）内部门店合伙人方案：动力不足、利润不高，就得解决门店思维问题，把门店店长、销售顾问、技术核心做成门店合伙人，让其有领导思维，并打通合伙人晋升通道，让员工有出路。

（3）师徒制人才复制方案：店长培养店助，店助经过公司评估系统成功做到新开门店（含外部合伙人门店）店长，则新开门店收益与原店长相关。不断复制培养店长，解决快速扩张店长缺乏的问题。

（4）外部门店合伙人方案：以前是直营店，每次开店资金占用大。目前很多渠道资源，品牌影响力不错，可以形成轻资产的外部门店合伙人连锁。集团赋予品牌、项目、管理、培训，与目前市场上有合作关系的门店形成外部合伙门店。

（5）股权顶层设计布局与股权激励：合伙人的晋升通道最后可以走向股权激励，目前建议做超额业绩分红股权激励。这个激励可以全员适用。

A美业公司经过上述框架方案，在6个月时间内不用任何资金整合外部门店合伙100多家，全部用A公司品牌，直营门店与外部门店均实施门店合伙人制，核心人才成为股东，店长师徒制利益相关复制人才，全公司上下动力十足。

以上方案普遍适用于所有门店行业，通过门店合伙人模式，快速扩张、团队复制、店长裂变、资本融入，解决了轻资产门店连锁扩张中的资金、人才、渠道等行业难题。

4.2.11　外部裂变合伙人（1）：如何合伙收编整合做到团队裂变、项目裂变

解决了企业发展的问题之后，面对企业扩张问题，企业同样可以通过合伙人裂变模式，寻找外部裂变合伙人，通过合伙模式收编、整合、抱团团队，大家一起携手共进，共同开创事业新局面。

2015年，浩方集团推出的"100+合伙人"计划，意在寻找100位志同道合、一起创业的合伙人，在业内引发了不小的轰动。该计划采取的是契约型的合伙模式。具体来说，浩方集团与招募的合伙人是一种平等的合作关系，而非雇佣和被雇佣的关系。双方之间确定的合作关系以及相互的权利、义务全部通过签订合伙协议来确定。"经过一年的发展，"100+合伙人"计划成效显著，目前已有近50位合伙人加盟，预计可以在明年完成100位合伙人的目标！"

作为跨境电商行业龙头企业的环球易购，拥抱资本最早，整合供应链体系比较完善，再加自有平台。而为了快速整合收编中小卖家，其推出了"创投+孵化"的合伙人裂变模式：

1. 选择跨电优质企业；

2. 评估优质企业资产，并按1.5~2倍估值被选公司；

3. 投资被选公司控股（60%）；

4. 业绩对赌与企业规范化（2~3年）；

5. 以跨境通全资并购标的公司PE15倍；

6. 对赌3~5年（被选企业领导退出）。

通过以上合伙人模式，环球易购实现了快速整合收编中小卖家，做到了团队裂变、项目裂变，最后在资本市场变现。通过多年实践，其构筑起庞大的生态链项目团队，形成了非常强的竞争壁垒。

外部合伙人裂变模式正在进入越来越多的电商行业、连锁行业、零售行业等多数行业并形成趋势，而这也为企业扩张提供了一个新的思路：与其自己费力扩张，不如轻松收编、整合。

4.2.12　外部裂变合伙人（2）：如何设计裂变式创业合伙规则

无论通过内部、还是外部做到项目裂变、团队裂变，都需解决好项目本身的选择问题，选择优质独特的项目、最好的人才，这样才能出最好的结果。

那么，在选择项目中，如何做到裂变式创业合伙呢？具体该如何设计呢？

1."选举"制度。

从外部裂变合伙模式的奖惩制度就可以看出，外部裂变合伙模式的一个重要核心就在于"选举"，合伙人需要经过竞选，竞选之后也要面临换任和弹劾。

为何外部裂变合伙模式如此重视"选举"制度的融入呢？其意义如下。

（1）组队：主动组织有战斗力的团队；鼓励那些不敢参与竞选、无法有效组织起来的团队。

（2）抢人：努力争取那些被各团队争抢的人；收拢那些其他团队没有吸纳的人。

（3）抉择：眼前的利益，强队或弱队；长远眼光，主动让贤。

（4）学习：项目计划书快速学习各种知识；更好完善原来的商业模式。

（5）换血：预赛后选取6个团队进入决赛，必须淘汰2个团队，胜出后团队要吸纳输掉队伍中的4个人；组建最强队伍和考验领导心胸。

（6）讲演：口才的体现。

2. 奖惩制度。

在设计外部裂变合伙模式时，企业要更加关注奖惩制度的设计，避免外部团队影响企业声誉。与其他合伙模式的奖惩制度相比，外部裂变合伙模式的奖惩制度需要企业关注以下4点内容：

（1）股权分红：竞选要求创业团队占25%的股份，同时，企业也会额外拿出20%分红创业团队；

（2）**换任：** 两年一次大选；可连任两届；卸任后可参加其他分裂公司竞选；

（3）**防止近亲：** 成立"隔代学习班"，打造接班人梯队建设；

（4）**弹劾：** 成立弹劾委员会，如两年没有完成指标，则提交弹劾给董事会。

3. 完整模式。

基于奖惩制度和"选举制度"，结合内部裂变合伙模式，完整的外部裂变合伙模式可以被理解为"小组制企业"，其具体内容为"竞选路演＋出资入股（投票）＋532分钱规则"。

在该模式下，外部团队就如企业的小组，企业的管理中心、仓储资源等物流都与外部团队共享，而每支团队则做内部独立核算。

具体而言，该模式的关键内容包含以下5点。

（1）合伙人对象：小组长，小组成员，管理支撑部门负责人。

（2）参与方式：小组出资＋高管出资＋领导出资。

（3）出资规则：内部创业竞选，组长出资不低于10%，组员出资不低于15%，高管与老员工出资25%，领导出资50%（出资按项目启动资金与组长身价做投资基础）。

（4）合伙特点：小组自选类目及SKU（库存量单位），自己组队，自己拉投资。

（5）分钱规则：利润分为50%、30%和20%3个部分：50%利润按资金投入分配，30%做小组发展资金留存，20%做运营分红（其中小组负责人分10%，小组组员分10%）。

这样小组组长（或独立项目总经理）投资10%，分享利润15%；领导投资50%只分享利润的25%。这样最大限度让利给小组组长，带动冲劲，另让高管与老员工跟投，小组成员与相关资源都利益相关，休戚与共，积极性当然更高。

为了更好地理解外部裂变合伙模式，我们仍以案例来进行说明。

前述企业A公司，在2016年采取小组裂变式创业合伙人模式，经过5个项目竞选，甲组获得第一名，类目是摄影器材类。经初步估算初始投资大概

100万元。甲作为项目总经理投资15万元占15%股份,其3位小伙伴组员共投资15万元占15%股份,高管与老员工共投资18万元占18%股份,其余领导投资52万元占52%股份。

如第一年项目实现1000万元的销售额,利润120万元。那么,按照50%、30%和20%的分配规则,其分配结果如下。

第一年小组总经理分红=120×(15%×50%+10%)=21(万元),相当于第一年回本;

领导分红=120×52%×50%=31.2万元,第一年收回一半多;

小组成员分红=120×(15%×50%+10%)=21(万元),团队第一年回本(考核);

高管与老员工分红=120×18%×50%=10.8(万元),第一年收回一半。

当今大众创业、万众创新的时代,任何高手或高级人才都想创业,任何行业,无论企业内部还是外部都可尝试裂变式创业合伙模式,挑选最好的人才组队,选择最看好的项目,快速裂变项目或裂变公司,真正做到低风险的快速扩张。

第5章
股权相关概念与股权8大模式

随着经济全球化与人力资本的升值,股权作为推动公司业绩发展、留住人才、吸引和聚集人才的重要工具,受到越来越多企业的重视。通过科学合理地建构股权模式,企业所有者能够让经营者获得稳定、合理的经济权利,甚至让他们以股东身份参与到企业决策中,分享利润、承担风险,确保企业的不断成长进步。

5.1 股权相关概念

企业创始人亲手孕育出企业,并一路艰辛伴随其成长,为此,他们有必要了解股权分配的方法。而其第一步则应该从了解股权的相关概念开始。

5.1.1 股权是什么

股权属于财产所有权,是指公司股东通过合法方式,获得企业股份,并根据其所拥有的股份比例而享有对应的权益,以及应当承担的责任。

股权与股份有着一定的联系,也有着对应的区别。

股份,是对股份公司资本进行计量的单位,代表了股东在企业总资本中所占的投资份额,体现出股东所拥有的可转让权利。相对地,股票是股份的表现形式,也是证明股份有限公司股东身份的凭证。因此,股票是将股东权利表现出来的载体。

一言以蔽之,股票是形式,股份是内容,股权则是围绕股份、股票的所有权利。

股权的分类如下。

1. 自益权与共益权。

从股权内容和行使股权的目的来看,股权可以分为自益权与共益权两种,如表5.1-1所示的自益权与共益权对比。

表 5.1-1　自益权与共益权对比

权利类别	具体内容	举例
自益权	主要是财产权，是指股东为了自己的利益与目的而行使的权利	如股利分配请求权、公司盈余分配请求权、股份转让权、新股优先认购权等
共益权	指股东为了自己利益与目的同时，兼顾公司利益，而行使的权利	如股东会议召集权、表决权、提案权等

2. 单独股东权与少数股东权。

单独股东权，是指每一单独股份在企业内所享有的权利，即无论股东持股数量多少，均拥有的相关权利。少数股东权是指拥有公司股份达到一定比例才能行使的特定权利。

3. 普通股东权与特别股东权。

普通股东权与特别股东权内容及对比如表 5.1-2 所示。

表 5.1-2　普通股东权与特别股东权内容及对比

权利类别	具体内容	举例
普通股东权	又称为一般股东权，是指持有普通股所产生的股东权，普通股东权的每一股份都有着相同的权利与义务	
特别股东权	指在股份有限公司中，特定股东所拥有的权利	例如对公司某些事项的优先表决权、优先获得股息和红利的权利等

除了上述分类外，与股权相关联的重要概念，还包括股权结构和股权激励。

股权结构，是指公司股份总额的内部构成，即构成股份公司中不同主体股份的多少、占公司股份总体的比例以及股份性质等股权特征。**股权结构是公司治理机制的基础，决定了股东结构、股权集中程度以及大股东身份。不同的股权结构，会导致股东行使权力的方式与效果有很大区别，进而对公司治理模式的形成、运作与绩效有较大影响**。这意味着股权结构对公司的内部治理机制产生直接作用，并对外部治理机制产生间接作用。

在股权架构设计过程中，不能不考虑股权激励。

股权激励是指股份有限公司通过给企业经营者一定股权，使得他们获得一定经济效益与权利，从而激励他们尽责地为股份有限公司长期发展服务。

股权激励有 3 个特点，分别为长期性、集体性和稳定性如表 5.1-3 所示。

表 5.1-3 股权激励的 3 个特点

特点	内容	价值
长期性	股权激励是长期的激励机制，通过让员工拥有股份获得股东权益，员工就成为企业的所有者之一	员工不但会关注公司的近期成绩和业绩，也会关心公司的长远发展，真正对企业负责尽责
集体性	股权激励能够让员工与企业的利益紧密相关，让员工和企业成为利益共同体	增强集体的凝聚力，充分调动员工的积极性与创造性
稳定性	员工在企业内不仅能被满足工资、奖金等福利方面的需求，也会追求自我实现和尊重需求	股权激励为员工满足在人生价值方面的追求提供了平台，能够帮助公司吸引并留住人才，保证公司团队的稳定性

5.1.2 合伙人股权布局的 8 大死局与 4 阶变化

股权与股权架构，无疑是众多公司积极重视的管理内容。然而，态度上的重视，并不代表着方向的正确，更不必然带来成效。在实践中，企业股权架构的最初设计与布置不当，很容易形成死局，导致企业在发展中踏上"同心同德——同床异梦——同室操戈——同归于尽"的衰败之路。

如图 5.1-1 所示，为合伙人股权布局 8 大死局。

图 5.1-1 合伙人股权布局 8 大死局

1. 股权平分。

在公司创业之初，合伙人很容易陷入平分股权比例的误区，埋下未来公司矛盾冲突的种子。

例如，1977年，苹果公司股权结构变更为乔布斯占30%、沃兹尼亚克占30%、马库拉占30%以及另一位工程师占10%。随着苹果公司的上市，乔布斯股份被稀释为15%，第二大股东马库拉占股11%。由于和马库拉产生矛盾内斗，乔布斯从百事可乐说动斯卡利出任CEO。斯卡利最终在马库拉的支持下，将乔布斯职务解除，仅仅保留了其董事长的虚职，这最终导致乔布斯出走，直到1996年才回归。

乔布斯出走有很多原因，但股权架构上最大的问题，在于平分股权。

在设计股权结构时，企业创始团队绝对不能平分股权，必须有足够优势的股权核心，才能确保未来企业发展的稳定。如果依照国人传统，动辄按照创业合伙人数量将股权平分，很容易让每个人都看到成为领袖者的可能性，即便公司发展壮大，最终也会形成分裂。

2. 唯一股东。

从表面情形看，唯一股东与平均股权截然相反，公司中某股东占据51%以上，甚至70%、80%的股份，处于绝对控股地位。由此，企业股权大部分集中于一位股东手中，形成了事实上的一股独大。

一股独大的股权结构，在公司发展初期可能会产生积极作用。但随着公司成长壮大，个人决策风险会越来越大，容易出现由于领导判断错误而导致战略错误的情况。同时，一股独大也不利于调动其他股东参与公司经营管理的积极性。

3. 小股称霸。

在企业中，某个股东拥有的股份比例较少，但却对经营管理决策拥有强大的话语权或影响力，即符合"小股称霸"的死局特征。

某知名企业，合伙人A和B，最初分别拥有51%和49%的股份。随着企业发展壮大，新引入技术人才C。A和B分别拿出2%的股份，总计4%的股份转让给 C。新的股权结构如下：A 掌握 49% 股份，B 掌握 47% 股份，C 掌握 4% 股份。此时，无论 A 和 B 中的谁想要获得控股优势，都需要获得 C 的支持。结果，小股东反而绑架了大股东。

在这种情况下，小股东实际拥有的权力，与其手中的股份严重不符，这无疑埋下了企业成长路径上的定时炸弹。

4. 按资入股。

所谓按资入股，是指合伙人直接按照彼此投入企业的资金，进行股份比例的分配，进而决定股权利益的分配。

从数学上看，按资入股是公平的。但从实际经营角度看，一家企业显然不应只是按照资金投入来分配股权的，还应该考虑到人力贡献、专业技术、特殊资源等。只有综合各方面因素，才能最终确定所有合伙人各自的股权比例。

5. 备胎股东。

备胎股东，是指部分股东同时经营多家公司，或者向多个事业和项目投资，因此无法全身心参与投入到其中某个企业经营中。企业采用这样的股权结构，会导致股东无法全心全意团结决策和管理，具有相当的风险。

6. 股东众多。

经常出现这样的情形：为了筹集到更多的资源和社交关系，一家创业公司选择通过股权众筹组成数十人的股东团队，甚至曾有过"××咖啡"这样动辄上百位创始股东的案例。

然而，在股东众多的企业中，由于人数众多、关系复杂、圈层林立，没有真正可以服众的核心人物。一旦企业内出现问题，或者股东之间产生矛盾与纠纷，就很可能导致出现一盘散沙的局面，没有人能够带头负责。这样的企业，即便看起来产品优秀、技术出色、人气鼎盛，也始终面临巨大风险。

7. 影子股东。

影子股东又称为干股股东。企业家在初创公司时，有可能因为客观需要，引入干股股权，向某些不提供任何资源的股东分红。在创业初期，影子股东的存在还不会出现多大影响，一旦企业做大，影子股东所获得的利益就会越来越大。同时，这种影子股东企业，事实上也等同于不规范经营，必然会影响到其未来的上市和资本运作。

8. 非出资股东。

虽然某些合伙人是企业股东，但他们实际上没有以任何资金去购买企业股份，此即所谓的非出资股东。

根据相关法律规定，股东不履行出资义务，不能拥有公司的股权，存在非出资股东的股权结构，在合规性上就有很大漏洞。而在实际运营中，这种情况也会干扰到公司正常管理体制的建立和运营。

5.1.3 股权是祸是福

股权，是合伙或股份企业的根系所在。许多创业团队都非常重视股权的分配与使用，希望能以此激发最大的生命潜力。然而，股权究竟为企业埋下了福根还是祸根？

案例一：股权不合理导致恶意收购。

从 2015 年年末到 2016 年年初，万科公司与宝能公司的一系列竞争行为备受市场关注，也暴露出万科公司股权结构的不合理问题。

早在 1989 年万科上市之前，王石拥有这家公司 40% 的股权。公司上市之后，他放弃成为万科公司大股东的机会，而是成为职业经理人。此后，尽管万科推行了期权激励计划，但管理层在万科大股东面前始终并没有话语权。从 2015 年开始，宝能系旗下企业开始买入万科股份，至当年 12 月 31 日，宝能系买入万科约 24.26% 的股份，成为万科公司第一大股东。随后，王石在声明中表示不欢迎宝能系，企业宣布停牌并开始策划资产重组，试图挤走宝能万科大股东的地位……

宝万之争的起因非常清晰：由于创始人王石不注重股权的合理分配，忽视了股权结构的健康设计，最终导致宝能公司的恶意收购，成为"门口的野蛮人"。

案例二：股权不合理导致无法上市。

原土豆网 CEO 王微和妻子杨某，曾共同创业，为公司倾注心血。他们的股权结构是：王微 95%，杨某 5%。

虽然企业发展很好，但他们的婚姻却很短暂，2010 年 3 月，双方着手离婚。而仅 8 个月之后，土豆网即将赴美上市，为此，杨某起诉王微，要求分割土豆网 38% 的股权。

在王微方看来，土豆网是婚前注册的，婚姻关系又只维持了两年多，王微的股权应该属于婚前财产。但在杨某方看来，土豆网在两人婚后多次接受注资，在王微 95% 的股权中，有 76% 涉及夫妻的共有财产。

由于这起诉讼，法院冻结了土豆网 95% 的股份，土豆网的海外上市之路暂时中断。此时，土豆网最大的竞争对手优酷网率先上市，并受到资本市场的热捧。直到 9 个月后，王微和杨某的离婚官司终结，土豆网才开始重新筹备上市，但市场却发生了重大变化，土豆网错过了高速发展的机会。

（注：本案例根据土豆网相关公开资料整理，部分内容借鉴自《土豆网冲击纳斯达克，CEO 王微为离婚输掉 IPO》，中国经济周刊）

餐饮企业真功夫也出现过类似情况。由于该企业创始人属于家族团队，牵涉到多个家庭、夫妻。结果，当创始人之间由于股权问题出现纷争时，这个中式快餐企业的上市之路也就遥遥无期了。

透过上述案例，企业家应该看清，即便是亲密无间的夫妻或家人，在合伙经营公司时，也应该努力优化股权结构，这样才能避免陷入难以上市的困境。

案例三：股权结构不合理导致创始人出局。

1998 年年底，吴长江创立雷士照明。经过多年的苦心经营，该公司成为中国照明行业的领军者。为了谋求上市，吴长江引入私募股权投资基金，并采用"现金＋股票"的方式收购了当时亚洲最大的光源生产企业浙江江山三友电子有限公司。

在这一过程中，吴长江和多家私募股权投资基金签订了一系列对赌条款，包括每年的业绩指标、奖金、转让限制、优先购买权和共售权、赎回权等。当时雷士照明IPO前股权结构如图5.1-2所示。

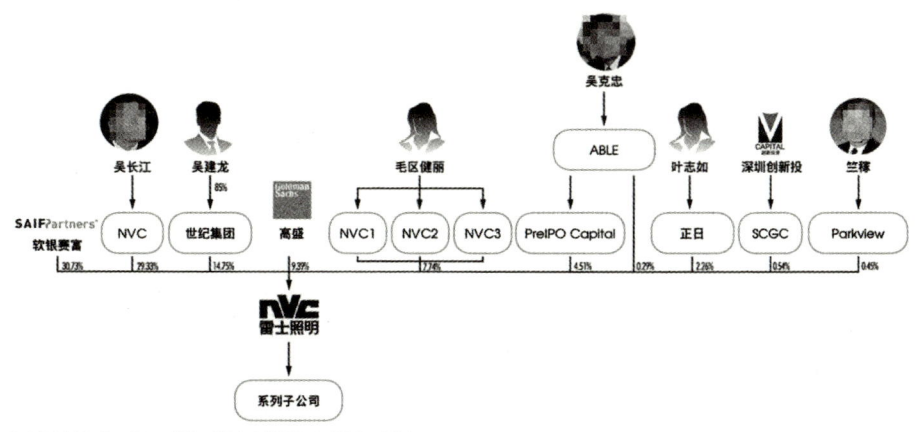

注：图片来自于网络公开图片。

图5.1-2 雷士照明IPO前股权结构

2010年5月20日，雷士照明顺利在香港联交所上市。然而，仅仅两年之后，私募股权基金就主导了公司董事会，3家私募股权投资基金合计掌控公司超过33.36%的股弃权和投票权，即使吴长江也无法与联合起来的3家基金抗衡。2012年5月25日，吴长江辞去雷士照明的一切职务。

（注：本案例根据雷士照明相关公开资料整理，部分内容借鉴自网易专题报道《雷士迷局》）

股权结构的设计，归根结底是对企业内利益的制度性分配。只有将适当的利益，以正确的方式，交到正确的人手中，这样的股权结构才能推动企业发展。

为了让股权成为企业的福报而非祸根，必须要通过良好的设计和谨慎的操作解决两个根本问题：

第一，如何通过股权的分配，争取到更多内外部资源；

第二，如何确保在股权分配之后，企业的控制权依然在主要股东的掌控之下。

正因为如此，企业必须正确设计股权结构，确保将风险降到最小。

5.2 股权8大模式

即使是今天的中小企业，其也有可能通过不断努力，成长为未来的大企业。在向上跋涉的进取中，股权模式是企业命运方向的关键所在。选择正确的股权分配与激励模式，能够以不同方法，解决企业所面对的特定问题。

5.2.1 期权模式

股票期权模式，是指公司给予企业高级管理人员和技术骨干一定的购买公司普通股的权利，其必须在一定期限内且达到一定条件后，以事先约定的价格购买。

员工当持有期权之后，就可以在规定时间内，以股票期权的行权价格，购买公司股票，该过程称为行权。在行权之前，股票期权无法带给持有人任何现金收益；行权之后，个人收益是行权价和行权日市场价之间的差价。员工可以在规定的时间内，自行决定何时出售行权所得的股票。

例如，某公司决定以股票期权方式，授予某高管股票期权1万股。具体分配方式如下。该高管在公司服务3年，并达到业绩考核条件后，即可以5元/股的价格，购买公司1万股股票。3年后，该高管行权时，公司股票价格已上涨为10元，那么该高管可获得收益即为差额5万元。

股票期权是上市公司普遍开展的一种股权激励方式。这种方式不仅适合上市公司,也适合非上市公司。在有限责任公司中,该模式也被称为股份期权。目前,股票期权主要运用在上市公司、新三板等资本增值较快、人力资本增值效果明显的公司（如高科技行业等）。

总体来看，股票期权的优势如表5.2-1所示。

表5.2-1 股票期权的优势

优势	内容	价值	举例
具有长期激励效果	股票期权是一种长期的激励形式，本质是指公司赋予激励对象在未来购买公司股票的选择权。激励对象可以按照与公司的约定在规定的时期内以行权价购买公司的股票，也可以放弃购买股票的权利	股票期权激励将高级管理人员的薪酬与公司长期利益捆绑起来，鼓励他们更多地关注公司长远发展，而不是仅仅将注意力集中到短期财务指标上	
不行权没有任何额外的损失	获得股票期权后，员工依然有是否行权的选择权	增强集体的凝聚力，充分调动员工的积极性与创造性	假设员工达到业绩考核要求，到了行权日，可以实施行权时，他有权选择行权，也有权选择不行权。例如，授予股票期权时，确定的行权股价为5元，但到了行权日，公司股价却跌到3元，此时员工就可以选择不行权，其并不会产生任何损失

续表

优势	内容	价值	举例
有利于企业降低激励成本	一方面，股票期权有较长的等待期，避免了公司为了进行激励分配，在短时间支付给激励对象大额现金的压力；另一方面，当激励对象考核达标，而他所获得的奖励是由股票差价所产生的，并不会让公司产生现金支出	股票期权模式实际上是以社会财富来激励员工的，即所谓的"公司请客，市场买单"。不仅如此，如果公司业绩良好并受到资本市场认可，股价差较大，激励力度比较大，降低委托代理成本	

当然，股票期权模式也有其弱点。例如，股票市场存在风险，员工也有可能遇到实际价格低于行权价的情况，并因此导致无法在行权日之后马上获得收益。在这种情况下，员工（尤其是高管）也有可能出现某些短期经营行为去满足自身利益。

5.2.2 受限股模式

限制性股票，是指公司向激励对象授予一定数量的本公司股票。激励对象想要出售股票获利的前提是达到公司的锁定期和业绩考核要求。因此，该模式又称为受限股模式。

在实践中，限制性股票模式分为两种操作形式：折扣购股型限制性股票和业绩奖励型限制性股票。所谓折扣购股型限制性股票，是指激励对象须出资购股，价格相对于二级市场价格有一定折扣；所谓业绩奖励型限制性股票，是指激励对象不用出资购股，是公司从二级市场购买公司股票，再授予激励对象。

限制性股票与期权有相似之处，但实质上有较大差别。限制性股票模式更适合创业公司，由于此时的公司与员工都缺乏资金，更适合使用这种激励模式。相反，期权则适合发展态势已经较为明朗的公司。

例如，某高管获得创业公司授予的5000股受限股票，锁定期为5年。5年后，该高管通过了业绩考核，要求进行行权。此时，该公司股价为20元，他可以通过出售股票，获利10万元。

此外，受限股模式适用于业绩不佳或处于产业调整的上市公司，也经常用于初创的高科技企业。该模式通常无需激励对象直接出资购买购票，而是由公司从二级市场购买本公司股票，再授予激励对象。因此，激励对象不用支付大量现金。同时，员工通过受限股获得的收益，主要不是来自于股票分红和增值，而是来自未来的股票溢价，这就使得他们必须将精力着重集中在企业长期的战略目标上。

受限股最大的特点，在于其激励效果与二级市场上股价波动关系不大。相比需要通过股票差价获利的激励模式，受限股股票是以股价绝对值计算收益的，即使行权时遇到股价下跌，激励对象依然能够获得收益，只是获得的收益会相对减少。

此外，受限股模式也有较为明显的缺点。

例如，长期业绩目标和股价之间平衡性的科学确定，存在一定难度。尽管激励对象在行权时都能获得激励收益，但如果股价下跌，收益就会减少，同时公司对激励对象考核标准较高，就会更进一步影响他们的情绪，背离了激励初衷。

又如，企业需要从净利润中按比例提取激励基金，用于从二级市场中购买公司股票进行分配，现金流压力较大。此外，激励对象实际拥有股票后享有企业所有权、股东权利，公司对激励对象的约束存在困难。

总结而言，受限股的优势与劣势对比如表 5.2-2 所示。

表 5.2-2　受限股的优势与劣势对比

类型	内容
优势	激励对象无需现金付出或以较低价格购买
	可使激励对象将精力集中于公司长期战略目标上
劣势	业绩目标和股价的科学确定困难
	现金流压力较大
	激励对象实际拥有股票，享有所有权
	公司对激励对象的约束困难
	激励对象有股东权利

续表

类型	内容
适用范围	业绩不佳的上市公司
	处于产业调整过程中的上市公司
	初创期的企业（高科技）

5.2.3 虚拟股票模式

虚拟股票模式，指公司授予激励对象无实际产权股份的分配模式。通过虚拟股票的获得，激励对象虽没有获得企业产权，但能够拥有和实股股东同等的分红权和增值权。

虚拟股票模式适用于利润稳定、现金流量充裕的非上市公司和上市公司。这是因为虚拟股票无需员工出资购买，直接以公司税后净利润作为分红基数，对公司现金量有一定要求。

虚拟股票模式的优势，在于员工没有所有权和表决权，对虚拟股票不能转让和出售，在其离开公司时即自动失效。采取这样的股权模式不会影响企业总股本和股本结构。又因为股权是虚拟的，公司不需要到工商部门或证券交易部门登记，也不用更改公司章程，对那些不便进行实股激励但又希望以股权对员工进行激励的企业，有非常现实的作用。

对于激励对象而言，虚拟股票则具有内在的激励作用。**公司整体业绩越好，员工个人通过虚拟股权所获得的收益就越多，还避免了由于股票市场波动而对虚拟股票持有者收益造成影响**。由于收益是在未来实现的，企业必须实现盈利才能分配到虚拟股票持有者手中，这也对员工起到了一定的约束作用。

当然，虚拟股票也有其短板所在。由于激励对象通过虚拟股票的收益方式主要是分红，其实质上不涉及公司股票的所有权授予，只是奖金的延期支付。因此，受激励者很容易更关注企业的短期利益。如果激励对象是经营者，他们不实际持有股票，即使企业业绩下跌，他们也并没有任何损失。从这个角度来看，虚拟股票的短期激励效果比较好，而长期激励效果并不明显。

此外，由于虚拟股票的发放会导致公司发生现金支出，如果股价升幅过大，公司很可能面临现金支出风险。因此，通常会为计划设立专门的基金。

值得注意的是，虚拟股份基于企业价值为参考标的，企业估值来源于商业模式和业务结构。因此，企业价值的评估非常关键，一旦评估过高或过低，都会直接影响股东和被激励对象之间的期望与回报，一旦出现争论，将会直接导致激励方案无法进行，并破坏双方的信任。

此外，在虚拟股权模式中，如何确定分配额、向每位激励对象授予多少数量的虚拟股权，也并没有固定模式，通常都采用岗位价值、个人价值和绩效三者结合来确定。

总结而言，虚拟股权模式的优势与劣势对比如表5.2-3所示。

表 5.2-3　虚拟股权模式的优势与劣势对比

类型	内容
优势	只享有分红权，虚拟股票的发放不影响总股本和股本结构
	虚拟股票具有内在的激励作用，公司的业绩越好，其收益越多；同时还可以避免因股票市场波动对虚拟股票持有人收益的影响
	具有一定的约束作用，因为收益是在未来实现的，必须实现盈利
劣势	激励对象可能因考虑分红，过分地关注企业的短期利益
	导致公司的现金支付压力比较大
	经营者不实际持有股票，一旦下跌，其可以选择不行权而避免任何损失，因此是一种纯激励的方式
适用范围	利润稳定、现金流量充裕的非上市公司和上市公司

5.2.4　业绩股票激励模式

业绩股票激励模式，是指公司和激励对象事先通过商议确定业绩目标。如激励对象完成了业绩目标，公司会授予其一定数量的股票，在锁定期结束后，激励对象即可卖出股票获得收益。

例如，某公司向高管 A 进行业绩股票激励分配，承诺其如年底完成销售任务，公司就给予其 50 万元奖励。但这 50 万元并非现金，而是换成等额的公司股票。如当时公司股票价格为 5 元，则年底兑现奖励时即授予 A10 万股股票。在两年考核和两年锁定期后，到第 4 年时高管 A 即可行权以卖出股票。此时，股票价格如为 10 元，高管 A 即可获利 100 万元。

由于采取业绩股票激励模式的目标在于对公司业绩目标进行考核，不要求股价上涨，其适合业绩稳定的上市公司或其集团公司、子公司。

在业绩股票激励模式中，管理层获得的激励必须为公司股票，这样，一旦锁定期内股票下跌，被激励者也会承受对应损失。该模式由此具备了一定的双向约束作用。

通常情况下，业绩股票激励模式每年都会实行一次，加上锁定期等时间限制，等同于发挥出滚动的激励和约束作用。

对于具体的激励对象而言，业绩股票激励模式要求他们完成一定的业绩目标才能获得奖励，而奖励也是在未来逐步兑现的。如果激励对象没有通过年度考核，或者出现有损公司的行为、非正常调离等情况，他们将会受到扣除风险抵押金等惩罚或被直接取消激励股票，面临着较大的退出成本，受到了较强的约束作用。

正因上述特点，业绩股票激励模式的操作性较强。由于对激励对象有严格的业绩目标约束，能够形成股东和激励对象双赢的格局，这样的激励方案也比较容易被股东大会接受通过并加以实行。

不过，业绩股票激励模式实施激励的成本较高。业绩股票不需要激励对象个人出资，而是由公司出资在二级市场购买，因此对公司现金流会造成一定影响。同时，业绩股票激励模式的分配模式虽然清晰科学，但其具体目标如何确定、是否合理，需要根据不同企业的实际情况进行，这就容易导致公司高管人员为了获得业绩股票奖励而对年度目标的设定和执行弄虚作假。

总结而言，业绩股票激励模式的优势与劣势对比如表 5.2-4 所示。

表 5.2-4　业绩股票激励模式的优势与劣势对比

类型	内容
优势	经股东大会通过即可实行
	管理层所获得的激励基金必须购买为公司股票,在职期间不能转让
	使经营者真正持有股票,一旦将来股票下跌,经营者会承受一定损失,因此对其有一定约束作用
	每年实行一次,因此,能够发挥滚动激励、滚动约束的良好作用
劣势	公司的业绩目标确定的科学性很难保证,容易导致公司高管人员为获得业绩股票而弄虚作假
	激励成本较高,有可能造成公司现金支付压力
适用范围	只对公司的业绩目标进行考核,不要求股价的上涨,适合业绩稳定型的上市公司及其集团公司、子公司

5.2.5　股票增值权模式

股票增值权模式,是指公司授予激励对象特定权利的模式:如果公司股价上升,激励对象即可通过行权,获得相应数量的股价升值收益。同时,行权时无须支付现金,行权后获得现金或等值公司股票。

股票增值权属于虚股。激励对象并不实际拥有股票,也没有股东表决权、配股权、分红权,同时不能转让和用于担保、偿还债务。该权限的有效期长短不等,通常为授予之日起 6~10 年。

每一份股票增值权,与实际中企业每一份股票挂钩。每一份股票增值权的收益,为股票市价与授予价格之间的差价。其中,股票市价一般为股票增值权持有者在签署行权申请书当日前一个有效交易日的股票收市价。

例如,某高管被授予 10 万股股票增值权,授予时股价为 5 元,行权时股价上涨到 10 元,每股股票增值了 5 元。这样,该高管就获得了 50 万元奖励。

股票增值权模式需要公司在员工行权时支付现金,因此比较适合现金流量充裕且比较稳定的公司。由于需要确定股票价格，该模式一般又在已上市或即将上市的公司中运用较多。

股票增值权模式简单而易于操作，持有人在行权时，直接对股票升值部分兑现，获得利益。相比其他模式而言，该模式的审批和执行程序简单，不影响公司的所有权和控制权，也不需要公司去花费时间、精力到工商部门办理变更登记，或者到证监会进行审批，绕开了烦琐的行政和法律手续，直接解决股票的来源问题。

不过，股票增值权模式只能让员工获得股票的增值收益，无法获得真正意义上的股票。尤其在二级市场上，公司股价与业绩关联度往往并不大，以股价上升来决定激励对象的收益，可能无法真正起到股权激励应有的长期激励作用。

另外，股票增值部分的收益，理所当然来自于公司的净利润。当激励对象在行权时，公司需要支付一笔现金给员工。如果公司股价在短期遭遇被爆炒的情况，公司可能要拿出较多现金用于奖励，这对现金流会造成一定压力。

在实际操作中，直接使用股票增值权的企业并不是很多，企业通常会使用股票增值权的衍生工具即账面价值增值权。

这一工具直接使用每股净资产的增加值，对高管人员、技术骨干和董事等激励对象进行激励，包括购买型和虚拟型两种类型。其中，购买型是指激励对象在期初按每股净资产值实际购买一定数量的公司股份，在期末再按每股净资产期末值回售给公司。虚拟型则不需要激励对象在期初支付资金，而是由公司授予激励对象一定数量的名义股份，在期末根据公司每股净资产的增量和名义股份的数量来对激励对象的收益进行计算，并据此向激励对象支付现金。

总结而言，股票增值权模式的优势与劣势对比如表 5.2-5 所示。

表 5.2-5　股票增值权模式的优势与劣势对比

类型	内容
优势	这种模式简单易于操作，股票增值权持有人在行权时，直接对股票升值部分进行兑现
	审批程序简单，无需解决股票来源问题

续表

类型	内容
劣势	不能获得真正意义上的股票
	由于有时股价与公司业绩关联度不大,以股价的上升来决定激励对象的股价升值收益,可能无法真正起到股权激励应有的长期激励作用
	公司的现金支付压力较大
适用范围	现金流量充裕且比较稳定的上市公司和现金流量充裕的非上市公司

5.2.6 员工持股计划模式

员工持股计划模式,又称为员工持股制度。该模式让员工持有本公司股票和期权,进而享有相应的管理权,成为公司股东并获得长期激励。

在实际操作中,员工持股计划模式经常由企业内部员工出资来购买本公司部分股权,并成立员工持股大会,由员工持股大会代表持股员工进入董事会参与表决并分红。其具体实施步骤如图 5.2-1 所示。

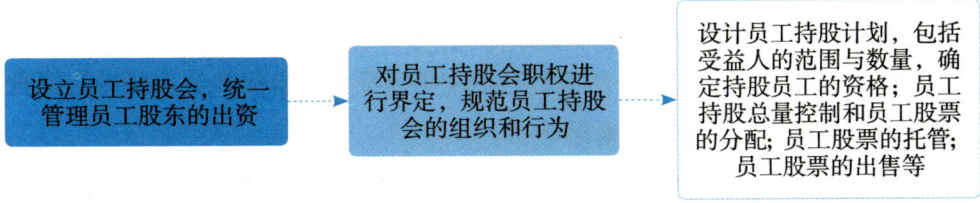

图 5.2-1 员工持股计划模式实施步骤

员工持股计划模式能够将员工和企业利益有效捆绑在一起,形成利益共同体。通过持股平台,员工具有了劳动者与股东的双重身份,实现劳动者与所有者风险共担、利益共享,挖掘出公司内部成长的原动力,提高公司的凝聚力和竞争力。员工持股计划模式还在一定程度上改变了上市公司股东的构成,员工以股东身份参与公司日常管理,能够促进公司治理水平的提高。

对于成长期的企业来说,这一模式也是其进行筹资与扩张的有效方式,如果是非公众持股公司,其股票也由此有了内部交易的市场。此外,员工持股使得企业拥有了强有力的一致行动人,能够防止被敌意收购,并拟于引进风险投资。

华为在创业后不久,就开始实施员工持股计划模式,这一模式对吸引人才的作用是非常明显的。

从员工角度看,其拿到股权的程序大致如下。每个营业年度,公司按照员工在公司工作的年限、级别等指标,对每个人能够购买的股权数进行确定。随后,由员工到相对应部门去登记购买,购买价格为每股1元。当时,这些股份与公司净资产不挂钩,员工购买股份后的主要收益,来自于公司分红,分红情况和公司效益挂钩。员工离职后,公司也按照员工原来的购买价格进行回购。华为工会下设的持股委员会,代表员工管理持有的股份,是公司真正的股东。

华为之所以采取这种模式,是因为其既能够发挥员工持股的优势,也可以避免公司决策偏离主方向,保证公司既定方针下的统一行动。事实上,这正是华为对员工持股计划模式缺点的提前规避。

当企业总体经营状况不佳,或者股份权益无法体现公司经营水平时,员工对这一模式就难以产生兴趣。即使没有这样的前提,如果每个员工获得的持股数量太小,也难以产生明显的激励效果。

从长远来看,员工持股计划模式福利性较强,和员工业绩挂钩不足,可能导致"大锅饭"情形,让员工具有了双重身份,这也可能导致其对企业管理决策产生负面影响。相比于公司外的股东,员工身为公司内股东,更容易获得重要信息,由此也可能导致内外股东的信息不对称、股权不平等问题出现。

总结而言,员工持股计划模式的优势与劣势对比如表5.2-6所示。

表 5.2-6　员工持股计划模式的优势与劣势对比

类型	内容
优势	把员工的利益与企业利益捆绑在一起，形成利益共同体
	通过持股平台持有公司较大比例的股份，有利于员工有效参与公司管理与决策
	形成一致行动人，避免恶意收购
优势	改善公司治理结构
	有利于引进风险投资
劣势	福利性强，与员工业绩挂钩不足，易导致"大锅饭"情形
	员工持股的短期行为化
	过小的持股数量难以起到明显的激励效果
	当股份不能反映公司业绩时，认股权的激励作用自然大打折扣
适用范围	所处行业较成熟，具有稳定增长机会的公司

5.2.7　延期支付计划模式

延期支付计划模式，是指公司将激励对象的部分薪酬（尤其是年终奖等大额资金收入），按照授予时公司股票市场价格折算成股票数量，在激励对象选择行权时，根据行权时的股票市价，以现金方式支付给激励对象。

在该模式中，激励对象所获得的股票，实际上是年终奖等奖金的一部分，相当于员工自行出资购买的股票。因此，其未来收益来自于公司股票上涨之后的差价，即行权时股价与授权时股价的差额。如果行权时公司股价下跌，甚至低于授予时的股价，激励对象的利益就会遭受损失。

例如，某企业高管获得了公司授予的延期支付股权。其个人年终奖、股权激励等奖励共价值现金 50 万元，授予日当天，公司股价为 10 元每股。在延期支付激励模式下，这 50 万元换成了 5 万股股票，并延期 5 年支付。5 年后，如果该公司股价上涨到 20 元，而该高管达到了业绩标准，其实际获得的 5 万股股票价值

100 万元。这意味着，通过延期支付计划，该高管额外获得了 50 万元的奖励。

延期支付计划模式将激励对象的部分薪酬和奖励兑换成为公司股票，并具有较长的锁定期。这样无疑增加了其退出成本，促使经营者更为关注公司的长期发展，减少了他们的短期行为，使得他们愿意将个人利益和公司长远发展相关联，千方百计做大公司业绩，提升公司股价。只有这样，员工个人才能拿到属于自己的奖金，并获得更多奖励。对公司而言，其也有利于进行长期激励，留住并吸引人才。

延期支付计划模式的另一直接优势，在于能够缓解公司现金流压力。众所周知，公司高管或核心骨干的年终奖比较丰厚，如果公司总是一次性支付，显然会对经营现金流造成压力。如果将这些大额资金延期到未来，在不同年份中以若干次的股票形式发放，就能够在一定程度上缓解公司现金压力。此外，通过延期支付，相当于将激励对象的高额奖励收入分摊到未来若干年，从而具有减税作用。

在实际操作中，延期支付计划模式最大的风险在于激励力度难以确定。延期支付的激励对象想要拿到超额奖励，其前提是公司股价在锁定期之后能够大涨。然而，二级市场股价波动比较大，如果行权时股价与锁定前相差不大甚至大幅下跌，激励效果就会无从发挥。所以，延期支付更加适合业绩稳定的上市公司及其集团公司、子公司使用。即便如此，由于是上市公司大股东主导进行，延期支付计划模式应避免产生不规范的嫌疑，而如果公司高管人员由于延期支付计划模式，导致持有本公司股票数量相对较少，也难以产生较强的激励力度。

总结而言，延期支付计划模式的优势与劣势对比如表 5.2-7 所示。

表 5.2-7　延期支付计划模式的优势与劣势对比

类型	内容
优势	把经营者一部分薪酬转化为股票，且长时间锁定，增加了其退出成本，促使经营者更关注公司的长期发展，减少了经营者的短期行为，有利于长期激励，留住并吸引人才
	可操作性强，无需证监会审批
	管理人员部分奖金以股票的形式获得，因此具有减税作用

续表

类型	内容
劣势	由上市公司大股东主导进行，有不规范的嫌疑
	业绩股票激励模式是提取专门的激励基金，而本模式将其纳入了经营者收入的一个组成部分
	公司高管人员持有公司股票数量相对较少，难以产生较强的激励力度
适用范围	业绩稳定型的上市公司及其集团公司、子公司

5.2.8 在职分红股模式

在职分红股模式，是一种常见的股权激励方式，是指针对某一类或某些特定岗位而设定的在职虚拟股份。该模式中，激励对象一般不需要出资购买，公司通过对核心人员进行目标设定，在完成公司目标基础上与员工分享利润。当员工因任何原因离职后，该权益就此消失。

在职分红激励，只有分红权，没有继承权，也没有投票权和所有权，无法出售、抵押、担保和转让。员工在公司任职时，能够享受分红，离开公司就停止分红。可见，在职分红的最大特点是针对岗位而不是针对具体人的。

例如，某公司对优秀员工实施在职分红股模式，分红比例为实际利润的30%，如果公司实际利润为1000万元，公司将拿出300万元进行在职分红激励。如果总经理岗位的分红比例为20%，则到年底时，总经理经考核达标，就可以拿到在职分红60万元。

在职分红股模式，能够产生如下激励效应。

1. 增强员工的归属感。

当公司实施在职分红股模式后，员工能感受到特有的归属感，不仅能够获得工资收入，还能够享受到由公司利润获得的分红。相比之下，一般公司的利润分红权属于股东，普通员工无从获得对应的权利。当员工得到分红权后，其就会感到自己享有了股东的部分权益，而不只是获得了金钱奖励。这样，他们就会将公司的事业当成自己的事业。

2. 增强荣誉感。

无论从经济学还是心理学角度来看，"物以稀为贵"的真理都是不可被颠覆的。股权，是每个公司都最为稀缺的资源。公司能够拿出在职分红股授予员工，无疑体现出激励对象在公司内的地位，也展现出公司给予激励对象的高度重视。这样，员工无疑会因此产生强烈的荣誉感，并在精神层面上对公司产生高度认可。

由于上述原因，员工自我认同的身份无疑发生了转变，并因此产生对公司的责任感，进而会努力奋斗。

不过，在实际操作中，在职分红也存在难点。如果把握不好激励方式与内容，激励效果就会大打折扣，甚至弄巧成拙。

首先，在职分红难以确定激励对象。

在职分红虽然是"对岗不对人"的，表面上看起来激励的对象是岗位，但最终受益者还是人。因此，如何选择确定激励对象，是实施这一模式的最大难点。在该问题面前，不同公司有不同的考虑，往往取决于哪些岗位或人能够直接影响到企业的利润。

其次，在确定考核方式时，在职分红股模式需要明确的业绩考核机制。

公司应该事先设定目标利润，并规定如果达不到目标利润如何处理、超过目标利润如何分红、超过目标是否设置阶梯分红比例等，这些都是确定分红数量的过程。

其中稍有不当，就会导致问题出现：激励对象获得的分红多了，股东和公司利益就可能受损；激励对象获得的分红少了，激励对象可能不满意，也就难以实现设想的效果。

实际上，想要在公司利益和激励对象利益之间达到最佳平衡，并不是很容易的事情。

第6章
股权顶层设计：战略性股权布局与控制技巧

　　股权布局与控制，是企业发展战略的重要组成部分。企业通过合理高效的股权布局，可实现多元化扩张，并迅速成长为巨型企业。因此，在企业的战略布局中，股权布局与时间布局、地域布局一样，都是值得被充分重视的顶层设计工作。

6.1 创业团队如何设计股权架构

创业团队的股权架构设计，决定了公司在随后发展中呈现出的股权布局。如果最初的股权架构就存在先天不足，公司就很难顺利、稳定地成长起来。因此，创业之初，对股权设计应慎之又慎，避免留下巨大隐患和风险。

6.1.1 两个人如何合伙、夫妻如何合伙

在合伙企业中，两个人合伙是较为常见的情况。

两个人合伙创业决定股权架构时，首先应解决的重要问题在于谁是企业的核心人物。

通常情况下，企业发起人应该是大股东，后进的合伙人则成为小股东。但由于种种主客观原因，发起人可能变成了公司的兼职管理者，合伙人却全职投入。此时，就需要通过以下两种方法进行解决：或者是将发起人变成投资人，转变为小股东，让合伙人变成大股东；或者是通过分红方式约定，全职者可以多获得分红。只有核心者与合伙人的权力与权益得到平衡，股权架构才会平衡而稳定。

在具体计算两个人合伙的股权比例时，通常应根据其投资金额的多少来进行。同时，也应结合实际情况来评估是否合理。

例如，某公司实际投资100万元，全职工作的股东只投资了20万元，而兼职的股东投入了80万元，股权结构就不能简单地按照相同比例来设定了。否则，

具体经营管理的股东，就很难有信心或责任心不断提升企业业绩。

除了避免出现上述问题外，也应注意避免下列错误的股权比例。

1. 五五对开。

两个人合伙，各占一半的股权比例，经常会导致双方相互抗衡。如果发生在家族内部，还会导致亲情破裂。因此，无论是家庭内部还是外部的合伙，其都应避免各占50%的情形。

2. 90%和10%。

当两个人合伙并在未来一段时间内没有引入新合伙人计划时，这种结构很容易让人联想到创始人一家独大的情形。股权比例之间的差距太过明显，既不利于小股东发挥积极性，也不利于吸引未来的投资者。

3. 65%和35%。

根据《中华人民共和国公司法》规定，股东会会议提出修改公司章程、增加或者减少注册资本的决议，以及公司合并、分立、解散或者变更公司形式的决议，必须经代表三分之二以上表决权的股东通过。

因此，如果两个人合伙，股权分配为65%（或其他小于66%）和35%（以及其他大于34%的比例），这种结构下，合伙人等同于掌握了一票否决的权力，不利于未来修改公司章程、增资等重大事项的决策。

实践中，两个人合伙最好的股权比例应该是一大一小，例如20%和80%，或者30%和70%。在设计过程中，还应充分考虑到发起人、创业点子、创业资源、早期产品、商标、专利、精力投入、既有经验等因素，计算出最合理的比例，确保股权的稳定性。

在两个人合伙的情形中，还存在夫妻联手创业这样的特殊情况。对于大多数夫妻而言，如果其关系正常、目标一致、离婚概率较小，那么双方理应坦然正常面对公司的股权架构设计，为此可以有两个方案可以考虑：或者是由发起人作为股东明确在公司章程上，配偶则不再成为单独的股东；或者是发起人控股，配偶为小股东，避免出现夫妻同比例的情形。

一般而言，第二种设计是夫妻创业的常见做法，但还需要加上后续的配套协议条款，并体现在公司章程、股东协议、婚前协议、婚内协议等中，其中尤以签署夫妻关于股权的财产约定以及相关协议最为稳妥。

6.1.2　3人、4人、5人、5人以上如何设计股权架构

无论3人、4人、5人还是更多创始人的合伙企业，其股权架构的基础原则是一致的：应由所有合伙人进行协商决定，参照出资比例、创业资源、劳务支出比例来进行调整和分配。

在设计股权比例分配方案时，可以按照以下步骤进行：

1. 先将股权分成两个类别：资金股权部分和经营管理股权部分；

2. 对资金股权部分进行计算，确定比例；

3. 根据每个人在创业团队中担任的职责、做出的贡献，评估经营管理股权。为此，可以设立简单的虚拟股权绩效评价系统，按照职责、岗位来确定分配比例的多少；

4. 将资金股权与经营管理股权部分合计，计算出不同创业合伙人应得的股权比例。

具体到不同人数的情形，股权架构的方案设计可根据如下原则进行。

1. 3人股东。

尽量避免33.33%、33.33%、33.33%的平均比例结构，这很容易导致公司的分裂；同时，也应避免90%、5%、5%这种一家独大的结构；类似40%、40%、20%的结构，会导致第3股东绑架另外两位股东的问题出现；而40%、30%、30%这样的股权结构，也不尽合理，因为当第2股东和第3股东联合起来时，创始人的核心地位就岌岌可危了。

通常而言，3人股东最好的股权比例结构是70%、20%、10%或60%、30%、10%，其基本原则如图6.1-1所示。这种结构能确保利益的均衡化与结构的层次感，既能确保激发第2股东、第3股东的积极性，同时也能维护创始人的决策地位。

图6.1-1 3人股东股权比例基本原则

2. 4人股东。

除了同样避免均分和一家独大的情形外，4人股东的股权结构设计应秉持的基本原则如下：第2股东＋第3股东＋第4股东＞第1股东＞第2股东＋第3股东。同时，创始人至少要保住股权生命线中的一条线，如绝对控股线（67%）、相对控股线（51%）、一票否决权（34%）等。

3. 5人股东。

5人股东或更多股东的初创企业，在进行规划股权架构设计时，可以利用常见的"54321"股权分配方案。

其中，"5"是指5个股东一起合伙，"4"是指大股东、发起人、创始人、带头人的股权比例在**40%**左右，"3"是指其他联合创始股东股权比例相加在一起在**30%**左右，"2"是建议两个股东不参与经营决策或管理，"1"是指预留约**10%**的期权池，以便提供给未来的管理者以及后进股东。

相比之下，如果创始人的股权大于其他所有人持股总和，这虽然凸显了核心地位，但却容易造成独裁的问题，导致出现重大事项决策上的风险。如果创始人虽能一股独大，但相对却小于其他所有股东的总和，那么就会导致其地位不稳。因此，根据"54321"方案设计的股权架构，相对而言最具有可操作性，能为各方所接受。

6.2 持股平台设计技巧

持股平台,是非上市公司实施股权激励过程中比较常见的操作模式。具体而言,即在母公司之外,以被激励对象作为主要成员,搭建特殊目的企业,再用这些企业去持有母公司股权,从而达到让被激励对象间接持有母公司股权的目的。

持股平台的选择、设计、操作和管理,直接关系到股权激励的效果,其中以设计技巧的运用最为重要。

6.2.1 有限合伙

为了有效实施股权激励,企业可以成立一家由本公司大股东控制的有限公司,然后将本公司转让部分股权给持股平台。这样,该有限公司就成为本公司的股东。随后,持股平台再将其股权转让给获得股权的激励对象。最终,激励对象通过持股平台公司,间接持有了本公司的股权。

例如,A 公司注册资本金为 3 亿元。在实施股权激励时,该公司两个大股东新成立了 B 有限公司,作为本次股权激励的持股平台。B 有限公司获得 A 公司 25% 的股权、股权激励行权期结束时,A 公司共有 35 位激励对象获得了 10% 的股权。该公司通过持股平台,实现了激励对象间接持有 A 公司股权的目的。

成立有限公司作为持股平台进行间接持股,激励对象只会成为持股平台公司的直接股东，可以根据公司法、平台公司章程，在平台公司内行使股东权利。同样，平台公司作为本公司的法人股东，在本公司行使股东权利。激励对象不是本公司的直接股东，无权直接参与本公司的股东会，也不能直接在本公司行使股东权利。

这种持股平台，主要是确保激励对象能够共享公司利润，对本公司的股东会决策几乎没有影响，能够很好地做到让利不让权。

6.2.2 有限合伙企业

除了成立有限股份公司之外，也可以成立一家由本公司大股东控制的有限合伙企业，然后由该持股平台通过增资扩股的方式持有本公司部分股权。这样，持股平台就成为本公司的股东。随后，将获得企业激励股权的激励对象作为有限合伙人，进入有限合伙企业的持股平台，得到对应的财产份额。最终，激励对象通过有限合伙企业间接持有本公司股权。

例如，K股份公司总股本5000万股。2010年开始实施股权激励，2013年行权期结束，公司共有26位激励对象，最终获得20%的股份即1000万股。该公司通过持股平台D有限合伙企业，实现激励对象间接持有K股份公司股份的目标。其中，本公司大股东为D有限合伙企业的普通合伙人，而其他激励对象则作为有限合伙人加入。

成立有限合伙企业作为持股平台进行间接持股，激励对象只能担任持股平台的有限合伙人，能够根据《中华人民共和国合伙企业法》和有限合伙协议的规定，取得财产份额的收益权，不能管理合伙事务，合伙事务由普通合伙人管理。持股平台作为本公司的法人股东，在本公司行使股东权利，激励对象并非本公司的直接股东，也无权直接参与本公司股东会，不能直接行使股东权利。

6.2.3　选择有限公司还是有限合伙企业

一般而言，设立持股平台，是出于公司治理和持股管理便利的考虑，可以选择有限公司，也可以选择有限合伙企业，还可以利用资管计划和信托投资等形式。选择不同的平台方式，在效果、法律和税务上，都可能对公司发展产生不同影响。其中，最值得探讨和关注的是有限公司和有限合伙企业作为平台的差异。

1. 法律层面。

从设立和管理角度看，有限合伙企业相比有限公司更加灵活，其对比如表6.2-1所示。

表 6.2-1　有限合伙企业与有限公司对比

	有限合伙企业	有限公司
成立基础	合伙协议	公司章程
法人人格	无法人人格	具有法人人格
设立	设立手续简便	要求相对较多
人数限制	2人以上50人以下，其中应有一名普通合伙人	50人以下
组织机构	无强制要求	股东会、董事会、监事会
管理	普通合伙人执行合伙事务；有限合伙人不执行合伙事务，不得对外代表合伙企业	除非公司章程另有规定，股东会会议由股东按照出资比例行使表决权

通常而言，公司之所以需要打造持股平台，就是为了避免被激励对象的持股会影响到公司决策管理。由于有限合伙人在法律上不享有执行合伙事务的权利，公司实际控制人能够通过控制普通合伙人的方式，保留对公司投票权等实质性管理权的拥有。因此，相比较有限公司而言，有限合伙企业作为平台，更容易达到控制股权的目的。

2. 责任差异。

从责任角度看，有限公司作为持股平台，其股东承担有限责任，能够将风险与母公司进行隔离。在有限合伙企业中，普通合伙人承担无限责任，有限合伙人承担有限责任。如果设立有限合伙企业，虽然母公司作为普通合伙人承担无限责任，但母公司股东仅承担有限责任，同样能够达到风险隔离的效果。

3. 管理差异。

从管理角度看，有限合伙企业份额的变更，相比有限公司股权的变更要更为灵活。

当员工通过持股平台获得母公司的激励股权后，其可能由于离职、违反规章制度或考核不达标等原因，丧失部分或全部的激励股权。此外，也可能由于员工资深的主动需求，发生股权的转让、回购。而母公司本身的股权激励，也可能分为不同批次授予完成。因此，在持股平台中会不断增加新的激励对象，导致发生频繁的持股平台内部持股结构变更情况。

从这个角度而言，有限合伙企业能够在较大范围内，以合伙协议约定的方式，将有关变更的决策流程进行简化，从而更加便捷与高效地进行股权处置。

6.2.4 母子孙分公司

在母公司与下属的分公司、子公司、孙公司之间，也能够设计出持股平台与被持股的关系。通过在上下层级的公司之间进行相互持股和重组，可以确保成熟期的母公司拥有更大营业规模、更高利润、更高净资产指标和更充足的现金流，满足上市的财务指标要求。同时，利用持股平台基础上进行的股权重组，能够保证企业股权的高度集中。否则，由于种种激励模式的实行，母公司的股权容易变得日渐分散凌乱。一旦面临上市计划，就会出现各种障碍，直接导致股份激励计划的失败。

在母公司和分公司、子公司、孙公司之间的持股与重组，通常有以下3种类型。

1. 母公司持股，下层不持股。

所谓母公司持股，是指母公司的所有主要高管作为激励对象，不在任何分公司、子公司、孙公司持股，而是全部在公司总部持股。这样，母公司成为下级公司的持股平台。

这种模式主要应用于股权激励较为复杂、股权呈现分散格局的企业。

例如，华为公司虽然在全世界各个国家或地区有下属分公司、子公司，但所有高管股东均在母公司持股。

2. 下层持股，母公司不持股。

该持股模式与第 1 种模式完全相反：激励对象中的多数人，在母公司下属的分公司、子公司内持股，并不在公司总部控股。这样，母公司的持股结构更为集中，能够在各下属企业中产生更明显的激励效果。

例如，复星国际资产上千亿元，就采用了这一股权持有模式。该集团董事长郭广昌及其他 4 位股东控制母公司的股权。其他所有激励对象作为员工所获得的股权都属于不同子公司、分公司。

3. 多层次持股。

该模式中，股权激励对象不仅持有母公司、分公司、子公司的股份，还可以持有其他层级公司的股份。

例如，在 H 集团内，柳经理是上海子公司的老总。集团董事会可以用上海子公司的股份对其进行激励，但考虑到上海子公司是深圳母公司控股，因此，柳经理也可以在深圳母公司获得股权。另外，上海子公司下属还有设立在华东各城市的孙公司，柳经理也可以在其培养的这些公司中，获得股份激励。

从母公司到子公司、孙公司的在职分红、超额利润激励等，能够共同带给激励对象充分的回报。这样，被激励对象就会在不同的持股平台上，与企业整体有了多重的利益和责任纽带。他们将由此更加忠诚与负责，使得股权激励产生最大效果。

当然，在上述第 2 种和第 3 种类型里，当整个企业出现上市需求时，持股平台的复杂分布，会给上市带来阻碍。此时，母公司需要将当初通过分公司、子公司、孙公司所发放给激励对象的股份置换回来，让他们重新回归到母公司持股。被激励对象虽然还能够在原先获得激励的下属公司获得分红，但法律意义上的注册股被取消了。从新的持股架构来看，企业就此完成了由母公司的控股，上市和随后的激励将更为顺利。

6.3 控制权就是一切：如何设计股权控制权让你永远不丢掉自己的"孩子"

任何一家企业的创始人，都会利用种种外力来发展企业，犹如孩子的父母总会殚精竭虑，希望找到最好的师长来帮助孩子。然而，他们必须共同面对的现实问题是，当企业进行融资时，必然意味着股权的转让变动。如果股权稀释到一定程度，没有事先进行有效设计，创始人的控制权就可能摇摇欲坠。

因此，如何用好股权设计，保护好自己的"孩子"，在发展壮大的同时依旧让其属于你，值得每个企业家为之深入思考。

6.3.1 控股

公司的控制权离不开股权的控制权。控制好手中的股权，企业家才能对自己的"孩子"有真正的控制权。这看起来似乎显而易见，但却一次次被现实中企业家的惨痛经历所反证。

为了不失去自己辛苦创办的企业，企业家无论何时都要通过控股，保证最基本的控制权，确保控股底线，将必要的股权牢固抓在手上。

控股的底线有 3 条，如图 6.3-1 所示。

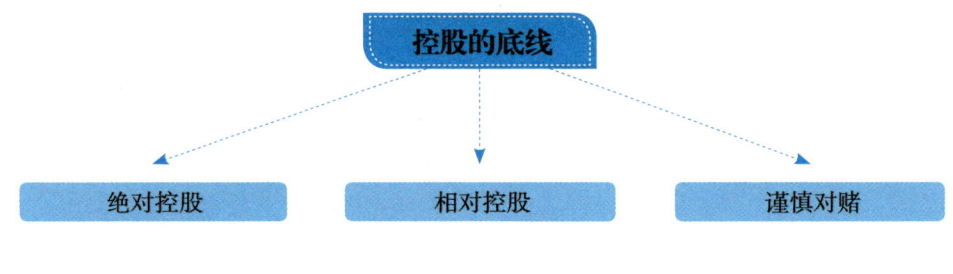

图 6.3-1 控股的底线

1. 绝对控股。

绝对控股权情形下创始人持股比例达到 67%，也就是达到三分之二，公司决策权基本可以完全被掌握在手中。

2. 相对控股。

在相对控股权情形下，创始人至少应持有公司 51% 的股权。可见，相对控股权同样也需要创始人是持有公司股权最多的股东。唯有如此，才能与其他股东相比保持对公司的相对控制。

3. 谨慎对赌。

从本质上看，许多创始人失去企业的股权，进而失去控制权的根源在于融资协议。甚至可以毫不夸张地说，某些股权融资协议中的对赌条款、回购条款往往是经过精心设计的，其目的就在于让创始人出局。

对赌条款的问题在于信息不对称。创始人想要融资，就要说服投资人看好企业的未来，双方必定要围绕企业的未来进行"赌"。如果未来业绩没有达到预期，为了减少投资人的损失，创始人必须拿出一部分股权。这个条款的形式本身是相对公平的，但具体数额往往不利于创始人。**尤其在签订对赌条款时，不少创**

始人都抱着侥幸的心态，希望先将资金引进，也就接受了有关条款，而实际上为日后对赌失败导致股权流失，埋下了无法逆转的源头。因此，只有在融资时谨慎观察对赌条款并做出准确的判断，创始人才能守住底线。

面对外来投资机构，创始人需要认识到，股权的安全边际设置，是自身的底线与保障。在引入投资人时，创始人需要从股权安全角度出发，对投资人做出分析，保证股权的安全边际。

当然，并非每一种投资机构都对企业的股权"虎视眈眈"。通常情况下，对企业的投资人分为**财务投资人和战略投资人**。财务投资人的目的通常相对短浅，只是投入金额后经过若干年，通过公司的发展获得财务回报并正常退出。

与此相比，战略投资人的目的可能更加深远，他们经常愿意比财务投资人承担更大的风险、投入更多的成本，也就更有可能想要在公司壮大之后，获得公司的控制权。因此，在想要签署对赌协议、引入战略投资人之前，创始人应该根据实际情况，为加强自身的控制权做出特别准备。

6.3.2 控人

任何公司都是由人形成的组织。为了控制好公司，创始人必须懂得如何控制"人"，更准确地说，是控制好公司董事会。

围绕董事会的所有人，无论是对于投资方、合伙人还是对于高管，创始人都应通过有效的股权结构设计去进行积极影响，确保他们始终站在创始人的利益立场。

2014年9月19日，阿里巴巴在美国纽约证券交易所成功上市。从阿里巴巴的股权结构看，其第一大股东是软银，第二大股东是雅虎，分别持股31.8%和15.3%，而阿里巴巴合伙人团队持有13%的股份，马云本人持股比例仅有7.6%。然而，根据公司章程的相关规定，以马云为首的34位合伙人，有权任命董事会的大多数成员，并因此成为公司的实际控制人。

马云是如何做到这一点的？这离不开其高明的"控人"之道。

按照一致行动协议，虽然软银是大股东，但其手中超出30%的股票投票权将交给马云和蔡崇信代理，而在30%权限内的投票权，则必须支持阿里合伙人提名的董事候选人。当然，作为利益交换，软银只要持有了15%以上的普通股，即可提名一位董事候选人，成为董事会观察员，负责履行投票记录等事宜。软银对这位候选人的提名，也将会得到马云和蔡崇信的投票支持。雅虎方面，则会统一将高达1.215亿普通股的股票权，交给马云和蔡崇信代理。

除此之外，在公司章程上，马云也取得了有利位置。根据阿里公司章程的相关规定，以马云为首的合伙人团队，拥有对董事的特别提名权，可以任命半数以上的董事会成员。而他们做出的决定，只有获得95%以上的股东选票后，才能被修改。

作为阿里的创始人，马云无疑需要保持自己对企业的控制权。但他并非通过控股来做到这一点，而是以"控人"实现目标。

在较大的企业内，如果核心创始人没有掌握公司多数比例的股权，不妨学习马云，考虑利用一致行动协议等方式，巩固对企业的控制。

1. 一致行动协议。

一致行动协议即通过协议约定，某些特定的股东就约定的特定事项采取一致行动。意见不一致时，这些股东必须跟随一致行动人（创始人）投票。例如，在创始股东之间、创始股东和投资人之间，可以通过签署一致行动人协议，加大创始股东的投票权重。

一般而言，创始人签订一致行动协议，是为了确保公司里的大股东能够在提案权、表决权等股东权利的行使上，同自己做出相同的意思表示。这样，就能将创始人自己的意见作为一致行动的整体意见，从而巩固自己在公司中的控制地位。

下面是一份常见的一致行动协议模板。

附 一致行动人协议

甲方：

乙方：

丙方：

_____

（以下甲、乙、丙、____ ____方合称"协议____方"、单称"各方"或"每一方"）

甲、乙、丙、____等____方目前均为_____公司股东，在投资理念及经营观念上基本一致，为更好地协调各自立场，促使协议____方在对公司重大问题的决策上保持一致，特达成以下书面约定，以进一步明确各方对于公司未来的一致行动关系，促进公司的全面稳定健康发展。

一、协议____方应当在公司每次股东会（或股东大会）召开前，对该次股东会（或股东大会）审议事项充分协商并达成一致意见后进行投票。

如若协议____方未能或者经过协商仍然无法就股东会（或股东大会）审议事项达成一致意见，则各方一致同意无条件依据_____先生所持意见，对股东会（或股东大会）审议事项进行投票；或由乙、丙、_____等____方不作投票指示而委托_____先生对股东会（或股东大会）审议事项进行投票。

二、协议____方应当共同向股东会（或股东大会）提出提案，每一方均不会单独或联合他人向股东会（或股东大会）提出未经过协议____方充分协商并达成一致意见的提案。

三、在本协议有效期内，未经其他各方书面同意或者达成相关书面协议，任何一方不得转让其所持有的全部或者部分公司股权（或股份），或者委托任何其他第三方管理其所持有的公司股权（或股份），或者委托任何其他第三方行使股权（或股份）权利。

四、本协议的有效期为20____年____月____日起至20____年____月____日止。

五、本协议一经签署即构成对各方均具有法律约束力的义务，对于任何一方违反本协议项下的法律义务，其他各方均有权追究其法律责任。

甲方：

乙方：

丙方：

签署日期：二O____年____月____日

签署地点：中国_____市

2. 投票权委托。

投票权委托，即公司部分股东通过协议约定，将其投票权委托给其他特定股东行使的行为。在阿里，马云正是通过投票权委托协议约定，取得了软银和雅虎委托的投票权，实现了对公司的稳定控制。

即使投资人等股东不愿意委托投票权给创始人，创始人也应该有信心提出条件，去强势要求投资人、资源人股东和股权激励对象等人，将投票权委托给创始人行使。其中，股权代持是最典型的方案，也是公司创始人在早期应当优先考虑的投票权委托方案。

6.3.3　控权

"控权"的成功基础离不开对股权的控制。股权比例控制有9条红线，如表6.3-1所示，创始人必须对此予以充分重视。

创始人想要牢牢把握公司的控制权，还离不开对日常经营权力的控制，这一步骤称为"控权"。通常情况下，创始人应力争兼任公司董事长、总经理和法人代表，同时避免非创始股东控制法人、公章、营业执照、账户等公司印鉴，并以此保证日常经营权不致旁落。

表 6.3-1　股权控制 9 条红线

控股比例	拥有权力	备注
绝对控制权 67%	拥有绝对控股比例，等同于获得足够支配权力，能够直接修改公司章程/分立、合并、变更主营项目、重大决策	
相对控制权 51%	可以控制公司的决策	
安全控制权 34%	自动拥有一票否决权	
30%	上市公司要约收购线	
20%	重大同业竞争警示线	
临时会议权 10%	可提出质询/调查/起诉/清算/解散公司	
5%	重大股权变动警示线	
临时提案权 3%	提前会议权利	
代位诉讼权 1%	可以间接地调查和起诉权（提起监事会或董事会调查）	亦称派生诉讼权

在"控权"的操作中，AB 股计划和有限合伙持股，是相当实用的架构设计方法。

1. AB 股计划。

如果公司适用境外架构，可以使用 AB 股计划，并配合实行"同股不同权"制度。

AB 股计划的重点，在于将公司股票区分为 A 序列普通股与 B 序列普通股。其中，A 股由机构投资人与公众股东持有，B 股由创业团队持有，两者设立不同的投票权，以此确保创业团队的经营管理权力。

京东在美国上市之后，将公司股票分为 A 类普通股和 B 类普通股。刘强东作为创始人，控制 B 类普通股，其他所有股东的股份为 A 类普通股。B 类普通股的投票权，为 A 类普通股投票权的 20 倍。由此，出资只占 20% 的创始人刘强东通过持有 B 类股票，获得 83.7% 的投票权，实现了对京东的绝对控制。

值得一提的是，在美国上市的公司通常都采用这种股权结构，以维持公司创始团队的日常经营控制权。例如，脸书、谷歌和百度等企业，都将其 A 序列普通股与 B 序列普通股的投票权比设为 1∶10。而近年来赴美上市的不少中国企业，如京东、聚美优品、陌陌等，也采用了这种 AB 股计划。

2. 有限合伙持股。

创始人也可以通过有限合伙企业来对公司进行持股。具体方法是：所有股东不直接持有公司股权，成立一个有限合伙企业。让所有股东加入有限合伙企业，创始人担任普通合伙人，其他股东担任一般合伙人。这样，所有股东能够间接持有公司股权，创始人虽然只持有很少股份，但却可以凭借普通合伙人的身份，控制有限合伙企业，进而持有公司的控制权。

3. 创始人否决权。

创始人否决权是值得考虑的防御性条款策略。当创始人股权低于 50% 的时候，可以通过修改章程，给创始人在公司股东会层面做出决定时保留否决权。这些否决权应该针对公司的重大事项，包括合并、分设、解散、上市、年度预算结算、出售重大资产、对外投融资、公司审计、董事会变更、高管任免等。创始人可以提出对于这些公司重大事项的决定，自身拥有一票否决权。在这种情况下，即使创始人股权低于 50%，无法控制股东会和董事会，但至少对公司重大事项的决定还有推翻的权利，属于防御性的权力设置。

在国美电器内部矛盾中，虽然黄光裕身陷牢狱，其却依然能够保留对公司的控制权。这正是得益于该公司董事会内独特的一票否决制度。当时，由于黄光裕突然被关押，临时将公司交给陈晓负责，但陈晓意图引入贝恩资本，稀释黄光裕家族的持股比例。正是由于黄光裕在公司章程中保留了关于重大事项的一票否决权力，否决了陈晓的决议，才保住了自己的控制权。

6.3.4 章程

公司章程，是对股东共同一致意思的表示，将公司组织和活动的基本准则加以载明，是公司成立的基础、运营的指南。在公司中，其经营的各个层面，都需要受到章程的指导和约束。

同样，从创始人掌控公司控制权的角度来看，公司章程的重要性也不可被忽视。经过科学设计出的公司章程，对内能帮助创始人全面掌控公司的经营管理，对外则能够对抗可能出现的恶意收购。正因为如此，创始人必须从一开始就对章程条款加以设计，避免僵硬套用通行的统一模板。否则，很容易让企业在创立之初就埋下控制权旁落的隐忧。

下面是章程设计和起草中应注意的问题。

1. 同股同权或同股不同权。

根据《中华人民共和国公司法》规定，股东会会议由股东按照出资比例行使表决权，但是，公司章程另有规定的除外。

显然，这一法条将是否实施"同股同权"的权力交给了公司章程来约定。因此，无论是设立企业，还是进行增资、融资、变更，都可以考虑公司的实际经营情况，由创始人主导对公司章程的设计和修改，以便灵活使用"同股同权"或"同股不同权"，确保自身控制权的稳定。

2. 股权转让问题。

《中华人民共和公司法》规定，公司章程可以对股权转让做出具体规定。因此，有限责任公司章程能够自由约定对股份转让的限制，这无疑又是为创始人稳守控制权提供了便利。

例如，某有限公司章程约定："为奖励对公司具有特殊贡献的高管或者技术骨干，公司控股股东可将其持有的部分股权进行赠与，但出让股东仅转让相应比例的分红权，受让股东不享有表决权和转让权以及其他股东权益。"

通过这一约定，控股股东即使将股权中的分红权进行转让，也并不会动摇创始团队的控制权。因为无论赠与激励对象多少股权，这些股权中除了分红权之外的权能，仍然属于创始股东。

3. 其他控制层面。

实际上，公司章程能够对公司经营多个层面都进行有效约定，从而保护公司控制权不至于旁落。其中主要层面表现在以下几个方面。

（1）法定代表人。

《中华人民共和国公司法》规定，法定代表人由公司章程确定。公司章程不仅能够确定法定代表人的人选，还能对法定代表人的任免方式和权限范围进行细化规定。

利用这一规定，创始人可以在企业创立初期，就选择对保有控制权最有利的法定代表人任免方式和权限范围，并将之写入章程中。

（2）股东会职权。

除了法定的10项职权之外，可以将其他股东会职权也写入到公司章程中。

从有限责任公司的治理结构角度来分析，最上层是公司的最高权力机构即股东会，其下是董事会，最下则是公司管理层，如图6.3-2所示。

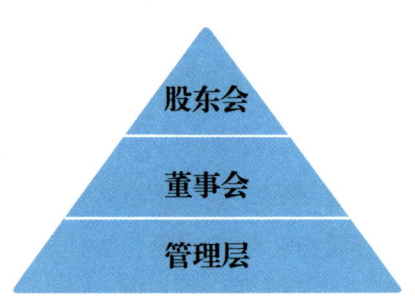

图6.3-2　有限责任公司的治理结构

股东会由公司的全体股东组成。公司所有的重大事项，包括公司章程修改、董事任命、对外融投资等都是由股东会决定的。为了保护对公司的控制权，创始人应该根据控制权需要，将股东会职权在章程中予以约定。

（3）股东表决权的分配和限制。

在有限责任公司中，股东的表决机制可以由股东自行设计，也可以对表决权进行限制，并体现在章程内容中。

（4）董事会人数、任期，董事长的产生。

章程可以自行确定董事会成员人数，任期也可以自行约定（但不得超过3年）。通过章程中的约定，也可以用特有方式选举董事长。

同样，除了法定职权外，公司章程能够自由约定董事会职权。

（5）股权转让。

根据《中华人民共和国公司法》的规定，章程可以自行约定公司股东转让股权的行为。

（6）其他条款。

只要不违背法律强制性和禁止性规定的条款，公司章程可以约定其他条款，以保护创始人的控制权。

通过章程对上述事项的设计，公司的创始股东能够实现对公司股东会与董事会的控制，从而控制公司。尤其重要的是，公司章程也可以对股东退出进行规定。利用章程的设计，创始人完全可以依据设计好的章程条款，将敢于挑战控制权的股东逐出公司。

6.3.5 董事会

即使创始人在股权层面占据优势，因此获得对公司的控制权，董事会的作用也依然无法被忽视。一般而言，公司很少召开股东会，也就无法通过股东会控制权来控制公司的日常经营管理。相反，公司的日常经营管理事项，主要由公司执行董事或董事会来决定。创始人必须懂得如何控制董事会，才能真正控制公司的日常经营管理权利。

在董事会里控制的人数越多，创始人的话语权就越大。董事会的选举与任免由股东会决定。董事会成员通常在3～13人，其决议的表决实行一人一票制。

毫无疑问，控制董事会最主要的法律手段，就是尽可能控制董事的提名与罢免。

然而，在现实中，当公司在对外进行融资时，公司的投资人往往会以增加选定的董事作为投资条件，甚至直接要求董事的任免权。此时，创始人就要注意控制董事会的人数，保持"自己人"的比例。

一般而言，创始团队在公司发展初期，最起码要控制三分之二的董事人数；在公司成熟期，也要控制一半以上的董事人数。

例如，京东董事会有9名成员。其中，老虎基金、DCM等投资机构分别有权任命一名董事。创始人刘强东及其管理团队，则有权任命5名董事，并有权任命董事会主席。从董事会席位来看，京东创始团队与其他股东在董事会的投票权比例为5:4，刘强东在董事会的投票权超过半数。这样，当面临公司发展中的重大问题时，刘强东团队可以牢固把控主导权，从而确保京东的前进方向在自己的控制之中。

在融资过程中，创始人对董事会成员比例的设置也应给予重视。一般而言，在A轮融资时，可以设置7名董事，A轮投资人可以委派1名董事，创始人团队委派6名董事。按照这样的比例，到第3轮融资时，创始团队还能够占据4席董事会席位。同时，在融资过程中，公司应尽量将外部董事席位提供给对公司发展具有重要意义的投资者，并随着外部董事的增加来增加整个董事会的人数，以便保持创始股东控制董事人数的总体比例。

6.3.6 董监高任免

初创企业的发展情况复杂多变，随着企业的股权融资、股权激励等情况，会导致创始人在实际经营层面中逐渐失去对企业的控制。为此，如何任免董监高，应该提上公司股权架构的设计日程。

在任免董监高方面，为了实现对公司经营权的控制，一般应注意以下几方面。

1. 设计董事会议事规则。

根据《中华人民共和国公司法》规定，有限公司董事会决议的表决，实行一人一票制。有限公司董事会的议事方式和表决程序，除《中华人民共和国公司法》中有规定的外，由公司章程规定。

根据这一法条内容，创始股东可以利用董事会议事规则的设计，形成能积极影响董监高任免制度的内容，包括以下方面：

（1）对有利于实现自身控制权的事项，设计为简单多数通过；

（2）对危及自身公司控制权的事项，设计为特别多数通过；

（3）对可能严重危及其公司控制权的事项，设计为全体董事一致通过规则。

通过这些内容，创始股东能够阻止对自身控制权不利的任何人事任免议案。

2. 董事提名和任免权。

选举董事，不仅是公司股东的重要权利，更是围绕公司控制权争夺行动中最激烈、最关键的部分。在实际操作中，选举董事的前提是提名董事，创始人只有让"自己人"成为董事候选人，才有可能进入股东会表决环节，并顺利主导未来的董事会。

从实际操作来看，公司的创始人掌握董事提名权，是掌握公司控制权的法宝。因此，可以通过修改章程，适当增加股东提名董事的难度，使得外来收购方即使拥有最多股份，也难以在董事会中获得一席之地。

具体步骤上，创始人可在章程中对提名董事事项做出特殊规定，包括延长持股时间、增加持股比例的要求，从而对可提名董事人数进行限制。

例如，某公司创始人围绕董事会提名权设计相关章程内容。

非独立董事候选人，由上届董事会或连续180个交易日单独或合计持有公司行在外有表决权股份总数 4% 以上的股东提出。单独或合并持有公司 4% 以下股份的股东最多可以提名 1 名董事，单独或合并持有公司 4% 以上股份的股东提名董事的人数不得超过公司董事会人数的 1/3。

为了获得董事会的战略阵地，在公司章程还中可以规定董事会内一定数量（一般过半数）的董事必须由核心管理层委派。

当然，创始人也应注意到，《中华人民共和国公司法》对公司章程的法定、意定事项的范围是有所限制的。在涉及相关内容时，必须时刻避免触犯法律制度。

3. 监事会职权。

监事会，是现代公司治理结构中的制衡机构，法律上有着相当重要的意义。目前，在普通有限责任公司中，监事会一般享有提案权、股东会或监事会召集权、就侵犯公司利益行为的相关诉讼权等权利。在监事会职权的设计上，创始人可以就对公司重大事项等监督权进行先期约定，在一定程度上强化创始人对企业的控制权。

4. 高管任免权。

依照《中华人民共和国公司法》相关规定，企业高管包括经理、经理提名的副经理和财务负责人的选任，均属于董事会的决议职权。因此，创始人也可以通过对高管任免权进行设计，强化核心人才的控制，进一步巩固经营权控制。

现实中，绝大多数企业的股权顶层设计与股权控制权都有问题。可能很多企业基于发展阶段及资本融入阶段比较浅目前没有发现这些问题，但这些问题会在后续发展中陆续体现出来。对于企业家创始人来说，丢掉自己的企业，如同丢失自己的"孩子"一般，很多企业家跳楼自杀都是因为自己辛苦奋斗打拼了一辈子的企业，最后居然成了别人的而与自己无关。

企业家们请记住，一定要设计好你自己企业的股权顶层设计与股权控制权，因为控制权等于一切。

第7章
股权激励方案设计的 10D 模型与 8 大落地运用技巧

股权激励方案,是指通过让员工获得股权,享有一定的经济权利,并以股东身份参与企业决策、分享利润和承担风险的激励方法。股权激励方法作为企业发展过程中必要的核心制度,能够指导企业进行股权激励的战略性指导决策,推动企业与员工共同走向成功。为此,采用科学的模型、实用的技巧去制定激励方案,是获取成功的必然因素。

7.1 股权激励方案设计的 10D 模型

股权激励的形式与工具多种多样，不同企业有着不同的操作方法。在多年的实践中，普遍形成了 10D 模型。通过以下 10 个步骤，一套股权激励方案就能得到有效实施。如表 7.1-1 所示，为股权激励方案设计的 10D 模型。

表 7.1-1　股权激励方案设计的 10D 模型

本质	问题	举例
定方向	为什么要做激励？	稳定军心、鼓励团队、回报功臣
定目标	要做到多少业绩？	在去年基础上增长 20% 以上
定对象	主要激励哪些人？	总经理、副总、部门负责人
定模式	用什么方法激励？	在职分红、超额利润激励
定额度	用多少比例激励？	拿出净利润 20% 进行分红激励
定条件	要怎样才能拿到？	业绩达成年度目标 80% 以上
定来源	股份从哪里来？	定向增发、同比稀释、大股东转让
定价格	是否需要花钱买？	虚拟股不交钱，注册股需交钱
定时间	在什么时间推行？	12 月 31 日进行分红
定合同	是否需要签合同？	在职分红协议、股份转让协议

7.1.1 定方向

众所周知，上市的确是股权激励重要的目标之一，但并不是唯一目标。如果将"上市套现"当作股权激励的唯一目标，即使上市成功，员工也会不知所措，缺乏应有的奋斗目标。

企业股权激励的长远目标，主要应该包括如下几种。

1. 吸引、留住人才。通过良好的股权分配方式，吸引企业需要的核心人才得以前来加盟。

2. 让管理人才与核心层形成长期的利益捆绑，激励业绩提升。

3. 打造真正自动自发、目标一致的核心团队。

4. 提升及规范企业治理水平，靠机制解放创始人，让其获得更多的时间和空间去进行战略性思考和观察。

5. 提前退出股权激励方案，领先同行，形成竞争中的先发优势。

6. 安抚老员工，打造企业文化，为长远基业打下基础。

7. 避免大量现金支出。

8. 打造产业链的共赢格局，整合资源。

9. 发现与培养出骨干基层员工之后，以股权激励为"诱饵"，对之进行长期激励。

此外，对于非上市公司而言，股权激励还能够适当降低经营成本，减少现金流出，同时降低职业经理人的道德风险，实现所有权与经营权的分离。

7.1.2 定目标

在股权激励方案形成之前，企业应该运用综合分析法，事先确定激励目标。

激励目标的明确，通常包括预定和评估两大步骤，形成上下之间的共识。其中，预定步骤需要完成对外部环境、宏观经济、行业增长、竞争对手、政策环境的综合考察，评估步骤则包括对企业内部环境、过往 3 年平均增长率、资源投入、财务状况、员工能力等方面的具体调研。通过内外条件的明晰，使被激励者和领导达成目标共识，进而对目标进行量化与分解，产生激励需求。

需要注意的是，在确定目标时，既要注意公平性，也要保证其挑战性。一方面，企业整体激励目标被分解到各个部门或岗位之后，不能有明显困难的特例，导致部门和岗位之间存在较大差距，失去应有的公平；另一方面，也要确保激励目标确实具备挑战性，可以真正激发被激励者的潜能。

在制定股权激励方案之前，还需要事先设定企业以及各级部门的激励目标。首先，需要确定企业的战略目标，例如提高业绩、激励士气、降低用人成本、留住骨干员工等。其次，要从战略目标出发，制定更加具体而可量化的目标，如激励对象应该达到多少业绩指标、员工工作态度会发生怎样的变化等。

激励目标被制定之后，通常情况下不应变动，否则会导致激励过程失去应有的稳定。当然，在特殊情况下，也可以对激励目标进行调整。

7.1.3 定对象

任何股权激励，其最终都是在激励具体的人员。

因此，具体激励谁，是股权激励落地过程中的首要问题。在激励方案中，不能凭借创始人或董事会的喜好，去直接确定被激励人员，更不能根据每个员工的自我评价去确定。这是因为每个人都难免有主观情感或看法的偏颇，即使是企业最高领导层，其也有观察和认知上的缺陷。员工更是都认为自己的工作很重要。在实际操作中，难以凭借感性判断去认定对象是否值得被激励。

此外，无论企业大小，其总存在工作性质和范围完全不同的岗位，即使是同一职务级别（例如各部门经理），他们对企业创造的价值都不一样。甚至还有些员工虽然岗位职务级别不高，但却能给企业创造出很大价值。这同样决定了激励对象的复杂性。

总体来看，企业需要激励的对象可以分为内部人才和外部资源，其中内部人才包括核心高管、营销团队、内部支持、在职股东等；外部资源包括行业精英、资源股东、技术顾问、投资伙伴等。如果将激励对象加以延伸，其还包括供应商、代理商等上下游环节的主体。

在确定被激励对象时，上市公司和非上市公司有选择范围上的差异。

其中，上市公司激励对象的设定条件如下：

1. 上市公司的董事、高级管理人员、核心技术人员或者核心业务人员，以及公司认为应当激励的对公司经营业绩和未来发展有直接影响的其他员工，但不应当包括独立董事和监事；

2. 在境内工作的外籍员工，如任职上市公司董事、高级管理人员、核心技术人员或者核心业务人员的，可以成为激励对象；

3. 单独或合计持有上市公司5%以上股份的股东，或实际控制人及其配偶、父母、子女，不得成为激励对象；

4. 激励对象不能同时参加两个或以上的上市公司股权激励计划。

在新三板企业中，监事、独立董事甚至供应商，都能够成为激励对象。而对于非上市公司，其几乎没有任何限制，可以根据企业激励目标和人才需求进行设定激励对象。

在设定具体对象时，应注意股权激励方案中不同的股权价值对应不同的激励对象。

其中，分红类型的股权价值（包括在职分红、超额分红），应发放给利益共赢者，例如内部利益共同体、生意合伙人等；虚拟股权类型的增值权价值，可以发放给长期价值一致的事业伙伴；实股或者期股期权等类型的溢价权价值，则应该发放给志同道合的终生伙伴，让企业与他们成为命运共同体。

在对股权激励对象进行确定时，还必须明确激励对象属于"人"还是"岗"。这就需要领导根据企业的自身特点和发展现状，结合内部管理制度和绩效考核的成果，分析判断激励对象是具体的核心员工（例如掌握特殊技术、拥有特殊市场资源或属于创业元老、新引进的高管），还是特殊岗位（例如专业职业经理岗位、营销部门负责人）等。在确定过程中，尤其要注意避免出现"人""岗"不分的情况，避免简单将某个重要员工确定为激励名单中的一员，而无视其背后理应清楚的激励逻辑。

为此，在确定资格之前，应该先对岗位价值和个人价值分别进行评估。

对岗位价值的评估，就是衡量企业中不同岗位之间的相对价值，并在尽可能一致的条件下，系统决定企业岗位相对的排序。换而言之，评估岗位价值，也就是把不同岗位放入恰当的级别或层次。在此过程中，重点评估的是"岗位"本身的价值，而不是位置上员工个人能力或绩效如何。

同样，对个人价值进行评估时，也需要考虑多方面因素，具体如下。

1. 过往因素。

过往因素即过去对企业做出的特别贡献，或企业领导考虑促使其退出让位等因素。

2. 现实因素。

现实因素包括一人多岗、一人多职、未来需求、目前重要性和所承担责任等因素。

3. 大股东因素。

大股东因素包括大股东出于战略考虑对人力资源的需求、大股东的用人策略等。

只有个人价值与岗位价值对等时，才能说明该岗位上的员工，拥有"能拿多少股份"的资格。确定了符合资格的候选人之后，企业应通过对岗位要求和个人绩效考核，形成具体绩效（Performance）的评估结果。

无论是激励资格的筛选，还是具体对象的确定，评估所要考虑的因素都应齐全完备。对岗位因素进行评估时，应该综合考虑行业价值、企业价值、岗位价值，形成岗位评估结果；对个人因素进行评估时，则需要考量其工作资历、历史贡献、目标完成情况，最终形成贡献绩效的结论。在两者基础上，综合得出绩效结果，作为筛选和确定激励对象的依据。

7.1.4 定模式

不同的激励模式各有其优缺点，没有孰优孰劣的区分，而是各有其适用范围。这是因为理想的股权激励方案的特性应该是：短期与长期激励性在各自模式中表现出明显特征，并能对激励对象产生较强的约束性。同时，不会表现出强大的现金流压力，受到资本市场风险的影响也较小。

然而，任何一种单纯的激励模式都不可能满足这样的要求，这就要求企业在设计股权激励方式时，必须先挑选基本模式，再加以创新组合。

在股权激励方案落地过程中，与企业相关的影响因素有很多。设计者需要考虑以下方面来定夺模式。

1. 企业性质与发展阶段。

对于成熟企业，其在激励方案中应更强调对业绩的激励。因此，诸如业绩股票、延期支付、股票增值权、员工持股计划或干股等激励模式较好。对于上市的民营企业而言，其则并不一定必须按照上述要求进行。

此外，非上市民营企业在设计股权激励方案时，要侧重结合企业现有阶段和未来阶段的股权性质，提前做好准备。

2. 行业特性。

股权激励模式当然不可能根据各个行业特点，进行模板的预先打造，但可以通过两大因素进行判断：**企业业绩是否具有人力资本依附性，企业的成长性如何**。

如果对人力资本依附性较强，人均创造财富较多，且技术性较强，那么股权激励方案的针对性不能局限在管理层，而必须将其扩大到技术层面。

如果企业表现出较强的成长性，那么股票期权、期股、限制性股票等模式更为适合。

如果企业已经较为成熟，那么选择业绩股票、干股、股票增值权、延期支付则较为适合。

除了上述两大宏观要素的影响外，企业股权结构、薪酬体系、团队稳定性及成熟度、公司治理层面情况、盈利状况等，也属于激励方案设计过程中需要被考虑的重要因素。只有尽量细致考察每种因素的影响，方案才能更加科学有效。

7.1.5 定额度

要让股权激励计划落地，就必须提前确定激励额度，其中包括企业应该给激励对象多少股份、每个激励对象应该具体拿多少等。具体步骤如下。

1. 确定激励总额度。

（1）法律强制规定。符合法律法规是确定股权激励总额度的前提条件。

例如，上市公司全部有效的股权激励计划所涉及的标的股票总数，累计不得超过公司股本总额的10%。国有控股上市公司的股权激励计划有效期内授予的股权总量，累计不得超过公司股本总额的10%，首次股权授予数量，应控制在上市公司股本总额的1%以内。

此外，股权激励计划有效期内授予的股权总量，应结合上市公司股本规模的大小和股权激励对象的范围、股权激励水平等因素确定，范围为0.1%~10%。上市公司首次实施股权激励计划授予的股权数量，原则上应控制在上市公司股本总额的1%以内。

（2）对于非上市公司的股权激励总额度，法律并没有强制规定，企业可以根据需要自由设计。

（3）企业的整体薪酬水平。**企业在确定股权激励总额度时，需要考虑公司整体薪酬水平。**如果公司整体薪酬水平比同行业公司的高，则激励总量可以减少；如果公司整体薪酬水平比同行业公司的低，则激励总量可以多一些。

（4）完成业绩目标的难易程度。如果业绩目标较高，完成目标难度较大，股权激励的总额度就应相应提高；如果业绩目标完成难度较小，激励对象付出的努力较少，那么股权激励总额度可以适当减少。

（5）股东意愿。由于股权激励涉及公司现有股东股权的稀释、权利的让渡，在设计激励总额度时，也需要考虑到股东的意愿。一般而言，如果股东具有分享精神与长远眼光，激励总额度可以多一些；相反，用于激励的股权总额度就应适当调少一些。

2. 确定个人激励额度。

在确定个人激励额度时，除了符合法律相关规定外，激励对象所得股权激励额度应该与其之前的薪酬和福利水平基本相适应。一般不应出现薪酬水平低的激励对象，其获得的激励额度却超过薪酬水平较高者获得的激励额度的现象。当然，如果是薪酬和福利水平较低的员工在业绩上表现突出，有明确结果，这样以结果为依据的股权激励数量也是可以被接受的。

此外，对个人激励额度的确定，还包括以下几个因素。

第一，激励对象的不可取代性。激励对象的重要性或替代成本越大，授予该激励对象的股权激励额度就应当越多。

第二，激励对象在公司的工作年限。一般而言，工作时间越长，说明激励对象的忠诚度越高，贡献越大，因此，工作年限也应当作为额度确定的参考因素。

第三，激励对象的心理预期。有的员工对股权激励的期望值很高，如果分配给其个人的激励额度太少，就起不到激励作用，甚至对其不如采用薪酬模式。当然，心理预期也并非越低越好，有的人期望较低，例如打算 10 年之内赚到 500 万元就退休，而公司授予其股权 5 年内就能够兑现 500 万元，这样，其退休目标就可提前实现，激励效果在其身上荡然无存。

7.1.6 定条件

股权激励中的"条件",主要是指股权的**获授条件与行权条件**,其内容如图 7.1-1 所示。

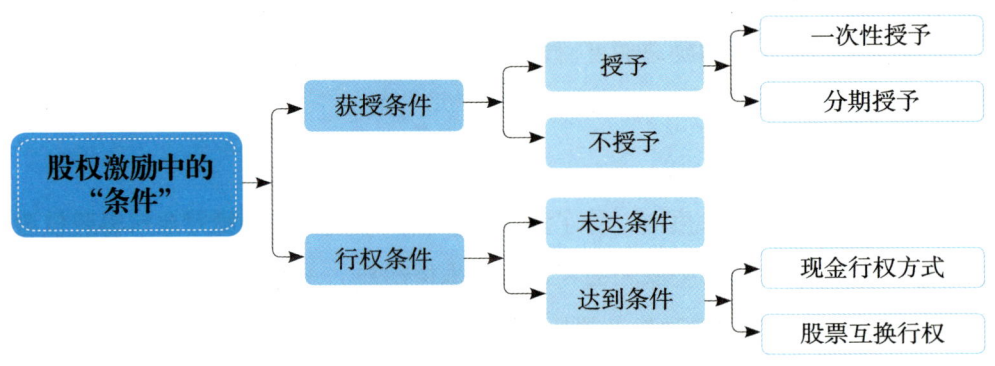

图 7.1-1 股权激励中的"条件"

获授条件,是指激励对象在获得股权时,必须能够达到或者满足的条件。这些条件主要与激励对象的业绩相关。只要激励对象的业绩考核已经达到要求,企业就授予其股权,否则就不授予。

进一步区分,股权的授予方式还包括一次性授予与分期授予两种。

1. 一次性授予。

一次性授予是指公司一次性授予员工股权,可以在员工被聘用之日授予,以吸引人才加入本企业;同时,也可以在员工持续任职一段时间,如 3-5 年后授予,从而提高员工的离职成本,有效保留人才;此外,还可以在其他特定日期授予。

这种授予方式,相对于分期授予方式,更加便于操作与管理,但缺乏对人才充分的绑定作用。

2. 分期授予。

相比一次性授予方式，公司分期授予员工股权，是按照时间条件分批次授予的。例如，可以每两年对激励对象授予一定数量的股权，在数年内全部授予完毕；也能够按照阶段性业绩目标的条件，进行分批次授予，即员工每达到一阶段目标，则授予其一次股权，直到全部授予完毕。这种授予条件较为烦琐，但却能有效绑定人才。

行权条件，是指激励对象对已经获得的股权进行行权时所需要达到的条件。该条件除了需要激励对象符合资格外，还要求公司主体也符合资格（如净利润增长率、净资产收益率等指标达标）。只有这两者都符合合伙企业要求，激励对象才能行权。

常见的行权方式包括以下两种。

1. 现金行权方式。

员工用现金支付行权价格，并持有购入的股票。由于牵涉到税费问题，最常见的做法是要求员工将税费和行权价格合并支付给公司，这种方式需要员工留有充足的现金，同时由于行权后持有公司股票，员工还会面临股价下跌的风险。当然，这也是企业所期待的：员工支付行权价格，相当于对公司股票进行投资，从而将自身利益和公司发展联系起来。他们势必会为此更加努力投入到工作中，避免面临股价下跌的风险。

2. 股票互换行权。

使用已拥有的公司股权作为支付手段，购买期权股票，互换比率则按照现行股价与行权价格之间的关系确定。由于公司高层管理通常都已经拥有了一定的公司股票，能够用于交换，而他们获授的股权数量又比较大，而用现金行权的可能性不高。因此，高管的行权方式通常以此种为主。

7.1.7 定来源

定来源，指的是确定激励股份来源、购股资金来源问题。前者的设计模式将直接影响到企业原有股东的权益、公司现金流压力，后者也会影响到激励对象是否能够被有效激励。因此，来源的设计是否合理，直接关系股权激励方案的成败，如表 7.1-2 所示，为股权激励中的定来源的操作方法。

表 7.1-2 股权激励中的定来源的操作方法

来源	类别	内容	备注
上市公司激励股份来源	上市公司用于激励的股份来源	上市公司回购本公司股票	
		二级市场购买	
		被激励对象认购非公开发行股票	
		股东资源赠与	
		法律和行政法规允许的其他方式	
	新三板企业，还可以采取定向增发方式，每次定增人数上限为 35 人		
非上市公司激励股份来源	增资扩股	大股东可以增资扩股，将新增股份赠与员工。也可以由大股东先赠与员工资金，被激励对象再用被赠与的资金进行增资扩股	两种方式下，被激励方都需要缴纳个人所得税，而采取赠与资金的方式，还需要签订资金使用说明协议
	股份转让	股东可以通过赠与方式，将股份转让给对方，也可以用同步稀释的方法进行转让	
	股份预留	即在公司创立之初，预先留置了用于激励新加盟员工的股份	
	无论采用上述何种方法，双方都需要签订《期股授予协议书》，以便明确法律责任和义务，形成必要的约束		
购股资金来源	激励对象自筹资金部分	在购股资金来源中，必须要有自筹部分。因此股权激励对象必须自筹部分资金	
	大股东或企业贷款	由于法规禁止，上市公司不能采用这一方法，但非上市公司不受此限制	

续表

来源	类别	内容	备注
购股资金来源	年终奖抵冲	非上市公司,可以在业绩达标后,扣去年终奖的一部分用于行权	企业在等待期过程中,设置业绩指标,提取激励基金,分配给激励对象用以股权激励的行权
	多种激励模式组合	将干股、虚拟股票和股票增值权等股权激励模式与其他激励模式相互组合,解决行权资金问题	
	现有股东转让	现有股东转让是激励方案中股权的重要来源。但在大股东进行转让时,必须考虑好"减法"的程度,转让比例不能太多	在转让过程中,也需要考虑未来股权如何布局、股权架构如何设立,以及如何合理减少被激励对象所得税负的问题

值得注意的是,在上市公司,高管获得的股权激励数量通常比较大,其行权所需要的资金也比较多,即使是他们也无法支付。因此,激励方案的设计必须考虑这一因素。同时,股权激励对象在行权时,既要准备行权资金,还要准备缴纳相应的税负,此时的资金压力就会显得很大。

购股资金的来源问题,牵涉激励对象内心的"加减"感受。企业在设计激励方案时,不应执着于自身需求,而是要看懂激励对象的心理需求,无论选择何种资金来源,尽量让他们感觉到自己的利益有了"加法"的效果,而不是被动地陷入了"减法"的圈子。

7.1.8 定价格

股权的行权价格,是指激励对象在未来行权时购买股票的价格。在上市公司的股权激励方案中,行权价格与股票市场价格之间的差价,是员工从股权激励中获益的关键。因此，股权激励的价格并不只是数字，而是代表着员工的期待与梦想。如表 7.1-3 所示，为股权激励方案中的定价格策略。

表 7.1-3 股权激励方案中的定价格策略

类型	方法	内容	备注
上市公司定价法	等价法	行权价格等于当前股票价格	
	折价法	行权价格低于当前股票价格	
	溢价法	行权价格大于当前股票价格	
非上市公司定价法	资产价值定价法	净资产定价法	先计算出公司净资产进行定价
		总资产定价法	综合考虑企业销售收入、净利润和净资产，计算总价值，设定总股本，最后用总资产除以总股本得到行权价格
		无形资产定价法	不仅要计算公司有形资产，而且要预估公司未来价值，即无形价值。通过赋予企业有形资产和无形资产的不同权重，计算总资产，并获得行权价格
	市场对比法	参考上市公司股价法，可以选择几家与非上市公司情况类似的上市公司，参照其净利润、资产或现金流作为股价指标，并算出平均比率。根据本公司的相同股价指标推算股价，最后设置总股本计算出行权价格	
	企业估值法	除了考虑企业的定价之外，在进行定价格的过程中，还需要清楚地了解企业当前的估值，并以此为基础计算出股价	

除了以上方法外，定价格时要综合考虑各方面的因素，针对内部核心人员、内部员工、外部合作者等，在综合各种因素（见图 7.1-2）的前提下有针对性地采取不同定价方法。

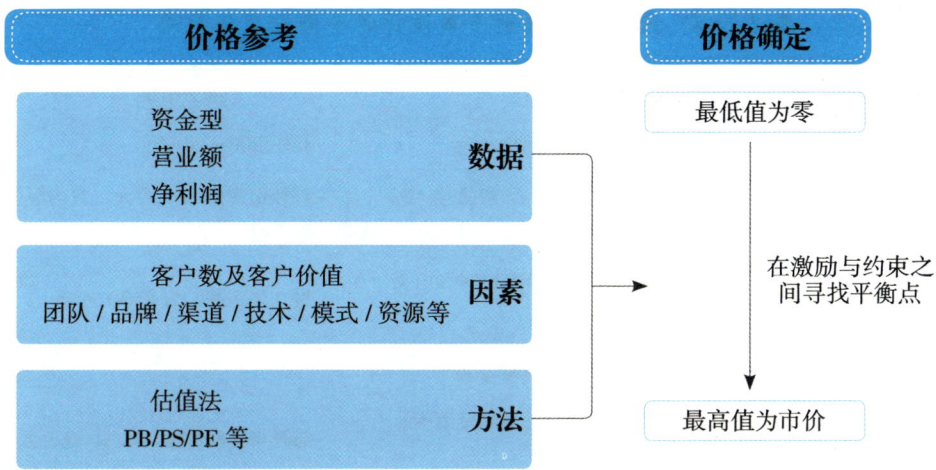

图 7.1-2 定价格时要综合考虑各方面的因素

例如，某企业注册资本 100 万元，3 年前注册，其当前企业价值如下：

账户现金为 450 万元，应付款 200 万元；

产品库存商品价格 800 万元，采购价格 400 万元；

最近一年销售额 5000 万元，年度利润 800 万元；

品牌价值，经第三方评估，值 500 万元；

客户重复消费价值与账户价值，1000 万元。

那么，在进行股权激励方案设计时，该如何定价格呢？答案当然是根据不同的情况进行区别性确定。

如内部创业核心人员怎么定价？内部普通员工怎么定价？外部融资或合作者怎么定价？

具体的定价策略如表 7.1-4 所示。

表 7.1-4　进行股权激励方案设计时不同的定价策略

序号	企业统计情况	修正结果
1	账户现金为 450 万元，应付款 200 万元	450-200=250 万元
2	产品库存商品价格 800 万元，采购价格 400 万元	对外销售按 800 万元，对内股权激励按 400 万元
3	最近一年销售额 5000 万元，年度利润 800 万元	按 3 年利润，为 2400 万元
4	品牌价值，经第三方评估，值 500 万元	
5	客户重复消费价值与账户价值，1000 万元；品牌与客户价值，共 1500 万元	品牌与客户价值，共 1500 万元

根据以上的策略，我们可以为该企业设计的定价方案如表 7.1-5 所示。

表 7.1-5　为某企业设计的定价方案

序号	针对的群体	资产定价方案
1	内部创业核心人员激励的价格	一级资产（实有资产）：250+400+800=1450 万元
2	内部一般人员股权激励的价格	二级资产（经营资产）：650+800×3（经营利润）=3050 万元
3	对外融资或合作的股权价格	三级资产（价值资产）：650+800×5+1500=6150 万元

根据以上的方案，可以得出该企业最终的入股价格：

该企业原注册资本为 100 万元，按 100 万股，每股 1 元的价格。

所以，内部人员购买价为 14.5 元，一般人员股权激励价为 30.5 元，市场销售价为 61.5 元。

7.1.9　定时间

股权激励方案对周期的确定包含两个方面。首先是选择合适的股权激励授予时机；其次是合理安排授予和获利的时间表。

1. 授予时机。

在选择授予时机时，企业必须考虑到激励对象自身需要和企业需要，这些需要决定了落实步骤的特点。

第一，自身需要。包括员工受聘、升职，每年一次的业绩评定，每年新的业绩指标下达和取得重大成果之时。实际操作中，经理人受聘和升职时，获得股权激励的可能性较多。

第二，企业需要。例如，在进行股权融资时，如果企业资本规划中包括了明确的股权融资需求，就应该配合实施股权激励。又如，在并购重组时，如果是本方并购其他公司，重组过程中，为了消除两家公司原有员工的矛盾，股权激励也是行之有效的方案。此外，当企业的商业模式有重大调整、退出新的战略计划或者业绩有较大提升、取得重要成果时，也可以考虑开始股权激励的周期。

2. 授予时间表。

通常情况下，股权激励不能在被授予后马上行权，而是要经过等待期接受才能行权。这一周期安排被称为授予时间表。

股权激励授予时间表包括以下关键概念：有效期、等待期、行权期、窗口期、禁售期、授权日和可行权日。

下面是有关的概念介绍：

（1）**授权日**是指公司向激励对象授予股权激励的日期。对上市公司而言，授予日必须是交易日。

（2）**可行权日**是指激励对象可以开始行权的日期。

（3）**失效日**指的是过了这一天，如果激励对象尚未行权，股权激励计划就只能作废，不得再行权。

（4）**有效期**又称为股权激励执行期限，是指从授予日到失效日的整个时间跨度。在确定股权激励方案时，必须明确期限。

（5）**等待期**。从授权日到最早可行权日的时间，称为等待期。在这段时间内，激励对象必须等待，而企业也能由此收获将对想长期捆绑员工的激励效果。

（6）**行权期**。从可行权日开始到失效日期间，都属于行权期。

（7）**窗口期和禁售期**。窗口期主要是指上市公司的激励对象的行权日期，是法律监管条款特别设置的。禁售期同样属于法规设置，强制规定激励对象行权之后，必须持股一段时间才能出售。

7.1.10 定合同

任何激励方案都应有具体明确的规则，将可能出现的风险问题写成股权激励协议书，并由企业和激励对象双方签字。当然，如果企业的价值观倾向于充分信任，也不需要签订合同，只需要口头协定。但如果企业想选择规范化的治理模式，就必须签订相关的协议。这样，才能做到"落字为据"，从而确保双方的利益公平。

在起草股权激励协议时，首先需要了解相关的法律法规。

根据国家法律法规，上市公司在发生以下特殊情形时，应当终止实施股权激励计划。同时，激励对象根据股权激励计划获授但尚未行使的权益，应当终止行使权利：

最近一个会计年度财务会计报告被注册会计师出具否定意见或者无法表示意见的审计报告；

最近一个会计年度财务报告内部控制被注册会计师出具否定意见或者无法表示意见的审计报告；

上市后最近36个月内出现过未按法律法规、公司章程、公开承诺进行利润分配的情形。

此外，在股权激励计划实施过程中，上市公司员工也有特殊情形，而不得成为激励对象。企业应该将这些情形写入激励方案，形成明确条款，以便于形成凭据。

如果在行权前公司有派送股票红利、股票拆细、配股、缩股、派发现金红利等事项，应当对激励股权数量和行权价格进行相应调整，从而保障激励对象能够获得的预期权益不受影响。

企业应该在股权激励计划中将这些事项引起的调整方法事先设计好，经过激励对象签字认可后，一旦出现上述事项，企业只需要通知激励对象即可，能够大大提高工作效率，提高激励对象的参与预期。

为了顺利签署激励协议，企业需要提前以企业名义颁布相关文件，如股东大会决议、股权激励方案、股权激励管理制度等，确保激励对象提前理解和接受激励程序。

另外，股权激励协议书还可以关联到其他协议，如有条件分红协议书、分红股授予协议书、股权转让协议书，以及绩效责任协议书、竞业禁止协议书和保密协议书等。这些协议书能够对员工行为起到不同的关联约束作用。例如，签订保密协议，意味着必须要坚守保密责任，员工才能获得股权激励的资格；签订竞业禁止协议，则意味着当员工离开企业，一段时间内没到同行企业工作，其就依然能够享受到相关的激励内容。

当然在笔者做过的咨询项目中，发现有些企业家不想以利润来做激励，因为利润会涉及成本秘密及账务核算规则，因此感觉比较复杂。其实我们设计超额激励的时候还可以按照超额业绩来做标准，施行"超额业绩分红激励法"，只是要财务必须做好整体成本与利润数据控制。

7.2 股权激励的 8 大落地应用技巧

股权激励方案的内容设计固然重要，但如果缺乏具体的应用技巧，就无法确保激励方案能够真正获得激励对象的认可,并产生应有的效果。在实践中,企业应熟悉以下 8 种技巧,使得股权激励方案被更多人所认可。

7.2.1 核心团队——超额利润激励法

超额利润激励是指由企业大股东先行设定相关目标,当经营者完成相关目标后,大股东对超额部分按照一定比例进行再次分红的激励方式。

例如,方案将全年目标利润定为 800 万元,那么在 800 万元利润目标达成之后所进行的激励,属于"在职分红激励法";800 万元利润的超额部分,就对应"超额利润激励法"。

如果企业各部门全力奋斗,获得了 1000 万元的利润成果,那么多出的 200 万元,就属于超额利润。在原有利润的 800 万元范围内,各部门管理者可以获取工资、奖金、在职分红等报酬。而对于多完成的超额利润,董事会将再次从中拿出一定比例,让所有部门管理者分享。

通过运用超额利润激励法,能够促使经营者更加关注企业利润。作为各个部门的管理者,他们会在这一激励模式引导下,想方设法降低本部门带来的经营成本,提升利润额。

使用超额利润激励法,能充分调动各部门管理者的积极性。因为这一激励方法侧重于满足部门管理者在此时对现金的追求。通过超额利润激励法,能够让他们看到企业与市场的潜力,同时也能够显示出领导愿意与团队分享的境界与追求。

下面是使用超额利润激励法技巧的步骤。

1. 设定利润计算标的。

超额比例,是超额部分与目标利润的比例;超额起提点,是针对超额部分设置的用于进行超额利润激励的比例。

例如,如果达成目标利润为 100%,则目标利润为 800 万元,而实际上完成了 850 万元,超额部分为 50 万元,则超额比例为 50÷1800×100%(小于

10%），则建议超额起提点为 30%~50%。

在这种计算方式下，各部门为整体企业创造的利润越高，其得到的回报比例就越大。

2. 设立稳定的目标。

在超额激励法中，领导必须确保激励目标的稳定性。通常而言，用于激励的利润目标必须科学合理。一方面，目标应该高于行业平均增长率；另一方面，目标要符合企业的战略规划需求，而且遵循高要求原则。

目标一旦被设定，除非出现外在的重大因素影响，否则不能随便被改动，这也是对企业各部门经理人的负责与信任。

3. 利润目标应合乎实际并形成共识。

在超额分红激励的方案中，利润目标的合理性，是激励成功的关键因素。正因如此，利润目标也很容易成为部门管理者和领导层之间讨论的焦点。

显然，利润目标越高，意味着激励对象的超额难度越大，当他们完成同样的实际利润时的超额少、激励少；但是，当利润目标较低时，就意味着激励对象超额难度小，在完成同样实际利润时的超额多、激励多。

7.2.2 核心团队——在职分红激励法

在职分红激励法看起来比较简单，即企业拿出一部分利润对特定对象进行分红，但在实际操作过程中也有较多的难点，若把握不好，其激励效果会大打折扣，甚至起到反作用。

1. 如何确定激励对象。

在职分红虽然是"对岗不对人"的，表面上看激励的是岗位，但最终的激励对象还是人。因此，如何选定激励对象，是实施在职分红激励首先要考虑的因素。

对于该技巧运用对象的选择，不同的企业有不同的考虑，取决于哪些岗位或人对企业的利润有直接关系。一般而言，在职分红激励对象是核心管理人员，通常是总经理、副总、总监和部门经理。但有些企业为了激励部分优秀员工和主管，也会对其给予激励，具体根据企业激励的目的而定。此外，领导层还需要从是否与公司价值观保持一致、是否能做出重大贡献、是否有职业道德方面问题等因素，进行全盘考虑。

激励对象，首先要求是公司的核心骨干人员，其必须在业绩上提供重大贡献或有潜力做出重大贡献，或是在关键岗位能发挥关键作用，只有对他们实施激励，才能更好地发挥激励的正向作用，鞭策其他员工也要努力工作，争取也成为激励对象。

但是，仅根据业绩要求来选择激励对象还不远远够。激励对象必定应该成为公司所有员工的楷模和争相效仿的对象，只有这样，才能在公司上下形成积极向上的企业文化。所以，在选定激励对象时，必须要考察其是否认可和执行公司价值观。例如，有的员工能力很强，但对公司价值观不认可，对这样的员工就要慎重考虑，避免产生负面效应。

选择激励对象，还要考虑员工的道德因素。一家公司，若形成了积极向上、爱岗敬业的企业文化，就会自发产生一种向上的拼搏动力。因此，选择激励对象，就要选择时刻筑牢思想道德防线，牢固树立正确观点，自觉遵纪守规，自觉接受监督的明星员工。

2. 设定目标。

执行在职分红激励法时，通常应设定至少 3 年以上的目标，原因在于：周期过短，对职业经理人缺乏长期激励性，而周期过长又不利于企业灵活调整，过多地调整目标又会让股东和职业经理人对股权激励失去信任。

事实上，有些企业对利润目标不方便公开和透露，可以采取考核销售目标的方法，设定一个大家认可的利润率作为间接利润目标。

对于激励周期，原则上可设定为 3~5 年。当激励周期到期后，再重新制定 3~5 年目标，激励方案继续实施。当然，也有企业根据发展需要重新制定激励方案或配套其他激励方式，例如在职股转实股继续实施激励计划等，具体情况可以根据不同的企业而定。

对于企业的目标增长率如何决定，领导层应既看内、也看外。所谓看内是指公司过往3年平均增长率、资源投入、财务状况、员工能力；看外是指行业增长情况、本区域发展情况、竞争对手情况、政策环境等。通过内外因素的分析可以指定高于、持平、低于等策略。

3. 如何确定额度。

额度是指被激励对象激励额度的分配比，既要考虑岗位的价值也要考虑个人的因素。

4. 如何确定考核方式。

在职分红激励，虽说只有分红权，没有投票权和决策权，但作为一种激励方式，就必须要有考核机制，否则就是"排排坐，分果果"的形式，完全起不到激励作用。在职分红激励的考核，分为公司业绩考核和个人绩效考核两个层面。

公司业绩考核，就是要事先设定目标利润，并规定若达不到目标利润如何进行处理，超过目标利润如何分红，超过目标是否设阶梯分红比例等，这是确定分红"蛋糕"有多大的过程。给激励对象分多了，股东及公司利益可能会受损；分少了，激励对象可能不满意，难以起到激励的效果，这需要在公司利益与激励对象利益之间达到最优平衡（相关设定方法可参考"超额利润分红"章节）。

个人绩效考核，则要根据激励对象所在岗位要求，针对激励期限内个人的业绩表现设定个人能拿到的分红比例，如未完成业绩目标如何处理、超额完成业绩目标如何奖励等，这是确定个人能分到多大"蛋糕"的过程。"分蛋糕"的比例也讲究科学与艺术性，分得不好就有可能引发不公平，从而拖垮整个激励体系。

5. 如何确定支付方式和退出机制。

关于支付方式和退出机制等操作细节可以参考超额分红的方式和方法，两者基本一致。

7.2.3　核心团队——135 渐进式激励法

针对非上市公司的核心高管进行股权激励，一般可采用 135 式激励法。即 1 年在职虚拟股权激励，3 年滚动考核转注册股，3 年之后即开始 5 年锁定期。

135 激励法的特点在于逐步释放股权并解锁，时间长达 8 年，能够很好地绑定高管与核心团队。此外，进入锁定期后，企业可以根据自身情况进行灵活设置，既可以采取匀速释放解锁，也可以采取加速释放或减速释放的方式。

图 7.2-1 所示的是 135 渐进激励的时间轴。

图 7.2-1　135 渐进激励的时间轴

对于广大中小企业而言，其如果将股权激励时间设置得过长，很可能会失去激励效果。因此，当企业较小，或者股价价值没有那么高时，股权激励可以压缩时间长度，如采用 123 渐进式股权激励方法，即采用 1 年在职股分红，2 年滚动考核转注册股，3 年逐步释放解锁的方法。

7.2.4　业务团队——组合式多层次 5 步连环股权激励法

针对业务团队，股权激励咨询业界出现了一种组合式多层次 5 步连环股权激励法。其中，组合是指多种性质的股权激励组合；多层次，是指激励对象既可以在集团总公司持股，也可以在集团下属子公司持股；5步连环，是指激励对象通过在职股、注册股、增持股、集团股和股权重组等5个步骤，完成递进连环的激励目标。

实际上，股权激励的原则和思维是相通的。无论是分公司、子公司，还是总部的业务部门，其都可以利用组合式多层次5步连环股权激励法进行激励。

例如，子公司或分公司，可以对全体核心高管进行超额利润激励，也可以就他们所在的分公司和子公司进行在职分红激励。此外，针对整个业务部门，还可以先划分出激励额度，针对不同岗位，运用不同激励方法，制定出每个人应得的股份激励额度。如表7.2-1所示，即为某公司采用5步连环股权激励法的落地方案，可作借鉴。

表7.2-1 某公司采用5步连环股权激励法的落地方案

激励板块	5步连环股权激励法			
	股		人	
	激励工具	方式选择	激励范围	激励对象条件
某公司	1.采用期股激励方式，期股逐步过渡到实股（有条件）；2.带资源进入的人员采用资源换股(实股)	1.股权分批授予；2.考核效力不仅在授予时，也作为分红和增值方面以及将来作为兑现和转股条件	1.高层和部门负责人；2.优秀骨干人员；3.特聘人员	1.工作2年以上正式员工，个别优秀员工1年以上；2.首轮年度考核B级以上（含本级），享受预留股必须达到A级以上；3.经董事会讨论通过
	价		量	时
	股价	激励收益	出资		

续表

激励板块	5步连环股权激励法				
	股			人	
	激励工具	方式选择		激励范围	激励对象条件
某公司	原始股价1元/股	1.分红：根据某公司盈利和个人考核，每年分红一次；2.增值：某公司发展带来股价上升，激励对象享受增值收益	1.激励对象需缴纳50%的款项，即采用"买股送股"的方式；2.资源换股人员无需出资	1.拟定虚拟总股本1亿股；2.提取总股本的15%用于激励，其中10%用于现有人员；5%作为预留股，用于特殊贡献人员和新聘人员激励	1.每年分红一次；2.每年行权数不得高于当期达到行权条件的授予时股数的三分之一；3.司龄满8年且持股满5年，可转为实股（有条件）

7.2.5 吸引高手——股权期权激励法

企业发展，离不开经营高手团队的努力付出。对高管的股权激励，实际上是通过利益的分割与让渡，让企业管理层由代理人角色转换成为企业的所有者，通过利益绑定的方式，提高高管的归属感与忠诚感，增强他们的凝聚力和向心力。

目前，上市公司高管最常见的激励方式包括以下3种。

1. 股票期权激励法。

目前，在全球500家大型企业中，已经有89%的企业对高管实施了股票期权激励方案，其来源可能是大股东出让，也可能是定向增发，或者是公司从二级市场上进行回购。

2. 股票增值权法。

股票增值权法是上市公司授予高管在一定时间和条件下获得规定数量股票价格上升所带来的收益权利的方法。高管不拥有这些股票所有权，也不拥有股东表决权和配股权。同时，股票增值权也不能用于转让和担保、偿还债务等。这种激励方法由于不以增加股票发行作为前提，通常不会影响到企业的控制权比例。

3. 限制性股票。

上市公司按照预先确定的条件，对高管授予一定数量的本公司股票，高管只有在工作年限或业绩目标符合激励计划的条件后，才能出售这些股票并从中获得收益。

上市公司对高管进行股权激励前如果没有做好准备，不应盲目引入股权激励方式，而是要谨慎制定相关策略，避免因为对高管的激励而导致公开市场上的担忧，进而造成"激活高管、压制员工和小股民"的恶果。

非上市公司在对高管进行股份激励并予以注册之前，必须对其业绩、资质加以评估，明确其是否具备应有的条件。例如，高管是否已经为企业服务应有年限、与领导是否已经相当熟悉了解、其人品是否得到广泛承认等。此外，高管所获得的股份必须要花钱购买，其预付定金一般占全款的5%至10%之间，且不得退还。

无论是上市公司还是非上市公司，其进行股权激励的意图是打造优秀的经理人队伍，而不是让一批丧失进取心的人担任领导。因此，领导在设计和实施股权激励方案时，既要保证利益的分享体制，也要设计风险分担机制和退出机制，让股权激励的初衷得以贯彻。

7.2.6 功臣——"金色降落伞"激励法

"金色降落伞"股权激励方案，是指当公司控制权变动时，对非自愿离职的管理人员加以股权补偿的约定。这一方案能够促使管理层接受公司控制权变动，减少管理层与股东之间的利益冲突，减少乃至消除管理层为了抵制变动而造成的隐性资本。

常见的"金色降落伞"股权激励计划包括：将老员工持有的股权加速行权或归属；增加额外的股权奖励。

"金色降落伞"股权激励计划的特征，往往在于控制权变更为前置条件。一般情况下，该激励计划的主要条款包括控制权变更条款、终止条款和补偿条款等3个部分。其中，控制权变更条款是指当公司一定比例股份被收购之后，由于该股份收购导致了公司实际控制权发生了实质的变更；终止条款即管理层员工在公司控制权变化后，非自愿与公司终止了雇佣关系，但其中并不包括管理层自身过错所引起的终止情形；补偿条款，是指公司和管理层之间达成关于离职后补偿内容、补偿方式的约定。其中，控制权变更和终止条款属于方案中的前提，补偿条款则是结果。

在实际操作中，"金色降落伞"计划经常用来解决企业创业元老提前离退休的激励问题。通过给予这些元老们相应的股份，可以消除高管退休前后物质利益和内心角色的巨大落差，也可以将企业元老直接变成公司股东，防止核心员工在离职或退休后跳槽到竞争公司。运用这一条款，还可以有效消除新老员工之间的隔阂，有利于企业文化的传承与企业的长远发展。

"金色降落伞"计划面向的激励对象不仅可以是董事、监事，也可以是企业中的高级管理人员或技术人员，例如签署了保密协议的重要员工，或者由董事会认定的特殊贡献员工等。当他们离职之后，可以采取设定期限的虚股分红方式对其加以激励，期限可以是离职3年后或者5年后，也可以提前在方案中设定好原因，何种情况下离开、企业会在多长时间内用多大额度激励他们。

在"金色降落伞"股权激励计划中，新员工的股权激励持股平台，最好与"金色降落伞"的持股平台加以区分。企业可以考虑同时设立两个有限合伙企业，其中一个作为老员工的持股平台，用于开展"金色降落伞"计划；另一个则作为一般股权激励平台，针对新员工设立。

"金色降落伞"属于股权激励计划的一种，当然也需要设立约束条件。例如，企业可以设立"接班人计划"的行权条件，即对于被授予期权的老员工而言，其每个人都有行权的前提条件：为公司培养出指定的骨干领导，并帮助其顺利交接岗位职责，达到这一条件，才能够拿到激励股份。

利用类似条款，实际上就能将新老员工的利益变成完全一致的。因为一旦完成交接，老员工所持有的该股份就能倍增，而新员工除了职业生涯的进取之外，也可以拿到对应的激励。反之，双方权益都会受损。

7.2.7 行业整合——上下游激励法

企业除了要激励内部员工外，还需要对上下游进行激励。这是因为企业想要不断扩大规模、提高业绩，就需要进行全方位思考，对行业做出引领。

例如，泸州老窖曾经推出过对下游的股权激励方案：假设公司总股本一共10亿元，从公司总股本中增发100万股份，专门给下游经销商。经销商所能获得的股份数，与其销售额挂钩。

实际上，企业无论有多强大，其自身资源总是有限的。利用股权对企业上下游进行激励，是迅速调动社会资源的最好方法。

在对上下游进行激励时，企业需要注意以下事项：

1. 坦诚告知激励对象，激励他们获得股权的愿望；

2. 对上下游解释剖析企业发展的趋势和背景；

3. 帮助激励对象明确企业的盈利模式，说明企业赚钱模式的唯一性、持续性；

4. 让激励对象能够明确企业具体发展规划，包括团队组建、部门工作开展、市场布局、产品开发、客户服务等；

5. 让激励对象了解投入的回报和风险，从而帮助他们了解投入情况，做到心中有数，使其既能做出最好的准备，又要做足最坏的打算；

6. 让激励对象明确进入的条件，以让他们有努力的具体方向；

7. 让激励对象明确推出的机制，这样他们才能放心接受激励方案。

7.2.8 特殊资源——影子股东激励法

顾名思义,影子股东,其手中持有的是公司的影子股票。

所谓影子股票,是指公司授予企业内外特殊资源掌握者的增值安排。这种增值安排基于公司股份登记价值或公允市场价值、公式价值等。持有该种股票的人或机构,并没有实际拥有公司股票,也没有法律上的投票权和决策权,但他们有资格接受分红或者其他等价物。

通常情况下,影子股东激励计划是非上市公司针对关键人员所使用的,而在上市公司,该激励计划并不常见。如表 7.2-2 所示,为影子股东激励计划的优缺点对比。

表 7.2-2 影子股东激励计划的优缺点对比

类别	内容	备注
优点	不需要管理层投资	
	影子股东的授予资格,是一种保留特殊资源的有效手段	
	公司保留了投票权和所有权	
	激励对象不需要实际购买任何股票就能得到激励和利益	
	对于希望保持私人控制特殊资源权的公司,影子股东激励计划非常实用	但也存在部分风险
缺点	由于通常利用现金形式结算,如果事先没有做好预算和计划,影子股东的激励计划可能会带来现金流问题	需要设计预案
	如果影子股东激励计划的对象是内部员工,由于缺乏实际所有权,可能不会像实际的股权激励那样有效	
	影子股东激励计划可能导致无法预测或无限制的收入费用	
	由于该计划使用的估价方式比较复杂,被激励对象难以随时知道自身拥有的影子股票的价值	

7.3 实施股权设计与激励的注意要点与相关风险

股权设计激励的实施对企业而言是一把"双刃剑"。在运用中,通过对要点事项的充分重视,进而规避相关风险,企业将能够顺利得到想要的结果。

7.3.1 实施股权设计与激励的注意要点

下面是企业实施股权设计与激励的要点。

1. 保持激励的多维度性。

从时间维度上看,企业处于不同阶段时,需要不同的激励模式。考虑时间维度,除了把握企业自身发展阶段之外,还要注意到企业外在环境的历史阶段。

从模式上看,企业在实施股权激励时,一定要根据自身业务发展的需要,结合企业的组织结构,进行多层次、多种类的激励。

从方式上看,当企业规模扩大后,设计和实施股权激励,还需要考虑到不同平台层次的影响。

2. 短期激励与长期激励并重。

一个优秀的企业,既能在员工业绩突出时给予其短期激励,也能结合企业发展现状和目标,设定长期激励制度。同时,在企业不同的发展阶段中,短期激励和长期激励的侧重也有所不同,当企业更看重短期利益时,长期激励就可以稍微延缓一些;相反,当企业短期利益较差甚至亏本时,就要通过长期激励去提高员工对长远利益的期待。

3. 建立进退机制。

在建立动态化股权分配体系时，企业必须明确激励计划的进退、增减和终止解决方案。

4. 建立公平机制。

股权激励必须对受激励员工的岗位价值、个人价值、历史贡献、未来成果设立门槛，确立筛选条件，而不是由领导随意指定。

5. 融入系统战略。

股权激励应当是一个完整的激励与约束系统，它是公司治理机制的重要组成部分，也是必须构建的人才管理机制。同时，股权激励体制还涉及公司战略管理、财务管理、人力资源管理等诸多问题，也必然与公司治理、法律与资本运作等各方面有关。

7.3.2 实施股权设计与激励的相关风险

股权设计与激励的风险，主要来源于以下因素。

1. 高管因素。

在企业的股权设计与激励过程中，高管的持股数量与时间总是有限的。而他们更关心的是其股票价值，而非公司长期价值。再加上股权价值的变动又不仅仅取决于高管本人努力，还会受到企业内外、行业背景和市场大环境等因素的影响。这些都会制约股权设计和激励的效果，甚至产生事与愿违的风险。

2. 激励方案问题。

激励方案如果有其缺陷，或者没有完全被按照规定程序制定，就会带来较大风险。例如，激励方案的制定者如果真是被激励者范围内的员工，整个股权设计和激励方案的风险都会大为增加，股权设计与激励可能会被操控，变成个人或小集体牟私利的工具。

3. 执行风险。

无论方案多么完美，在执行过程中，依然会由于内部原因、外部环境或其他控制因素的影响，导致执行结果偏离公司的长期目标。

4. 财务指标风险。

如果财务制度没有完全真实体现出激励对象的业绩，或者存在不合理的会计政策，甚至有高管进行人为干预，那么都会导致产生财务指标不真实的风险。这样，以财务指标为基础的激励方案就会存在风险。

5. 法律制度。

如果法律制度或者监管政策的变动超出了公司的控制范围，影响到激励方案的实施，也同样会带来风险。

6. 资本市场风险。

股权激励的良好实施，要求对整个公司业绩有客观的评价。由于中国资本市场目前还不成熟，公司价值往往无法通过股价来进行确定，反而由市场表现来体现，甚至表现出背离趋势。因此，在股权设计和激励过程中，激励对象很可能承担潜在的市场风险。

第 8 章

股权融资技巧：资本助推企业腾飞

　　股权融资，是指企业的股东通过出让部分企业所有权，通过企业增资的方式，引进新股东，从而让总股本增加的过程。

　　在当今时代，股权融资能够为企业带来普通融资所无法企及的资本优势。通过学习本章，企业家懂得如何插上股权融资的翅膀，企业将腾空而起、翱翔万里！

8.1 资本市场是什么样的

资本是助推企业腾飞的力量。想要获得资本的垂青，企业家就要从认识资本市场入手，揭开资本神秘的面纱，以获得企业发展需要的支撑。要知道，企业获得资金的途径很多，关键要看选择哪一种。如图 8.1-1 所示，为企业获得资金的渠道。

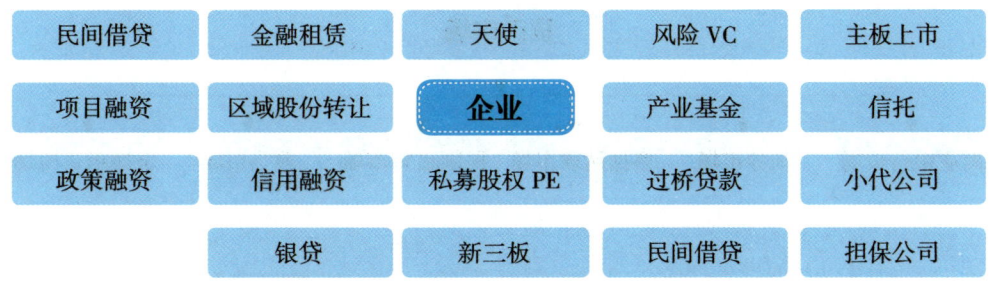

图 8.1-1 企业获得资金的渠道

8.1.1 资本市场与菜市场

资本市场，看似神秘而复杂，但对于企业家而言，其运作原理却在某种程度上和"菜市场"的运作原理相似。

如果将不同的公司比喻成不同类别、不同档次的瓜果蔬菜，资本市场就能够根据不同的性质与特点，被划分为不同的菜市场。瓜果蔬菜的质量与价格，决定它们能够进入怎样的菜市场。同样，特定档次的菜市场，也就有其特定的果蔬产品。

一般来说，资本市场可以分为图 8.1-2 所示的 6 种类型，每种类型各有其特点。

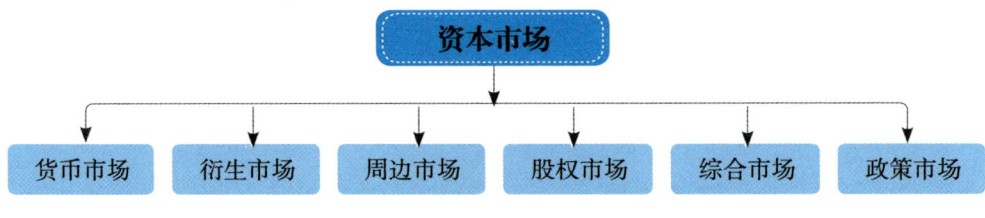

图 8.1-2　资本市场种类

而货币市场，又可以细分为图 8.1-3 所示的 6 种类型；股权市场又可以细分为如图 8.1-4 所示的公募市场和私募市场。

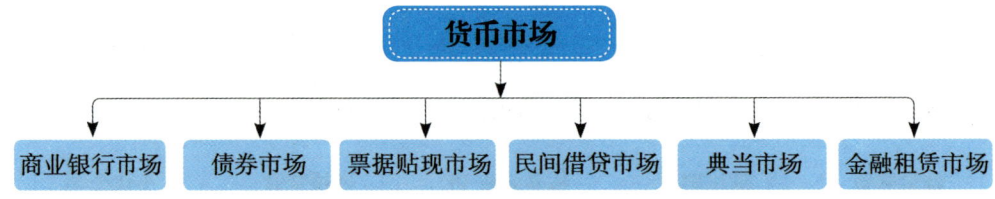

图 8.1-3　货币市场种类

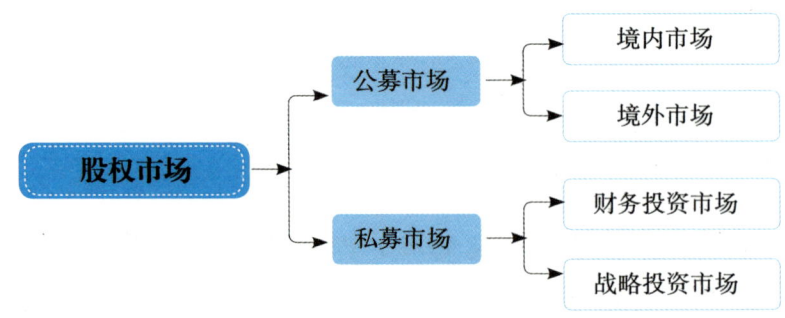

图 8.1-4　股权市场种类

而国内股权公募市场同样可以细分为国内股市和其他股市,如图8.1-5所示。

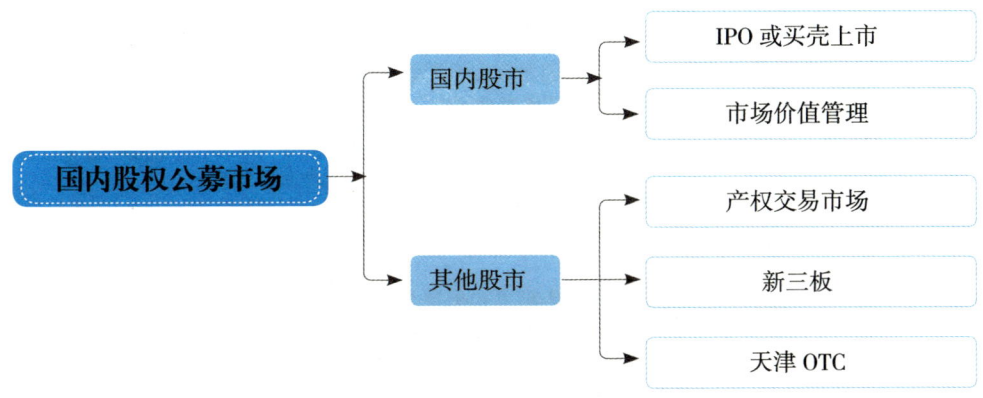

图 8.1-5 国内股权公募市场分类

如果以企业上市为例,可以对比企业对各种资本市场选择的利弊,如表8.1-1所示。

表 8.1-1 企业上市过程中的资本市场选择

类别	类比	特征	识别信号
主板市场	在资本市场中,主板市场可以被看成高档水果市场,其产品"颜值"出众、质量优秀、价格高贵	主板上市企业多为大型成熟企业,有着较大的资本规模和稳定的盈利,能够在一定程度上代表经济发展状况	中国大陆主板市场的上市公司,在沪深交易所上市,其股票代码以"60"和"000"开头
中小板市场	中小板是中档水果市场,其对应企业是流通盘在1亿元以下的创业板块	中小板设在深圳证券交易所,上市公司虽然规模中小,但收入增长较快、盈利能力强、科技含量高、股票交易活跃	中国中小板市场的上市公司股票以"002"开头

续表

类别	类比	特征	识别信号
创业板	创业板是平民化的"瓜果蔬菜市场",其中产品品相较为一般、价格也具有优势	在这一资本市场中的企业,大多从事高科技业务,一般成立时间较短、规模较小、业绩普通,但却有较大的成长空间 创业板市场最大的特点在于低门槛进入、严格要求运作,扮演着科技型、成长型企业孵化基地的角色。在创业板市场上市,可以帮助有潜力的中小型企业进一步获得融资机会	创业板和中小板相同,都设立在深交所内,其股票代码以"300"开头
新三板	新三板,即全国中小企业股份转让系统,主要针对中小微型企业。与"菜市场"相比,其即原生态的"县城农贸市场"	为那些初创型企业提供融资渠道,上市企业中有的甚至还没有活过生存期,但收入和利润等条件又符合上新三板的条件,可以选择登陆该资本市场 由于新三板市场中的上市企业良莠不齐,为了避免投资者风险过大,专门设立了个人投资门槛为500万元人民币	新三板市场企业的股票代码以"400""420""430""830"开头
新四板	新四板可以被看作农村地区的"初级农产品交易市场"	在资本市场分类中,属于地方政府管理、未公开发行证券的区域性股权市场。设立该市场的目的主要是解决中小企业多、融资难、社会资金投资难的问题	

在上述资本市场中,选择主板、中小企业板和创业板市场登陆的,即为上市公众公司;选择新三板市场登陆的,为非上市公众公司;选择新四板市场登陆的,依然为非公众公司。不同的企业应该像农户挑选菜场那样,根据其自身特点及所处发展阶段,登陆相应的资本市场。

8.1.2 资本方分类与阶段特点

公司的融资活动,需要通过一定渠道并采用一定方式来完成。将两者合理配合,可以使公司获得最佳的资金来源结构。因此,企业家需要清楚资本方分类与阶段特点。

1. 资本方分类。

目前，企业主要的融资来源及特点如下。

第一，债权融资。

债权融资，又称为债务融资，是指通过增加企业的债务筹集资金，是包含了利息支付的融资方式。

在债权融资方式中，企业以协议等形式吸收民间、其他企业投入的资金，并由此形成企业全部或部分资本金，其中包括：法人投资、外商投资、社会公众投资、金融机构等，如民间借贷、小贷公司、信托公司、天使基金、过桥贷款、产业基金等；也包括银行贷款、第三方理财、项目融资、信用融资、政策融资等。

债权融资并非本章讨论内容，但却是股权融资有益的补充，甚至可能是股权融资不可或缺的基础。

第二，股权融资。

股权融资，是指通过扩大企业的所有者权益，如吸引新的投资者、发行新股、追加投资等方式筹集资金，而不是出让现有的所有者权益或转让现有股票。股权融资能够带来新的资本，但同时也稀释了原有投资者对企业的控制权。

股权融资最主要的类型为公开发行股票。股份有限公司能够以其所需筹集的自有资金划分为较小的计价单位，进行对外发行。符合上市条件的股票，还可以在证券市场上流通转让。

进一步细分，公开发行的股票可以根据股东权利与义务划分为普通股和优先股；根据是否记名划分为记名股票和不记名股票；根据发行对象与地区，划分为国内人民币交易的A股、国内外币交易的B股、中国香港上市的H股、纽约上市的N股和新加坡上市的S股；根据发行的市场，划分为主板、中小板、创业板、新三板、新四板等。

股权融资的另一种方式为私募发售。这是指企业自行寻找特定投资人，吸引其通过增资入股企业从而进行融资的方式。对于绝大多数中小企业来说，其很难达到上市发行股票的门槛，因此，私募发售成为这些企业进行股权融资的主要方式。

2. 阶段特点。

无论何种资本进入企业，其都需要陪伴企业共同进退。同样，企业即使接受了资本融资，也需要经历诸多艰难困苦，才能真正成熟。

如图 8.1-6 所示，为企业生命周期与营收的关系。横轴表示时间，代表企业部分生命周期过程；纵轴表示企业的营业收入。

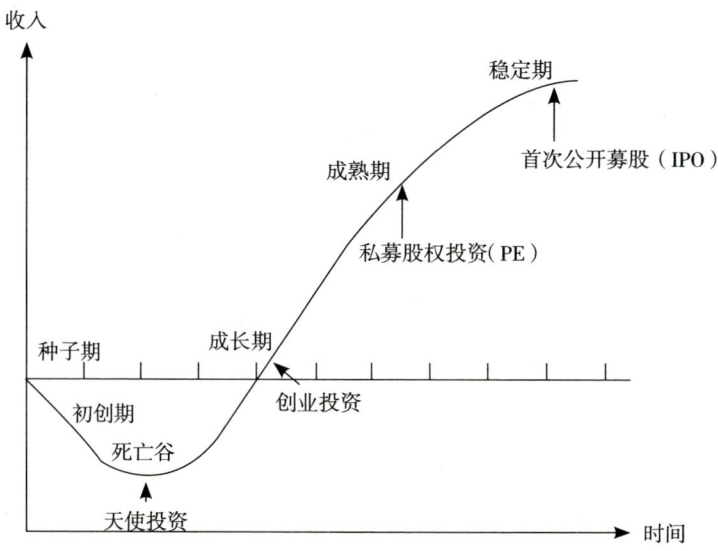

图 8.1-6 企业生命周期与营收的关系

第一，创立初期。

企业创立之初，理论上企业的财务状况是零。但企业开始正常运营后就必然产生支出。因此，从种子期到成长期之间的"死亡谷"，是企业最难跨越的阶段，处在此阶段的企业很容易面临财务困境。企业原本来自 3F(Friend、Family、Fools) 的自由资金已面临枯竭，如果不能寻找到类似天使投资这样的早期股权投资基金，就很容易倒在死亡谷中。

第二，成长期和成熟期。

当企业进入成长期时，已经初见盈利端倪。其主要可以运用的资本方式为 VC 投资。VC 投资又名风险资本投资或创业资本投资，其投资项目绝大多数是股权投资行为。

当企业盈利开始增长，进入成熟期，其可以开始引入 PE 投资。PE 投资即私募股权投资，是指通过专业投资机构，将具有相同投资目标的众多分散投资者资金集合起来，并由专业管理人员运营的投资行为。

VC 与 PE 融资的区别如表 8.1-2 所示。

表 8.1-2 VC 与 PE 融资的区别

类别	VC	PE
时间节点不同	投资企业中前期	投资中后期、IPO 前
投资规模不同	规模偏小	规模偏大
控股要求不同	多为参股	多要求控股
投资工具不同	直接投资	可以利用财务杠杆融资
投资方式不同	多为财务性投资	多为战略性投资或产业整合
退出机制不同	多样化	多选择 IPO 方式

第三，稳定期。

企业当进入稳定期后，即可考虑选择用 IPO 方式进行融资。

IPO（Initial Public Offerings）即首次公开募股，指一家企业或公司第一次将其股份向公众出售。

选择 IPO 融资，能够融通更多股权资本，增强公司的股票变现能力，避免股权过度集中，同时也能提高企业知名度，由市场确定企业的价值。

8.1.3 中国多层次资本及上市渠道

从公司发展的整体战略规划角度来看，上市的意义在于融资过程。通过上市，企业能够选择到更好的融资市场，并从中获得发展动力。因此，不同的企业，有必要规划不同层次的上市渠道与路径。

1. 主板上市。

主板市场是多层次融资上市渠道中最重要的组成部分。一方面，选择主板市场融资，能够为企业提供稳定和长期占用的资本，企业不用考虑偿还问题，无需背负债务负担。但另一方面，企业在主板市场上市并发行股票，需要面对很高的门槛，在主体资格、盈利要求、资产要求、股本要求、业务要求、公司管理等方面，均需要达到很高标准。

此外，上市交易所的选择，对于企业来说也相当关键。

一般而言，规模较小、募集资金较少的中小企业，应考虑到发行上市之后的风险费用、发行上市的总费用、上市之后的维护费用，以及市盈率、市净率、首次公开发行募集的资金数额等因素，并选择去深交所发行上市。规模较大、募集资金在数量上要求较多的大型企业，可以从市场交易投资状况、市场总体容量和资金充沛的角度出发，选择上证所发行。

2. 创业板上市。

中小企业板是深交所主板市场的组成部分，其和创业板之间的差异，本质上也是主板和创业板的差异。相对中小企业板而言，创业板要求企业更为高速地发挥创新和成长功能，参与到国家产业结构的调整、优化和升级中。因此，选择创业板上市更适用于高新技术和成长型企业，能够帮助其吸引更多的融资。

选择创业板作为上市渠道，也存在两方面影响：一方面，上市路径可能较为平台，拥有相对较快的速度、较低的门槛；另一方面，创业板上市后，企业在运行过程中也会接受更严格的管理和监督。

3. 新三板上市。

与其他市场相比，新三板最突出的特点在其挂牌条件的宽松上。想要登陆新三板市场，没有盈利记录的要求。由此可见，新三板市场主要为中小企业服务。

表8.1-3直观地体现出新三板上市路径的"新"。

表 8.1-3 新三板上市路径的"新"

上市制度	新三板	创业板	主板 & 中小板
上市主体资格	证监会核准的非上市公众公司	股票以公开发行	股票以公开发行
股东数要求	可超过 200 人	不少于 200 人	不少于 200 人
存续时间	存续满 2 年	存续满 3 年	存续满 3 年
盈利指标要求	具有持续盈利能力	近两年连续盈利，净利累计不少于 1000 万元；或近一年净利不少于 500 万元，营收不少于 5000 万元，近两年营收增长率不低于 30%	近 3 个会计年净利润为正，累计超 3000 万元，净利润以扣除非经常性损失前后较低者为计算依据
现金流要求	无	无	近 3 个会计年现金流累计超 5000 万元；或近 3 个会计年营收超 3 亿元。
净资产要求	无	最近一期末净资产不少于 2000 万元，且不存在未弥补亏损	最近一期末无形资产占净资产比例不高于 20%
股本总额	无	公司股本总额不少于 3000 万元	公司股本总额不少于 5000 万元
其他条件	主券商推荐并持续督导	持续督导期为上市当年剩余时间及其后 3 个会计年	持续督导期为上市当年剩余时间及其后两个会计年

当然，通过新三板作为跳板，将转板当作目标，实现不同路径的最终上市，是中小企业可以追求的更好融资目标。

8.2
股权融资 10 步法：股权投融资其实很简单

股权融资并不神秘，也不复杂。企业与资本之间的故事，往往就如同人与人之间相识、熟知那样简单。懂得把握好其中每个步骤，企业家就能平稳地带领企业走上幸福之路。

8.2.1 企业如何与资本"相识"

企业当决定开始进行股权融资之后，首先应做好准备工作，具体包括如下内容：

（1）寻找一家投资银行或融资顾问，签订服务协议；

（2）组建专职团队，准备相关的股权融资材料，其中主要内容包括融资备忘录（公司简介、结构、产品、业务、市场分析、竞争者分析）、历史财务数据，财务预测等；

（3）在投资银行帮助下，设立目标估值，即企业愿意以多少股份来换取多少资金。

做好上述准备后，企业就能够走进资本市场去寻求融资对象。在此过程中，出色的商业计划书，犹如精彩的自我介绍，能让企业更快被投资机构从"茫茫人海"中被一眼发现。

商业计划书内容包括以下几个方面。

1. 公司概述。

商业计划书中，应首先对公司进行概述，并重点介绍公司过去发展历史、现在情况和未来的规划，其中主要包括：公司名称、地址、联系方法；公司自然业务情况；公司发展历史；公司获得荣誉；公司文化；公司未来发展的规划；公司目前概况，如部门、人员、债权债务等。此外，最需要突出的就是公司现有的竞争优势。

在进行公司概述时，企业家必须清楚投资机构喜欢怎样的公司类型，并在对应内容中予以凸显。例如，大多数风险投资者喜欢小公司，因为小公司规模较小、需要的资金数量小，但却拥有较高的创新效率、积极上进的动力和充沛丰富的活力。又如，风险投资者还喜欢有经验的创业公司，为此，企业创始人可以在商业计划书中提到自己拥有的成功管理案例，以表现自己的经验丰富。

2. 产品或服务介绍。

商业计划书时中应对公司经营的主要产品或服务进行介绍，包括功能和用途、技术含量、优势、发展方向等内容。这样，投资者就能在短时间内了解企业可以为消费者带来怎样的产品体验，是否能因此而形成独特的竞争优势，是否因此帮助投资者获得回报。

相关的产品或服务介绍包括：产品概念、性能和特征；主要产品功能介绍；产品市场竞争力；产品研究与开发；新产品计划和成本分析；产品市场竞争力预测；产品品牌和专利等。

当然，在商业计划书中，也应避免用过于专业的语言来介绍产品或服务。这是因为计划书的阅读者是投资人，他们的知识背景和业务并不集中于产品或服务的技术上，而是集中在金融或经济上。换而言之，投资人只想通过商业计划书去了解市场会怎样看待产品或服务，而不是技术本身的价值。

3. 市场、客户和需求分析。

市场、客户和需求分析，是商业计划书中不可或缺的内容。通过相关内容，精准传达出市场整体情况；通过对客户情况的阐述、对客户需求的描述，使投资机构能够明确你现有的产品或服务将如何冲击市场、引发变化、创造业绩。

8.2.2　企业如何与资本"相悦"

在确定出让股份之后，投行会同相关投资机构的合伙人进行电话、邮件、被会议等方面沟通，向他们介绍公司情况。在此过程中，企业的融资材料会同时被发送给不同的投资机构，并由投行围绕这些材料，同这些机构进行详细讨论。通过这一阶段的工作，能够让优秀的投资机构对企业产生兴趣。

通常情况下，投资机构会向投行提出第一轮问题，投行不仅会回答这些问题，还会代表企业与他们做频繁沟通。最终确定出哪一家投资机构最为优秀、对企业最有兴趣并愿意给出最高估值。这样,"两情相悦"就成为可能。

在挑选融资对象时,企业主要应该根据以下 4 个标准进行。

1. 投资战略和偏好。

由于股权投资行业的日渐成熟,投资机构越来越专业,其基本上都有特定的投资战略和偏好,有自身特定的地区、行业、企业发展阶段、投资规模等市场定位。

企业在选择融资谈判对象时,应该更多考虑那些市场定位与自身特点相匹配的机构,这样才能节省时间和精力,增加成功的可能性。

2. 市场品牌与服务质量。

股权融资机构带来的并非只有资本,其中很多还会带来增值服务、市场网络、品牌影响。选择那些能够提供优质增值服务、有广泛商业网络资源和良好品牌信誉度的机构,对企业未来发展有重大意义。

3. 不同投资管理风格。

不同的股权投资机构,对投资项目的管理风格也会存在一定差别。有些机构习惯于放手,将投资企业的经营交给创始团队;有些机构则习惯于介入,即深入地加入到企业的日常管理中。企业在选择融资对象时,必须要提前了解自己能够接受何种风格的投资者。

4. 投资机构文化。

从整体上看,投资管理风格属于投资机构文化的一部分。与此同时,投资机构文化还包括政治、社会、地域等其他许多方面内容。由于私募投资机构是公司长期发展的合作伙伴,企业在融资时必须选择和自身文化相互包容的机构。

随着明确了"进攻"对象,路演工作即将开始。

路演,主要指企业针对机构投资者所专门进行的推介活动。成功的路演,能够保证投资和融资双方充分交流,促进企业融资的成功。

一般而言,企业融资的中介机构会和企业共同从可能的机构投资者中挑选出合适对象。之后，他们会与企业代表（通常是董事长或首席执行官）按照路演计划，到不同企业去召开会议、介绍情况、发布未来发展的规划，同投资者进行沟通交流，并了解其投资意向。

通过路演，企业可以有效增加自身透明度，让投资者充分看到合作的可能，并由此感受到企业公平、公正、公开的运营原则，获得投资信心。唯有如此，企业和投资机构才能"两情相悦"。

8.2.3 正式接触

经过投行"中间人"的努力，几轮接触之下，企业已经大致明确了对自己最有兴趣的投资者。在投行的帮助下，企业会最终选择出最合适的股权投资机构。这些机构对企业所在行业都应是非常熟悉的，可以对公司的发展提供强大的助推动力，并能最终帮助企业成功上市。

到此为止，双方还需要经过会谈，正式确定合作关系。为此，投行会安排股权投资机构的代表，和企业家进行直接会谈。

为了让会谈更为顺畅，投行会派出专业人员参加会议。一方面，向企业介绍股权投资机构的背景；另一方面，帮助企业回答股权投资机构的问题。在组织一系列的会议之后，投行还会总结出与不同股权投资机构的会议结果，列出详细对比，以便让企业家更容易进行选择。

进行初步会议之后，企业就需要在路演中登场亮相。路演结束后，投资机构如对项目感兴趣，将进一步接触企业，并进行立项调研。在调研过程中，投资机构会实地调查公司产业，如厂房、门店或其他办公地点，并最终做出决定。

通过路演，企业才能展现出自信、饱满而优秀的姿态，以最精彩的"秀"，吹响资本市场的号角。

8.2.4 签订投资意向书

在考察之后,投资机构会对企业发出投资意向书,即初步的投资合同。合同中会定义公司的估值和部分具体条款。如果此时企业获得了多份投资意向书,就能形成相当于拍卖形式的竞价,在投资机构相互之间竞争后,企业将能够得到最好的投资条件。

当企业明确决定接受了某个股权投资机构的邀约后,双方就可以正式签订投资意向书了,同时投资机构也会对企业进行尽职调查。

尽职调查,又称为谨慎性调查,是指投资者在和目标企业产生了合作的意向之后,经过相互协商,由投资者对目标企业和投资有关的所有事项进行现场调查和资料获取并分析。通过这一调查,投资人能够对企业在资产、负债、经营和财务、法务、商务等方面的情况进行全面了解,明确企业在投资后会有怎样的发展机会,会碰到哪些潜在的风险。

尽职调查的主要内容,包括公司经营的主体资格,企业文化和治理结构,主要财产价值及产权,重大债券和债务,税务、环保、原材料、产品质量、技术水平、销售渠道网络和市场前景,企业的人力资源情况等。

为了解这些内容,投资机构会投入充分的时间与资源,聘请包括律师、税务顾问、会计师、保险专家以及所在行业的顾问,协助进行尽职调查。在尽职调查过程中和结束后,投资方会根据结论,要求企业在某些方面做出必要的改变。

虽然尽职调查是投资机构为了维护自身利益的行动,但对企业创始人而言,这也是给了其一个很好了解自身的机会,值得其对此加以重视。

在尽职调查完成的基础上,企业可以和中介机构、投资机构共同进行股权设计,围绕未来股权的分配,研究制定最恰当、最公平的股权比例。

8.2.5 合作谈判

通过了各自的考验,企业和投资方即将进入合作谈判阶段。此时,双方关注的焦点是投资协议和合约谈判。在谈判中，投资方会提出交易的法律和财务框架性建议。同时，围绕交易的最后价格、股份形式和分割比例、董事会组成、分阶段企业发展目标和管理层激励方案、投资者推出安排等提出最后意见。

毋庸讳言，企业在和投资机构进行投资协议和合约谈判时，具有优势的往往是投资方。企业家为了能够及时拿到想要的创业资本，很容易因此将要求放低，并在谈判中陷入被动。

例如，不少风险投资机构口中所谓的标准条款，其实都是对他们自身最有利的。企业创始人必须清楚其中哪些真正对自己有利，哪些有风险，并以此为基础进行谈判。这些条款包括要求风险投资机构能优先拿回一定倍数投资回报作为保底的"优先清算权"，投资机构在一定时间后未能退出则创业者必须回购其股份的"回购权"等。

如表8.2-1所示为该阶段双方围绕投融资协议所洽谈的重点内容。

表8.2-1 合作谈判阶段双方围绕投融资协议所洽谈的重点内容

序号	内容
1	战略定位：主体地位、发展目标与模式等
2	价值评估：净资产、市盈率、现金流折现等
3	投资方式：实物、知识产权、土地使用权
4	股权比例：绝对控股、相对控股与参股
5	决策权与经营管理权：股东会、董事会和高管人员任命等
6	公司名称与产品品牌：经营需要、消费者与公众反应
7	承诺、保证与违约责任："先小人后君子"

除了规避谈判风险外，企业家还应利用这一阶段的谈判，及时、准确地制定出融资设计和估值报告，以便正常推动融资节奏。

8.2.6　双方认可

当双方认可了投资协议和合约之后，融资流程就进入了"双方管理层认可"阶段。此时，企业应根据公司章程和相关法律规定，召开股东大会，通过融资协议。这样，融资项目才算获得了真正的认可。

8.2.7　签订协议

得到股东会认可后，进入到投资最后环节——签订最终投资协议。这一流程包括了对投资方案的设定和谈判，其中又分别涉及投资工具、投资方式和交易架构的选择。此外，还包括投资数量、时间、红利和利息政策、企业经营范围、经营计划、资产评估、兼并收购和实现投资回报的渠道等。

需要注意的是，在签订投资协议时，双方应约定仲裁，避免在未来发生矛盾时落入法院的"地方保护主义"。如果约定仲裁，地点设置在尽量中立化的一线城市，仲裁裁决结果都会相对客观、公正。

8.2.8　正式合作

在签订了协议之后，企业和投资方双方即将开启正式合作。因此，双方应该兑现谈判协议的各项内容，即企业全部或部分的股权发生转移，而投资方将投资资金按照协议约定的方式提供给企业。同时，还应举行新闻发布会等活动，对外宣布投资合作的成功开始。

8.2.9　合作确认与落实

在这一步骤中，新老股东需要办理工商注册变更手续，取得合法地位。

随后，公司要召开股东会、修改章程、提名董事，召开新的董事会，董事会再聘任高管团队,明确公司的未来发展方向。在董事会和高管团队的带领下,公司继续运营,踏上新的征途。

8.2.10 合作变更与退出

企业与投资机构的合作并非一纸协议"定终身"的,融资不可能是一劳永逸的事情。

从主观上看,想要做到相互之间包容机体上的抵制与排斥,并在合作后能取得真正过的重组和认同,在股东之间、董事之间、经营团队之间,必然会经历一定程度的艰难过程。

从客观上看,投资者的动机、目标和风格,也会影响到合作状况。例如,和产业投资、战略投资者不同,风险投资既不是通过经营产品来获得产业利润的,也不打算长期持有所投资企业的股权,而是以最短时间内获得资本最大的增值收益为目的进行投资。当企业逐渐进入成熟期,外部资金需求缺口不断降低,市场逐渐成熟起来之后,企业自身也有了一定的管理经验,风险投资人对企业给出的约束和激励机制也将失去效果,投资者只能选择退出。

当然,即使企业发展得非常顺利,双方合作也始终融洽,但发展到一定规模后,企业将走向资本市场,一旦成功,投资方同样也需要退出。而这样的退出,无疑是企业和投资方合作最美好的结果。

下面以风险投资为例,分析几种主要的退出方式。

1. 上市退出。

企业公开上市,投资人的资本安全退出,投资人获得高额回报。不过,这种方式需要对企业的经营效益、财务盈利能力提出很高的要求,而且时间漫长、手续复杂,对大多数创业公司并不现实。

2. 股权转让。

投资者退出时,选择将股权变现为现金,撤出创业企业,以便实现资本增值。

这是一种常见的退出模式。

股权转让退出，通常有如下 3 种具体模式。

企业回购：创业企业有优先回购权，一般为企业的管理层收购。

企业收购：投资者可将股份转卖给其他企业，或者整个创业公司被大企业或上市企业进行收购。

二次出售：战略投资者为了从法律上获得更多支配空间和权利，愿意百分之百收购创业公司。

3. 借壳上市。

创业公司通过收购某一上市公司的部分股权，取得对其实际控制后，再注入自身的优质资产，实现间接上市。随后，投资方再逐步退出。

4. 管理层收购。

目标公司的管理团队利用借贷或融资，购买创业公司的股份，从而改变创业公司原有的所有权、控制权和资产结构，进而达到重组公司并获得收益的收购行为。通过这一收购，投资者能够在获得超额回报的前提下安全退出。

8.3 股权融资股权架构演变：天使轮/ABCD 轮/上市

投资者往往是锦上添花，很少会雪中送炭。很多投资机构的商业模式本质，决定了他们最终会在获得回报后选择退出。在这一过程中，企业必须根据融资进度，不断调整演进股权模式，助推企业的成长发展。

本节将主要使用具体案例的分析和计算，展示股权融资过程中股权架构的不断演变。

8.3.1 遇见天使

企业获得天使轮或 A 轮资金后，已经走出了生存期，面临着快速发展过程中资金短缺的问题。此时，企业需要正视股权分配的问题。

不妨一起看下面的案例。

A 公司经过 3 年发展，2016 年公司整体销售额 7000 万元，2016 年利润 850 万元；公司注册资金从 100 万元提升至 1000 万元。其股权架构如表 8.3-1 所示。

表 8.3-1 A 公司股权架构

A 公司－2016 年 12 月 31 日	股份数量（万股）	持股比例
张三	384	38.4%
李四	224	22.4%
王五	192	19.2%
合伙企业	200	20%
合计	1000	100%

2017 年 2 月 1 日，A 公司向天使 B 融资 1000 万元，出让 10% 股份。

此时，A 公司面临着以下几个问题：

1. 应向天使 B 公司发行多少股份？

正确的计算方法是，天使 B 获得股份 =1000÷（1-10%）×10%=111.11 万股。

2. 融资 1000 万元后，注册资金由原来的 1000 万元调整到 2000 万元，张三、李四、王五、合伙企业的股份分别是多少？A 公司合计股份变为多少？

正确的股权架构如下：张三持有 384 万股、李四持有 224 万股、王五持有 192 万股、合伙企业股份为 200 万股、天使 B 公司持有 111.11 万股，合计为 1111.11 万股。

3. 增资扩股后 A 公司的股价变成多少？各方股东的净值变成多少？

正确的股价计算方式是：2000÷1111.11 万股 =1.8 元。

其中，张三的净值为 1.8÷384=691.2 万元，李四的净值为 1.8×224=403.2 万元，王五的净值为 1.8×192=345.6 万元，合伙企业的净值为 1.8×200=360 万元。

综上所述，在遇见天使之后，A 公司的股权架构如表 8.3-2 所示。

表 8.3-2　遇见天使之后 A 公司的股权架构

名目	股份数量（万股）	天使轮 1000 万融资后拟注册资金（万元）	持股比例	资本公积
张三	384	691.2	34.56%	——
李四	224	403.2	20.16%	——
王五	192	345.6	17.28%	——
合伙企业	200	360	18%	——
天使 B	111.11	200	10%	800 万元
合计	1111.11	2000	100%	

8.3.2　发展与融资 ABCD 轮

经过大力发展，A 公司在 2017 年实现营收 2 亿元，利润 2400 万元；假设 2018 年 2 月 A 公司进行 A 轮融资 6000 万元，出让 20% 股份（估值 3 亿元）。

1. A 公司向 A 轮投资方发行多少万股？

计算方式如下：

2000÷（1-20%）×20%=500 万股。

2. A 轮融资 6000 万元对应的持股数量和比例分别是多少？如表 8.3-3 所示。

表 8.3-3　A 轮融资各方持股数量和比例

股东	股份数量（万股）	A 轮 6000 万融资后拟注册资金（万元）	持股比例	资本公积
张三	691.2	2212	27.65%	——
李四	403.2	1290.4	16.13%	——
王五	345.6	1105.6	13.82%	——
合伙企业	360	1152	14.4%	——
天使 B	200	640	8%	800 万元
A 轮投资方	500	1600	20%	4400 万元
合计	2500	8000	100%	5200 万元

经过天使轮、A 轮二轮融资，A 公司股价为 8000÷2500=3.2 元/股；张三的净值或账面价值为 2212 万元；李四的净值或账面价值为 1290.4 万元；王五的净值或账面价值为 1105.6 万元。

此时，公司估值为 3 亿元 (0.6÷20%)，估值如下：张三的净值或账面价值为 30000×27.65%=8295 万元；李四的净值或账面价值为 30000×16.13%=4839 万元；王五的净值或账面价值为 30000×13.82%=4146 万元。

8.3.3　上市与敢问路在何方

由不同利益主体持股的公司，在发展到一定规模之后，自然会想到推动企业整体上市。股东们当面对未来抒发"敢问路在何方"的豪情时，无疑应考虑清楚选择怎样的股权结构，才能更好地帮助企业走入资本市场。

为了让公司成功通过 IPO 上市，必须对企业的股权结构进行精心筹划，加强公司治理。一般而言，合理的股权结构应包含 3 大部分：控股股东及其家族控股，一般情况下持股比例不低于 35%，保证实际控制人的稳定；投资者持股，持股比例应为 5%~15%；管理层持股，应预留比例为 10%，以此吸引高质量和高稳定的高管团队，而这也是证监会与投资机构所非常看重的。

在公司上市前，设计股权结构，还应考虑以下要素。

1. 持股形式。

第一，公司管理层持股。即通常所说的高管持股平台或者员工持股平台，此种方式通常用合伙企业的方式进行管理。

选择有限合伙企业，可以降低个人缴纳的税费，也有利于控股权的集中。采取这一股权激励平台，也能够将高管锁定，使其不能在公司上市后随意辞职套现。

第二，实际控制人可以采取两种方式持股相结合的方式，即自然人直接持股和控股平台间接持股。采用自然人直接持股，能够以股权转让方式变现，满足后续股权重组等资金需求；采用控股平台，则能够后续参与到整个集团或公司上市后的资本运作中。

2. 公司主营业务发展资金需求。

在上市前，公司需要根据业务转型升级及业务方向正需要的资金分配，对子公司、关联公司进行股权重组，并涉及公司股权结构的调整。

3. 引入投资者和保持控制权的需求。

公司从创立之初至天使轮、A 轮、B 轮直至上市前的 PRE-IPO 的融资均会稀释创始股东的持股比例，为保持创始股东的控股权、对公司的控制及保持公司的实际控制人地位的持续稳定性的要求，涉及股权结构的调整。同时，根据股权激励计划，给予员工持股的比例、员工持股结构及员工持股的股份表决权等，也势必应提前在公司的股权结构设计中有所体现。

8.4 股权融资成功关键因素与路演技巧

股权融资的成功，离不开企业内外因素的打造。而将这些因素融合在一起，并通过路演向外传递，企业才能获得最好的融资成绩。

8.4.1 企业价值与商业模式

企业靠什么去吸引投资人呢？赢得股权融资的成功，归根结底，在于企业具有长远的高价值，而这又离不开企业对自身商业模式的锻造和提升。

目前，本土的绝大多数行业已经度过了井喷式的快速发展期，开始进入行业成熟期。企业面对着的市场中，产品已经普及，需求相对稳定，行业的增速平稳，利润率维持在较低的水平。正因为如此，产品创新所带来的先发优势持续的时间越来越短，品牌的差别化塑造则需要长时间的积累，无法解决燃眉之急。同质化竞争、供过于求等问题难以解决。

由此，企业价值的改变，必须更多依赖于商业模式的进化。如果公司缺钱，创始人必须学会对商业模式进行拆分和审视，发现新的提升点。

为此，创始人需要首先面对以下这些问题：

（1）企业的赢利点在哪里？

（2）企业的上下游是谁，即处于怎样的产业链位置上？

（3）企业目前的股权结构比例如何？

在此基础上，创始人可以对企业的商业模式进行再造。如果是单体商业模式，企业就应该去发现客户未被满足或未被发现的需求，然后通过产品或服务价值去加以满足，找到新的赢利点。如果已经发展到平台商业模式，企业就应该去主动发现并颠覆行业竞争规则，创造出平台的更大价值。

通过图8.4-1，企业家可以全面观察现有商业模式中能够革新的因素。

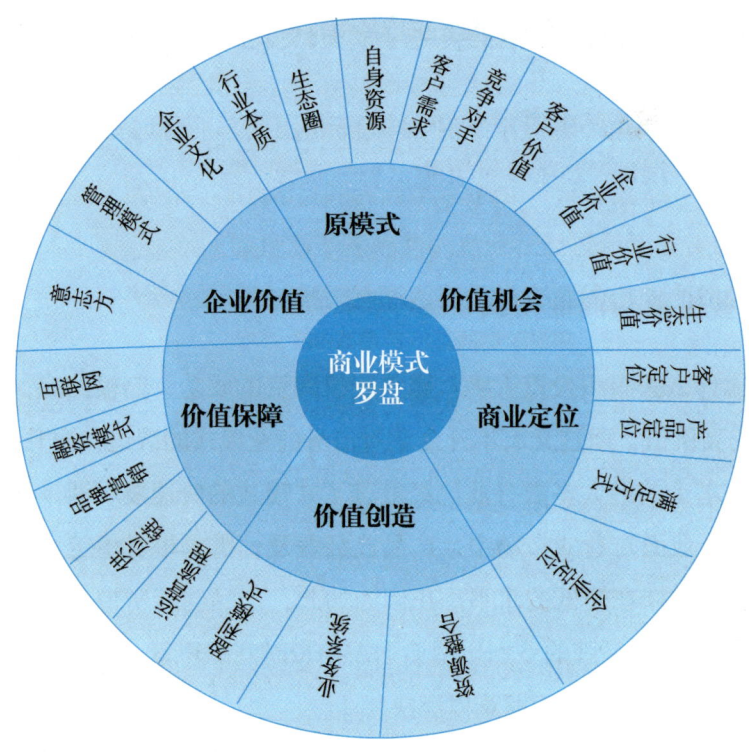

图 8.4-1 商业模式罗盘

1. 原模式：包括对行业本质理解、生态圈的范围和结构、自身资源的需求与现状、客户需求的解读与分析、竞争对手的设定和现状。

2. 价值机会：即对企业内外多项因素的价值分析，包括客户价值、企业价值、行业价值和生态价值的分析。

3. 商业定位：对盈利过程中各环节角色与内容的定位，包括客户定位、产品定位、满足方式定位和企业自身定位。

4. 价值创造： 企业创造价值的过程描述，包括资源整合、业务系统运作和盈利模式。

5. 价值保障： 企业用以确保价值创造闭环稳定运行的手段和因素，包括运营流程、供应链、互联网、融资模式、品牌营销等。

6. 企业价值： 企业内在和稳定的竞争力，包括管理模式、企业文化和意志力等。

8.4.2 家底干净与股权清晰

股权融资的成功来源于企业价值，而投资者对企业的审视，总是开始于其"原生家庭"和"现状"两大维度。

在投资者看来，企业未来的价值发展无论有多美好，其都必须建立在投资充分安全的基础上。企业必须有着干净的家底，即运营模式与创业资金来源合法合规。为此，从创业开始，企业就应尽量避免出现任何违法违规问题，并避免内部管理的混乱。此外，企业的股权是否清晰，更是投资者应予以关切的重点。

总体来看，投资者在审视企业时，主要会通过以下方面的表现，来判断企业是否值得出手投资。

1. 企业的财务数据。

一家企业必须要有清晰的财务报表，包括财务状况、未来预算、利润率等数据必须清晰真实和规范化。

2. 企业的股权布局。

企业要有明晰简洁的股权布局。在融资前，企业应事先讨论一致，确定出让股权的底线，调整好股权结构。尤其需要注意的是，企业的股东数量不能太多，同时还要有足够分量的大股东。

3. 企业的盈利模式。

企业的盈利模式不仅要合法合规，还要能由创始人清楚论证出其中的长远赢利点在哪里。整个盈利模式越是清晰，融资就越容易获得成功。

4. 企业的资金规划。

毫无疑问，投资人会非常关注投资将来的去处。为此，企业需要事先准备详细而准确的资金规划。一般情况下，股权融资的资金最好用于产品研发升级、营销渠道拓展等，而不是用于企业固定资产的支出。

8.4.3　到底值多少钱：估值方法与估值报告

投资者对企业出资前，经常会遇到投资后估值的问题。这就如同男女婚姻，很可能是人生最大的估值，难免会忐忑不安。

投资者常见对企业估值的方法如下。

1. 市净率。

市净率是市值除以净资产之后的结果。通常情况下，这一估值方法适用于拥有大量固定资产且周期性较强的行业，在软件、电商、服务等固定资产较少、商誉更为重要的行业中不太适用。一般而言，国内风投能接受的市净率为2~3倍。

2. 市销率。

市销率即市值除以销售额的结果。这一估值方式适用于未来价值较高的行业，包括电商、软件等，即使是当下利润为零或负也能有较高的估值。例如京东在2015年销售额高达1813亿元，净利润却亏损94亿元。实际上，这只是企业投资性支出引发的亏损，并非主营业务的亏损。由于京东在2015年投资了各领域知名企业，获得了对核心业务予以充分补充的产业链支撑能力，也就得到了更为强大的保障。在此背景下，投资机构利用市销率来对其进行估值，自然会得到公平客观的结果。

3. 市盈率。

市盈率为市值除以净利润的结果，是对企业进行估值最普遍的方法。一般而言，市盈率估值不适用于利润为零或负的公司。相对而言，市盈率估值法更适用于周期性较弱的企业，如公共服务业、食品行业、道路运输业等，这是因为其盈利相对稳定。同时，市盈率的倒数即为投资回报率，便于投资者进行计算。

当然，企业的估值方法还有很多种。企业必须充分熟悉自身行业情形，了解投资者的估值风格和方案，从而找准应对之道。

在估值完成之后，对企业价值的评估，会形成具体的书面报告。其通常的内容模板如下：

1. 评估方法介绍和选择；

2. 企业概况和背景分析(包括历史沿革、管理架构、核心管理团队、经营状况、发展环境分析等）；

3. 企业过去3年的财务状况；

4. 企业未来情况预测（包括收入预测、成本分析、税收和利润分析、净现金流预测、折现率确定等）；

5. 结论分析。

8.4.4 钱在哪：资本资源与找对投资人

在创业者面前，资本市场似乎呈现出不同的面孔：一方面，金钱永不眠，热钱四处流动，寻找着增长机会；另一方面，创业者又几乎无一例外地感受到资本的紧张，难以找到投资者。这样的矛盾，归根结底源于多数创业者对资本市场不够熟悉。

创业者首先应该设法找到资本资源。最简单的方法就是通过身边朋友，将企业或项目推荐给投资人。其次，通过专业互联网投融资平台，例如投融界、36氪、天使汇、创业邦等也可以做到这一点。另外，微博、知乎等社交平台，也可以成为寻找天使投资人的平台。

对于较大的企业而言，其可以考虑直接接触投资机构。许多投资机构拥有官方网站，企业可以通过官网找到其邮箱地址，通过发送邮件的方式与对方进行联系。

找到资本资源只是第一步，创业者需要了解不同投资者运作资本时的特征表现。

以天使投资为例，在吸引到真正的风险投资之前，创业者往往需要先找到天使投资人。这是因为许多创业项目在最开始时，甚至只有大致想法和创业蓝图，而没有足够的启动资金。此时，创业者最需要的不是"高大上"的机构投资者，而是天使投资人。

天使投资人通常都是个人，他们可能是专业的风险投资者，也可能是成功的企业家。他们很可能在同一个行业内同时投资10个项目，最终只有1-2个成功项目。他们投资的金额较小，属于一次性投入，并不参与企业管理，对企业的审查也不严格。事实上，天使投资有可能更多基于投资人的主观判断或者个人好恶来决定。这也决定了他们对回报的期望值并不很高，当然，起码要有10~20倍的回报。

除了为企业带来初始基金，天使投资人不容忽视的作用，就是为创业企业搭建通向风险投资人的路径。

在寻找和接触天使投资人时，需要把握好以下要点：

1. 确定投资人有丰富的投资经验和专业眼光，这样他们带来的将不仅是金钱资本，更有优厚的无形资源；

2. 不要小视天使投资人。在企业接触天使投资人时，要将其看成风险投资机构。

3. 利用天使投资人的动机。天使投资人和风险投资机构最大的不同，在于天使投资者的事业目标并不完全在于经济获利，同时也希望回馈社会。他们也会出于公益目的，去投资那些风险较大的项目，利用这一点，很容易收到奇效。

4. 利用天使投资人的感性。天使投资人相比较风险投资机构，更容易凭借感性做出决定。他们甚至可能只是觉得创业者有些地方像是当年的自己，就果断投钱。因此，创业者要懂得如何去触动他们，引发他们的情感共鸣。

与天使投资人相比，风险投资机构更为苛刻。想要让企业被其选中，创业者不仅要知道风险投资机构选择的标准，还要学会揣摩其心态，弄清楚其究竟看中哪些因素。

1. 对于团队。

通常情况下，投资机构在考察企业管理团队时，会考察团队成员搭配是否合理。在此基础上，团队背景越多元化，越容易得到投资机构的认可。

由于投资总是存在风险的，所以在决定投资前，投资机构还会对创业团队成员尤其是创始人进行详细调查，可能会通过他们的家人、朋友、合作伙伴，甚至是很久以前的老师和同学来进行。

面对这样的投资机构，企业必须要有充分的承诺与决心，让其看到你对待事业的热情与执着，其才会最终认可并陪伴你共同成长。

2. 商业模式。

商业模式也是投资机构眼中至关重要的分析因素。在投资机构眼中，那些繁杂的模式是没有投资价值的。只有足够简单的商业模式，才容易实现。同时，投资机构也关注商业模式的可持续性，而并不喜欢昙花一现的辉煌。

3. 财务指标。

一般而言，风险投资并不追求对公司的控制权，投资机构更关注公司的财务指标。在财务指标中，其看重两点：首先，公司的毛利率有多少，通常这意味着公司可承担的风险；其次，公司成本和收入的比例，避免成本支出比例过高。

8.4.5 处对象：如何路演

路演如何才能过关？这个问题，犹如恋爱之初如何能真正获得对象的嘉许与认可一样。企业只有在路演时表现出最佳形象，才能使投资机构怦然动心。

为此，创始人必须对路演的整体策划与操作有更为深入的了解，确保路演效果的精彩。

如果从路演的操作规程来看，路演并没有必须遵守的、固定统一的模板。企业创始人不妨根据融资计划的特点，结合投资者的实际情况，安排路演内容。

其中，以下几方面的路演准备工作堪称重点。

1. 路演主讲人。

路演主讲人通常是企业的高官，负责介绍基本企业情况，以此为路演的后续内容定下基础。为此，需要选择性格开朗、语言能力强，同时充分熟悉企业整体情况的高官担任主讲人，以流畅和充实的介绍，加深投资者对企业的印象。

2. 模拟演练。

在路演过程中，投资者会对主讲人提出问题，其中不乏专业性问题，也很可能有各种精心设置的"古怪"问题。在路演之前，企业必须事先将可能提出的问题加以总结归纳，并根据这些问题精心模拟演练。

为此，路演团队中的每个人，都要接受不同针对性内容的模拟演练。根据演练过程中的回答记录，吸取每个人的看法特点，形成具有说服力和感染力的标准答案，并将这些标准回答作为官方的答案。这样，在路演过程中，无论投资者针对团队中的谁提出问题，都能得到事先准备好的成熟答案。

3. 注意事项。

路演不是依靠少数人就能成功的项目。企业创始人必须在中介机的构帮助下，进行周密安排。

首先，要制作好路演行程表。由于路演活动时间有限，参演团队繁忙，只有事先制作好路演行程表，才能确保高效无误。

其次，准备好路演相关的资料内容，包括中英文版本企业推介画册；中英文版本招股说明书；产品技术分析、市场分析、募集资金可行性分析报告；中英文幻灯片、幻灯片彩印册；中英文解说的推广录像带；企业文件的封套；赠送的礼品袋、文件袋等。此外，会务中需要的展板、图片、横幅、同声翻译器材等，以及演讲者和参会者的名牌、名片、胸花等。

最后，要明确路演演讲的要点与次序：中介商自我介绍后，介绍企业创始人或董事长履历。随后，由创始人带领团队，向投资者表示感谢，并由企业主讲人介绍有关信息，同时播放幻灯片或录像带。最后，安排路演团队中管理层代表简单介绍情况，并回答投资者问题。

8.4.6　对赌：天使与魔鬼

对赌，是投融资双方因为对公司估值不确定而产生的约定条件下的权益调整。其中，约定条件实现的，由投资人弥补创始人因企业估值过低而承受的损失，即追加投资或降低股权比例。如果未能达到约定条件，则由创始人弥补投资人额外支付的投资成本。

从商业角度看，对赌条款并不复杂，其计算公式如下：

投资人现金补偿金额 = 投资人投资总额 ×（1− 实际实现的业绩 ÷ 承诺的业绩指标）。

既然对赌，就应有具体目标。常见对赌标的包括以下内容：

（1）财务业绩如利润、营业额等。投资人可以要求在一定时期内，利润或营业额必须达到约定指标，否则将进行重新估值；

（2）非财务业绩如用户量等。以互联网创业公司为例，用户量、下载量是对企业估值的重要指标，投资人很可能对这些指标设计对赌标的；

（3）上市时间。投资额人可能会要求企业在规定时间内实现上市，否则就调整估值，或者要求原股东按照约定价格进行回购；

（4）其他行为。例如企业获得某项担保、无违规关联交易等作为对赌标的。

对赌协议内容中，还应包括具体的补偿形式，包括以下内容。

1. 现金补偿。

触发对赌条款的，投资人可以要求公司或创始人用现金进行补偿。

2. 股权补偿。

投资人可以要求创始人进行股权补偿。当然，采用这种情况，客观上也说明投资者对公司依然看好。

3. 股权回购。

企业如果在对赌中失败，投资人可以要求原来股东回购其股份作为补偿。

4. 管理层惩罚措施。

包括降低管理层薪酬、退出董事席位等。

从企业发展的长远意义来看，对赌协议可谓一半是天使、一半是魔鬼。其正面价值在于能够帮助投资方最大化抵御风险，以此让其能够更大胆地将资本投入到企业中，但另一方面，对赌协议中也可能埋藏着种种不利于投资人的陷阱。

对赌协议中"**魔鬼**"的一面包括以下内容。

1. 对赌标的。

通常情况下，将对赌标的设置得越细致，对企业方越容易造成损失。因此，在投融资谈判过程中，尽量避免将对赌标的设置得过于精确，而是要为企业留下一定的弹性空间。例如，创始人可以要求在对赌协议中加入一些非财务业绩指标，或者用财务绩效、企业行为和管理层等多方面指标来对协议进行平衡。

2. 业绩赔偿。

在进行财务业绩标的的对赌协议谈判时，创始人需要注意设定合理的业绩增长幅度，降低企业在博弈中面临的不确定性。相反，如果对企业发展形势做出乐观过度的判断，就会导致不确定因素太高而输掉对赌。

3. 自我保护。

虽然对赌协议有风险，但融资是必需的。企业创始人不应被条款所可能带来的"陷阱"吓倒，而是要懂得如何进行自我保护。

创业者应该多关注投资协议中的条款部分，而不要只是专注于企业估值。

企业的估值只是数字，而条款有可能让这些数字变得毫无意义。实际上，请一位真正深入了解行业和融资的律师，在其帮助下去正确认识和理解条款的作用是相当重要的。同时，在进行投资谈判时，应该多考虑与了解投资者的动机，这样可以帮助企业更好地进行自我保护。

8.5 股权融资注意要点与相关风险

股权融资是企业重要的融资形式，通过转让股权，企业可以得到无需支付利息的资金。对股权融资提前的事项进行了解，并预防相关风险，能够帮助企业更好地畅游在资本之海中。

8.5.1 股权融资注意要点

下面是企业股权融资时应该注意的要点。

1. 注意估值是否正确。

在进行股权融资时，企业需要了解正确的股权估值。缺乏相关知识的创始人，很容易不经过仔细计算，就将投资和估值的关系进行简单关联。例如，有人认为，某企业估值1亿元，投入3000万元的资金就应该占有30%的股份。然而，这种计算方法没有将估值概念区分为投资前后，导致概念的混淆和误判。

2. 注意谈判时期。

企业当想要进行股权融资时，会和不同的投资机构洽谈，并在其中给予每个投资机构一定时间作为独家谈判时间。在该期间内，投资双方可以针对股权价格进行讨价还价，而企业只能和该投资机构谈判。因此，为了避免错过最佳投资时间，企业应控制好相关谈判的时间。

3. 注意投资条款清单。

虽然投资条款清单在法律上没有效力，但企业和投资者在股权融资进程中，几乎都会以该清单作为签订正式协议的基础。所以，在进行股权融资时，应该注意了解投资条款清单，并将希望和体现到正式协议中的内容列入清单。

4. 寻找投资顾问。

企业在股权融资过程中，最好能找到资历深厚、经验丰富的专业人员或机构作为领投，以便减少与投资机构沟通过程中的成本。如果企业创始不久，创始人可以从自己接触到的企业家、校友、投资人中优选一位，邀请其担任企业顾问或进入董事会，以便在未来融资过程中发挥作用。

5. 控制关键资源。

在资本大棒面前，创业企业必须懂得控制关键资源，获得新的平衡，维护企业控制权。

创始人应对企业资源要素中的技术、知识产权、人力资本、客户、供应链体系等要素加以保护。在公司章程和实际运作中，设立层层防线。例如，出售公司关键资产的"毒丸策略"，加大公司被恶意收购成本的"金色降落伞计划"等。当然，想要进行这一阶段的操作，需要高超的运营策略，因此，企业必须在公司股权融资阶段聘用有丰富融资和法律经验的专业投资顾问，经过一系列的流程，以协议、法律文件和章程等，构筑坚强有力的防线。

6. 确定权威机构。

为了做好上述事项，企业进行股权融资最重要的一步，就是能确定一家可靠的权威机构保驾护航。这样的机构应该无论是在专业性方面还是在相关领域经历方面，都能为企业提供强大保障，并在多方面给予企业充分指导。

只有在机构专家的建议和协助下，企业才能确定最适合的融资形式和方案，并做好对相关风险的评估和控制应对措施。当然，专业的服务机构都会根据不同公司的行业类别、规模和经营现状给出合适的方案建议，企业要做的就是充分听取专家建议和指导，进行调整后做出最终方案。

8.5.2 股权融资相关风险

在股权融资中，融资方必然会面临风险。融资方需要了解这些风险，并依照对策去加以规避。

其中，主要包括以下风险。

1. 控制权被稀释。

投资方获得企业的部分股权，或多或少将导致企业原有股东的控制权被稀释，甚至有可能使企业丧失实际的控制权。

2. 机会风险。

企业当选择了股权融资时，就有可能失去其他融资方式带来的机会。

3. 经营风险。

当创始股东由于对公司战略、经营管理方式的看法与投资方产生分歧时，就有可能导致企业经营决策的困难。尤其当投资方股东在公司董事会内占有了一定席位之后，这种风险会更为突出。

综合上述风险，企业在引入外来资本时，必须避免控制权的旁落，这也是股权融资最大的风险。

主要的应对策略包括以下方面：

（1）在签订投资协议之前，创始人应充分认识到协议内容对公司控制权的影响。同时，要真正客观地估计公司成长速度，不要为了获得高估值而做出不切实际的规划承诺，或者接受不合理的人员安排；

（2）在商讨对赌协议时，创始人不能只看见赢得标的时所能获取到的利益，同时更应该考虑未能赢得标的时自己所会付出的损失；

（3）当投资方提出要求融资方进行董事会人员安排时，企业必须首先确保人员安排能够代表自身利益，即服从于创始团队的利益安排。围绕公司章程或投资协议，还要就董事会如何获得授权、获得何种授权、在何种条件下授权、行使权利的期限等都做出详细规定。